中国人民大学区域经济与城市管理研究所
区域经济学专业研究生系列教材(之四)

区域经济规划

孙 久 文

商务印书馆

2010年·北京

图书在版编目(CIP)数据

区域经济规划/孙久文.—北京:商务印书馆,2004

ISBN 978-7-100-04172-0

Ⅰ.区... Ⅱ.孙... Ⅲ.区域经济学 Ⅳ.F061.5

中国版本图书馆 CIP 数据核字(2003)第 058564 号

QŪYÙJĪNGJÌ GUĪHUÀ

区 域 经 济 规 划

孙 久 文

商 务 印 书 馆 出 版

(北京王府井大街36号 邮政编码 100710)

商 务 印 书 馆 发 行

北京民族印务有限责任公司印刷

ISBN 978 - 7 - 100 - 04172 - 0

2004年11月第1版　　开本 880×1260 1/32

2010年4月北京第4次印刷　　印张 11 3/4

定价:25.00元

总 序

区域经济学是目前我国经济学门类中发展最为迅速的新型应用经济学科之一，由于社会需求巨大，高层次人才的培养任务繁重，教学和研究队伍正在日益扩大。然而，作为一门相对年轻的应用经济学分支学科，在各方面还不尽成熟，其中一个突出的表现就是，迄今为止还没有一套完整的区域经济学专业研究生系列教材。正是基于这种状况，我们着手撰写、陆续出版这套教材。

中国人民大学区域经济与城市管理研究所（原名区域经济发展战略研究所）是国内设立的第一个区域经济教学与研究机构，也是全国最早确立的两个区域经济学博士点之一，2002年被评为国家重点学科。长期以来，我们努力坚持严谨求实、开拓创新的学风，力求始终站在学科发展的前沿。在长期的学术交往与合作中，得到了兄弟院校和科研机构的许多支持帮助，深受同行关注，也期望我们在研究生层次的教材建设方面作出贡献。这些都是我们决定编写这套教材的重要动力。

教材建设是学科建设的“基础工程”，只有打好这个基础，才能保证学科的持续发展。这套系列教材是我倡议编写的，得到了全所教师的一致响应。为了编好教材，我们曾多次进行了封闭式研讨。每本教材的大纲都是先由责任人拟定初稿，经集体讨论，提出修改补充意见，最后确定下来。参加编写的教师都是我所的中青年学术骨干，有着丰富的教学经验和显著的科研成果，他们都具有博士学位，大多数曾游学国外在著名学府学习或研究。精干的队伍为编好这套教材提供了重要保障。由我来撰写总序,并不表示我的学术水平比他们高,而仅仅是因为我作为所长担负了组织协调工作。

全套教材共计六本:区域经济理论、区域经济分析方法、区域经济政策、区域经济规划、区域融资与投资环境评价、中国区域经济问题研究。这些内容也是我所为硕士研究生开设的主要专业课程。此外,城市经济学和城市规划等课程也在专业课之列,因为以后还要编写城市经济与管理系列教材,故未列入其中。

编写区域经济学专业研究生系列教材是一种新的尝试,我们参考了国内外已有的研究成果,在内容和结构上进行了新的开拓和探索。由于能力所限,加之时间紧迫,难免有这样或那样的不足和缺陷,希望得到同行们的批评指正。在此,我们要感谢商务印书馆,作为我国最负盛名的出版机构之一,他们对本套教材的出版给予了大力支持和鼎力相助。

陈 秀 山
中国人民大学区域经济与城市管理研究所
2003年春,于中国人民大学宜园

目　录

1. 导论

规划(planning)这个词，被广泛应用于各种各样不同的人类活动。例如:战争规划、科技规划、教育规划、空间探测规划、社会发展规划和经济发展规划等。本书从区域经济学的角度研究规划，将其称为区域经济规划。

1.1 区域经济规划的基本概念

1.1.1 定义

长期以来，人们对区域经济规划的定义争论不休。大家从不同的角度、对区域经济不同的理解、对规划应用的不同目的，提出了各自的观点。

第一种观点主张对区域经济规划作宏观的理解。即从宏观经济的发展需要出发，对区域空间进行以社会经济综合发展为目的的规划，其特点是将大都市与周边吸引地域结合到一起，制定中长期的发展战略规划。这种规划往往具有指导性，是政策性的规划，以扶持和协助某一类区域的发展作为规划的最终目的。第二种观点主张对区域经济规划作中观的理解。即将规划的范围限定在一个特定的区域内，综合考虑区域内部资源的分布和社会经济发展的条件，对这个特定地区的经济活动及产业发展，制定一揽子的发展程序和时间表。

这种主张认为，区域经济规划的内容应当相对比较具体，要涉及具体地区的具体部门或具体产业，规划的文本要具有可操作性。第三种观点主张对区域经济规划作微观的理解。即将区域经济规划解释为区域土地利用规划或者是扩大的土地利用规划，包括各类资源的开发规划和居民小区的开发规划等等，微观的理解更倾向于方案的设计。

其实，我们并不忙于为区域经济规划下定义，而是应该先将区域经济规划的几个问题讨论清楚，区域经济规划的定义自然就清楚了。

这些问题是：

——区域经济规划与区域经济发展的关系问题

区域经济理论是建立在对区域发展问题的研究之上的。对区域发展问题研究的一个根本目的，是解决区域经济如何增长的问题，即如何生产更多财富、提高地区人民生活水平的问题。

按照新古典经济学理论来分析，区域发展离不开三个最基本的要素：资本、劳动力和技术，要素转化为财富，需要有条件和途径，而政策、机制和环境，决定各类要素在区域发展中的作用大小。

在区域经济发展中，我们需要理清的头绪很多。从战略思想，到战略方向，再到具体的行动方案，是一个系统工程。区域经济规划，说到底，是一组生产要素现在和未来在特定区域的配置或部署的问题。它以现实的各类生产要素的组合为基础，根据发展条件和环境的变化，安排未来时期的要素如何组合、如何配置。

区域经济规划所涉及的区域发展问题，是以当前资源环境条件和经济要素组合所进行的决策行动，但实施这种决策是未来的问题。如果这种未来是很长的一个时间，那就需要解决战略问题；如果是一个不长的时间，那就需要解决行动的方案问题。所以我们说，区域经济发展的范围和内涵决定了区域经济规划涉及的范围和内涵。

——区域经济规划与区域产业布局的关系问题

区域经济规划和区域产业布局是容易被混淆的两个概念，被混淆的原因是两者有许多共性。所以，我们需要对两者的相同性和相异性进行分析。

自韦伯和杜能以来，产业的空间布局是以支付最小的生产成本为目的进行的，韦伯和杜能的区位模型，都是以运费最小为标准来选择最佳区位。廖什则引入了产业空间布局的利润最大化的概念，并提出市场区的模型。现代区域经济学则在此基础上进行深入研究，形成了产业聚集等许多模型。区位的选择问题，是解决在什么地方、布局什么产业或企业的问题，研究的中心是企业如何选择分布地点的问题。

根据廖什的市场区模型，如果市场区的范围成为已知条件，我们接下来的任务是什么？显然是解决三个问题：第一，如何巩固这个市场区；第二，在这个市场区当中，如何增加更多的内容；第三，如何扩大这个市场区。我们的对策应当有两条：第一，加大对这个产业的各种要素投入；第二，提高这个产业的经济效益。我们还要解决三个具体问题：第一，在什么时间、投入多少、投入哪类要素？第二，各类要素在规定的时间内在什么样的地方组合？第三，以什么样的方式、什么样的机制和什么指导思想去组合？显然，解决这三个问题，是区域经济规划的任务。

所以，产业布局的理论，也要靠区域经济规划去付诸实施，从理论到实践，以理论指导实践。也就是说，区域经济规划的方案，包含了区域产业布局的方案。

——区域经济规划与区域经济政策的关系问题

区域经济政策的基本目标是解决区域经济发展与区域间利益关系的协调问题，其基本特征是政府通过政策的作用，扶持不同类型区域，为区域选择适合自己的、有区域特色的发展道路。区域经济政策的基本点是国家制定的、分类指导各不同类型区域经济发展的政策，或者是上一级区域政府制定的、指导下级区域经济发展的政策。一般讲，随着区域系统的缩小，区域经济政策与区域经济规划的共性就越多，最后当规划区域变为很小的区域时，区域经济政策就变成为区域经济规划。也就是说，人们普遍认为小区域的问题归根到底是一个区域经济规划就能解决了的问题。

那么，在宏观层面上，区域经济政策与区域经济规划是什么关系呢？其实，宏观的区域经济政策和区域经济规划中的战略规划，也是很难区分的。如果一定要区分的话，我们给出的区分原则是：区域经济政策是方针和准则，区域经济规划是步骤和方案。事实上，一个好的区域经济规划，离不开区域经济政策的内容。我们可以看一下制定区域经济规划的最一般的程序（见图1—1），就会发现区域经济政策在区域经济规划中的地位：

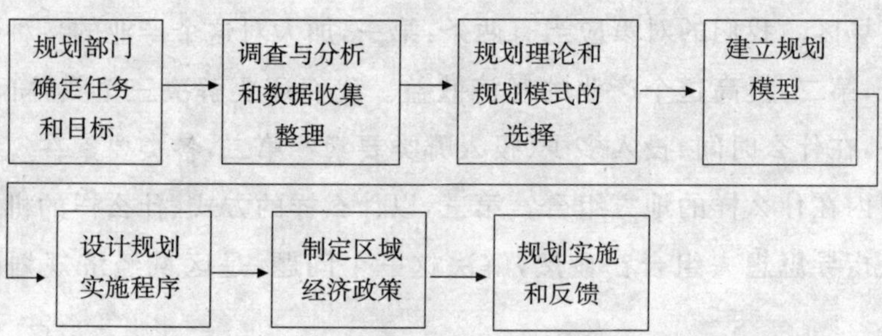

图1—1　区域经济规划的一般程序

从框图的流程我们可以看出：制定区域经济政策是规划过程的核心内容。从某种意义上讲，制定规划就是制定政策，然后实施政策。我们当然不能将这一程序绝对化，而区域经济规划的内容可能要超出仅仅是政策的范畴，但政策作为区域经济规划的核心内容，还将继续存在下去。

那么，哪些内容是区域经济规划区别于区域经济政策的呢？

(1)区域经济规划的各类指标设计、来源于社会调查和对统计资料整理分析后的指标的取得、依靠模型计算得来的未来指标的预测,这些内容更多是依靠区域经济分析的方法和相应的技术手段获得的,而不局限于政策分析。(2)区域产业发展的规模主要依靠对市场的预测和对资源组合的分析,产业结构设计依靠现在和将来对经济形势和市场变化的分析。所以区域产业发展的规模和结构的确定,也不局限于政策分析。(3)区域产业空间分布的方案及其实施步骤,是解决在什么地方、发展什么产业的问题,产业布局的方案要考虑地区产业发展的条件、区域的环境容量和产业的配套情况等,这些分析需要区域政策的规范,还要有经济和技术的手段相配合。因此,区域经济规划和区域经济政策在应用过程当中,还是有一定的区别的。

综上所述,我们为区域经济规划下的定义是:区域经济规划是一定地域范围内区域经济发展的战略策划和产业发展与布局的方案设计及其实施对策的总和。

1.1.2 性质

根据上述定义,按照可操作性的要求,我们归纳区域经济规划的性质主要有:

——规划的区域性

区域的特点决定区域经济的特点,区域经济的特点决定区域经济规划的特点。不同区域由于自然地理、资源、社会发展、经济基础、文化传统等的差异,经济发展的模式和途径是有很大区别的,完全相同的区域是没有的。区域经济规划的区域性就是要根据不同区域的不同情况,设计不同的规划方案。对此,我们可以从三个方面去认识:(1)区域自然资源条件的差异性。由于自然资源分布的非均衡的特点,由不同的资源种类、数量组合而成的区域优势是最容易看到的,而这种资源优势很少有两个以上的区域是完全相同的。(2)区域社会文化条件的差异性。不同的地域所传承的文化传统具有差异性,中外文化有很大的差异性,中国内部的各区域的文化,也存在很大的差异性。在不同社会文化条件下形成的区域发展条件,各区域基本上是不相同的。(3)区域经济基础的差异性。在规划之前形成的经济发展的基础,是一个长期的积累过程,不是短期形成的。由于区域经济发展的时间、地点和方式的多样化,完全相同的发展基础是不存在的。

所以,不要去设计流水线式的、工厂化的区域经济规划,一个地区的区域经济规划更不能套用其他地区的文本。

——规划的战略性

区域经济规划的战略性,表现为当前决策的未来性的特点。当前制定的区域经济规划,是对未来的一种谋划,是当前决策在未来的实施。由于时间因素的不确定性,决策的基础又是对发展前景的预测,所以短期的规划准确程度较高,长期的规划准确程度差一些。但区域经济规划并非是一劳永逸的,因为任何的决策都是在不断作出、不断修订的,即根据当时当地、根据具体情况不断矫正,所以我们关键是预测区域经济未来的趋势,而不仅仅是某个指标。也就是说,区域经济规划的战略性,是指我们今天制定的规划,为未来的发展提出若干条可供选择的不同道路,然后进行选择。区域经济发展规划是现在为未来勾勒发展的蓝图,但是这幅蓝图可能是粗线条的,详细的部分要一点一滴地往里面填充。

由于当前决策的影响效应要在未来才能反映出来,所以决策的风险很大。这种风险在于:如果对未来的蓝图描绘得不准确,出现目标性偏离,区域经济的前景就可能一片黑暗;如果对从理想到现实的途径寻找得不准确,本来可以实现的目标,可能成为空想;如果在征途中的某一步出现偏离,可能会影响实现目标的时间和机会。规避风险的惟一办法是对区域情况的详细调研，对客观经济发展形势的准确把握以及发展战略的灵活机动的反馈机制的建立。

从战略性出发，我们可以把区域经济规划简单地划分为两类相互联系又各具不同功能的规划：概念规划和具体实施规划。战略规划是概念规划，是建立指导思想，确立大政方针，解决政策问题等；产业规划、土地利用规划等是具体实施规划，是解决区域发展的程序和步骤问题。

——**规划的系统性**

一个完整的区域经济规划是一个区域在发展经济过程中的思路、目标和政策，并在此指导下制定实施的细则和步骤。

系统性包含综合性。区域经济规划涉及区域内的各种因素和各产业部门，区域经济发展是这些因素和部门综合作用的结果，区域经济规划是综合作用的体现。区域经济是一个系统，区域经济规划也是一个系统。区域经济规划的规划系统如下图所示：

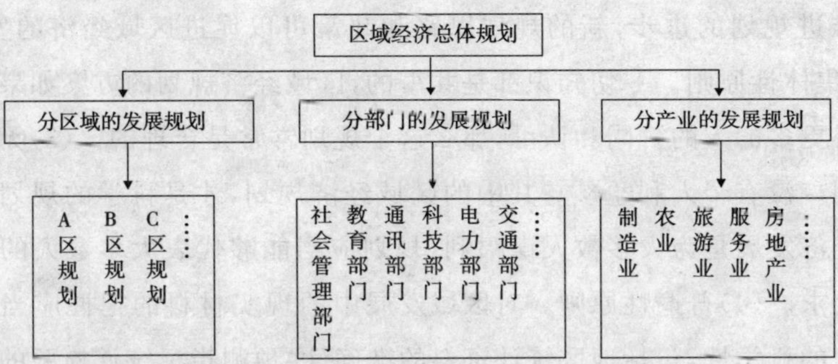

图 1—2 区域经济规划的规划系统

——**规划的科学性**

规划的科学性首先是指规划过程的科学性，然后是规划方案本身的科学性。规划的过程是建立一种思路、确定一种模式的过程，需要有科学的态度和精神，以及先进的规划方法和手段。规划过程的科学性，在于把规划过程本身作为一种事业，或者是一种生活态度，[①]是规划制定者意志和被规划区域人民利益的反映。由于区域经济发展的条件和环境都在变化，区域经济规划也处在不断修正当中，规划的过程已经成为一个连续的过程，规划的制定者必须面对这一情况，把区域经济规划的制定看作是一种事业，把培养战略思维当作是生活态度来看待，只有这样，区域经济规划本身才能真正具有科学性。

那么，如何才能证明我们的规划是科学的呢？换句话说，是否需要检验规划的结果呢？很显然，规划的结果是不能检验的。因为当你检验完成的时候，规划也实施完毕，无论是好是坏，都成为我们必须接受的一个结果，检验结果对于规划本身来说已经没有意义。剩下的是总结经验，或对规划进行评价，对今后有一定的参考价值。

由于结果不能检验，能够检验的就剩下过程。英国哲学家穆尔凯曾经提出五条检验过程科学性的原则，现在我们将其应用到区域经济规划当中，它们是：(1)独创性原则。通过发现区域经济发展的新资料来推进规划的进步，新的规划思路和政策可以促进区域经济的发展。(2)集体性原则。一切知识都是共享的，区域经济规划的方案如果能够获得更多的人的赞同和认可，那么这个规划常常是合理的。(3)无私性原则。没有个人利益参与其中的区域经济规划，才是科学的规划。区域经济发展是为大多数人谋福利，规划应当能够代表大多数人的利益和要求。(4)普遍性原则。对区域发展中的现实材料的把握应当具有普遍的科学性，包括地区统计资料的准确性、预测指标统计检验的正确性和合理性等等。(5)更替性原则。在区域经济规划的过程中，需要不断更新和不断修正规划者的观念，规划实施的过程是可以证伪的。按照波普尔的观点，能够证伪的东西才是科学的。如果我们的区域经济

① 参见[美]乔治·斯坦纳：《战略规划》第14页，北京：华夏出版社2001年版。

规划在规划中的第一阶段就被证明是错误的，那么我们就必须去更新和修正这个规划，以期接近真正的科学规划。

——规划的权威性

对区域经济规划的可操作性要求，使区域经济规划必须具备权威性。没有权威就不可能实施操作，甚至没有任何的参考价值。

专家权威和科学权威是区域经济规划权威性的来源。区域经济规划的过程应当有一个懂科学、懂技术的专家组参与。专家的作用在于解决规划中的技术问题，提出与政府所考虑问题不相一致的意见，并对规划的科学性进行详细的论证。专家的权威决定了规划的权威。由于规划是为地方政府的发展决策服务的，所以不能代表地方政府基本发展思路的区域经济规划，不可能得到实施。地方政府的权威决定了规划的权威，规划的权威又决定了规划的实施与否。规划的科学性是权威性的基础。一个科学的、符合区域经济发展实际的、能够付诸实施并指导区域经济未来发展的规划，本身就具备了权威规划的特点。

制定区域经济规划的宗旨是区域经济的发展和区域的社会进步，规划的目的是解决发展中的问题并能够使未来更好地发展。所以，区域经济规划要能够代表区域的根本利益，并为地区人民的根本利益服务。

在市场经济体制下，区域的利益主体及其代表发生了有别于计划经济体制的变化。地方性的立法机构代表地区人民的利益和意愿，地方政府受中央政府的委托和地方立法机构的委托，成为地区人民利益的代表者，所以，由地方政府及其下属机关委托制定的区域经济规划才真正具有合法性和权威性。私人和企业法人委托制定的区域经济规划缺少合法性，也就缺少权威性。如前所述，规划是规划者意志和思想的反映，代表的是规划者的利益，如果规划者本身代表的是区域内大众的利益，那么规划就能够代表大众的利益，如果规划者本身是企业或个人,那么规划必然从企业或个人的利益出发来制定,不可能代表广大人民的根本利益。虽然我们不能否认我们这个社会拥有很多道德高尚、无私奉献的个人或机构,但社会存在决定社会意识,我们必须防范道德风险。私人和企业法人不应当成为区域经济规划的制定者。私人和企业参与区域经济规划必须得到地方政府的委托,变个人行为或企业行为为政府行为,才能取得规划的合法性。

1.1.3 任务

一般认为,区域经济规划的任务由四部分构成:

——明确规划区域的经济发展方向

明确规划区域的战略地位,提出规划区域经济发展的方向,是区域经济规划的首要任务。区域经济发展的方向是指未来时期内人们对区域经济发展总的设想。

确定区域经济发展的方向必须有充分的根据,至少应考虑以下五个方面:(1)国家经济发展的宏观背景。一定时期国家的经济发展取向决定了区域经济发展的重点、速度和政策,形成了区域发展的大背景。(2)规划区域的资源和经济社会发展现状。区域的自然资源和人文资源是区域经济发展的基础,而现状是未来发展的基础,综合分析区域经济现状与未来发展趋势是制定区域发展方向的必然要求。(3)周围区域的发展现状及其与本区域的相互关系。区域经济发展在今天已经是一种具有广泛联系的经济活动,一个区域的发展必然与周围地区发生多种类型的联系,区域经济发展方向的确定不能离开这种联系。(4)可持续发展原则。区域是一个由资源、环境与社会、经济相结合的有机整体,区域发展的目的不仅是为了取得最好的经济效益,而且要求取得最好的社会效益和生态环境效益。所以,确定区域经济规划的方向时,也必须坚持获取综合效益的可持续发展原则。(5)科学技术发展的趋势。

区域发展的先进性是通过发展先进的科学技术来实现的，区域发展的方向也必须有先进的科技作为发展的动力。要正确认识科学技术的发展趋势，使区域的发展能够跟上世界科学技术发展的趋势。

——提出规划区域的经济发展目标

制定区域经济发展的目标，是区域经济规划的第二个任务。区域的发展方向和发展目标是统一的。发展方向通常是定性描述，而发展目标则是发展方向定量化的反映。发展目标可分为总体目标和具体目标。总体目标是规划思想的高度概括，具体目标是发展方向的深化和具体体现，由一系列的指标体系来体现，如人口总数、国民生产总值、社会生产总值、财政收入指标等。这些指标的获得，一般依靠预测模型的计算结果。

检验区域经济规划的目标是否制定得准确，可以从以下六个方面来进行：(1)规划目标应当是经过努力可以实现的；(2)规划目标要有包容性和概括性；(3)规划目标要能够反映区域发展的各个方面的情况；(4)规划目标必须具体、明确，只具有单一的解释；(5)规划目标要具有时效性，要规定目标实现的时间，任何目标都只适用于一定时间；(6)规划目标要具有空间的惟一性，即一组目标只能在一个特定的区域内适用。

——确定规划区域的重点发展部门、重点发展地域和重大建设项目

为了使规划更好地指导地区的经济发展，使区域经济规划方案能够落实并实施，确定重点发展的部门和地域十分重要。这实际上是确定推动整个区域发展的增长极点，使经济资源、人力资源和科技资源能够集中起来，发挥更大的集合性作用。

首先，选择重点发展部门。在一定时期内，区域发展的重点应该选择哪些部门和怎样选择，没有固定的模式，只有根据当时当地的具体情况，具体分析，具体决定。以主导产业部门为重点，实现产业之间的平衡和协调发展，带动辅助产业和基础产业迈上新的台阶，主要是为区域培育新的经济增长点，确保区域的长期可持续发展；以主导产业部门为重点，就是要发挥其带动地区经济全面发展的作用。

其次，选择重点发展地域。分类规划是区域经济规划的精髓，从理论上说，不同的区域，处在不同发展阶段的区域，应该采取不同的发展模式。区域经济规划要根据区域发展阶段和区域整体实力，选择重点发展的地域。例如，我国的沿海发达地区、中部农业地区、东北老工业基地地区、矿业城市为代表的衰退地区、西部待开发地区和生态保护地区等，必须有具备特色的区域经济规划来指导其经济发展。国家的第十个五年计划提出要实施西部大开发战略，加快中西部地区发展，合理调整地区经济布局，促进地区经济协调发展。西部地区国土占全国的70％，不可能全面开发，所以要选择若干重点地区进行重点建设。重点地域的选择不是随意的，要经过一系列的指标对比，经过专家论证，才能确定。

最后，选择重大建设项目。重大建设项目的安排是区域经济规划的点睛之笔。凡涉及产业或部门发展的规划，都应当附有重大建设项目的一览表。重大建设项目的确定应根据总体规划方案和阶段目标的要求，综合政府主管部门的安排和地区企业的发展规划，依据地区发展的重点，选择一些对全局发展具有重要意义的项目，根据各类项目的建设要求，确定建设的时间。基础设施项目一般根据政府部门的相关安排，产业化项目则必须由企业提出，进行过初步的可行性研究，为带动和促进地区的发展奠定基础。

——制定规划区域的产业布局方案

根据区域经济发展需要，在综合评价区域发展的优势和制约因素的基础上，充分考虑市场的需求和区际之间的经济联系，对规划区域的基础设施等条件和原有的产业基础进行客观的评价，正确地确定区域的发展方式,优化地域经济空间结构,合理布局生产力,是区域经济规划的中心环节,也是区域经济规划的核心任务。

编制大区域(县以上)的规划,应该规划出该区域未来经济发展的空间格局,包括未来的中心与周边的区域关系、区域经济中心的建设与发展情况、主要的基础设施建设情况以及区域的产业功能分布情况等。编制地域范围较小的区域经济规划,除对基础设施的布局方案应作出具体规划外,还应对区域性的主要公共服务设施,如教育、医疗卫生、商业贸易、文化、体育、娱乐、旅游等设施进行布局。

区域经济规划应该对保护自然环境、保护水源、保护或治理空间及水域、改善区域卫生条件等提出具体的建议,对可能出现的问题应有应急的预案,提出相应的对策。

综上所述,在区域经济规划当中,各种类型地区的发展条件、资源状况、经济特征不一样,因此要求通过规划解决的关键问题就不相同。所以不同类型区域的区域经济规划任务也就应该有所差别。

1.2 区域经济规划的主要类型

区域经济发展的不同需要对区域经济规划提出了不同的要求,在区域经济发展当中,凡是涉及未来如何去做的问题,都有必要通过规划使之规范化和程序化,然后按部就班,有条不紊地一件一件去实施。区域经济规划在制定的方法上,为了适应这些要求,产生了各种不同的类型。

1.2.1 分类方法

从区域经济发展的需要出发,根据规划的对象和范围的不同,区域经济规划可以划分为区域发展战略规划、区域开发规划和区域空间规划三类，每一类又是由若干不同内容的规划构成，适用不同的情况和地区。

从实施的角度来看，有些区域经济规划是硬约束性规划。那些由中央或地方政府实权部门制定的、并由这些部门具体负责落实的规划，目标是明确的、固定的、有约束性的。例如城乡土地利用规划，其中有一些指标带有很强的控制性，如人口数量、土地数量等，因而可称为硬约束的规划。也有些是软约束性规划。战略规划、发展规划、国土规划等，其规划的指标是预测性的，而不是控制性的，其规划的目的，是战略性指导而不是区域管制，所以，约束是"软"的。但软约束不等于无约束，必须要找准找好。

要使软约束性规划具有硬约束性规划的功能，最可行的方法是进行分区规划。即根据不同的经济发展类型进行规划，确定各类型区的边界和发展的形态，并在其中制定硬性的约束指标。例如，对环境保护区划定红线，禁止越线开发；确定某一类区域的土地开发的基本要求，包括土地开发数量的限制、每亩土地的资金投入量限制和土地使用方向的限制等。未来的区域经济规划的发展方向，应当是包括软约束性条件的硬约束性规划。

1.2.2 区域发展战略规划

区域经济规划的重要内容之一，是为各区域制定区域经济发展战略。发展战略是解决地区经济发展的总体思路问题，是经常性的、不定期的任务。一般讲，发展的思路应当保持长期性和一致性，要有稳定性，不宜经常变化。正如中国古代哲学家老子所讲的"治大国如烹小鲜"，一个国家的大政方针是不能经常变化的，国家内部的一个区域也应如此。

但是，发展思路又不是一成不变的，需要不断创新，与时俱进。没有创新当然就没有发展。在现实当中，当一个区域的经济发展面临重大转折的时候，或者遭遇到一定困难的时候，或者经济发展条件、发展环境产生巨大变化的时候，区域经济的发展思路都有必要调整和创新，发展战略也必须重新制定。

区域经济发展战略规划是概念规划，包括制定战略的依据、战略目标、战略重点、战略措施等主要内容。区域发展战略规划是区域经济总体发展的战略，适用于对区域总体发展进行的整体谋划。在实践当中，又可以针对不同的地域，进行具体的规划。

——具有广泛适用性的区域经济发展战略规划

区域经济发展战略规划是依据某一个具体的、有明确界限和范围的地区进行的规划，是区域经济规划中最客观的部分。由于我国特定的体制特点，目前的区域经济发展战略规划都是按照行政区进行的。但是，这并不等于说只有行政区域才能进行区域经济发展战略规划，而仅仅是我国行政区与经济区的高度重合的结果。

分区指导是制定区域经济发展战略规划的根本原则。例如，根据我国目前的情况，分区指导的特征是：

沿海发达地区：注重外向型，发展高技术产业，提高科技贡献率，提升经济发展的水平，参与国际分工等；

沿海不发达地区：解决发展的最基础的问题即增长问题，要区别沿海平原地区和沿海山区，注重区域合作，抓住产业转移的机遇，发展现代制造业；

中部地区：加强农业基础，发展现代制造业，解决产业素质低下、产品竞争力不强的问题，争取成为东部的产业和技术转移接受地区；

西北内陆地区：加强基础设施建设，加强环境保护，大力发展能源重化工产业和新材料产业，提升产业结构；

西南内陆地区：加强基础设施建设，努力发展特色产业，尤其是旅游业，建设西南能源重化工产业基地。

——县域规划

县域规划是区域经济发展战略规划中的一个特殊的类型。由于县级地区是我国发展经济的最基本的地域单元，所以县域规划是一个综合的、具有基础性质的、指导一个独立运行地区的区域经济规划。

县域规划是依据县域经济的基本运行规律，总体把握县域经济发展的指导思想，把确立远景发展目标和分阶段的目标，构建县域产业结构，树立主导产业和地方性产业部门作为规划的重点。县域规划与一般发展战略的主要区别是规划的内容相对具体，融入了许多部门发展的规划内容，既有主导产业部门的远景发展目标和主导产业部门与其他经济部门之间的结构目标，也提出各部门的重点建设项目。

1.2.3 区域开发规划

仅仅有发展战略当然是不够的，需要有具体的规划来设计一个区域的发展，也就是解决区域的发展问题、或开发与再开发问题。区域内部的自然、社会、经济、政治、文化等方面的状况和区域外部的环境，都对区域的发展产生影响和作用，都是区域发展的条件。综合评价区域发展条件，要在广泛收集、调查基础资料的基础上，运用系统分析方法，剖析区域发展的有利条件和不利条件，要对地区生产的部门结构、生产发展的特点、地区分布状况进行系统的调查研究，对照生产发展的条件，揭示矛盾和问题，确定重点发展的部门与行业、重点发展的区域。对规划期内新建的企业，特别是骨干企业，要选址定点，做好工业企业的地域组合。

区域开发规划涉及区域发展的各类具体问题有：(1)确定区域开发的目标。包括经济发展目标、社会发展目标和生态环境改善目标。社会发展和人类进步是根本目的，经济发展是手段和途径，生态环境改善是制约条件,应力求做到三者的统一。(2)评价区域开发的条件。区域开发的条件包括区域发展的制度和政策、区域资源基础、区域经济现状以及区域基础设施现状等等。(3)选择区域开发的模式。广义的区域开发模式包括产业结构模式、产业组织模式和产业布局模式,涵盖了产业选择和产业分布的各类问题,特别是对空间布局有一个综合的安排。

区域开发规划是具体的行动规划,要制定规划的目标,设计发展的途径,论证重点项目的可行性,提出可操作的政策建议。区域开发规划可以归纳为以下三类:

——区域国土规划

区域国土规划就是狭义上的区域规划。国土规划的内容很详细,包含的内容很广,甚至可以把区域经济规划的所有内容都包括在内。其主要的任务是解决全国各区域的资源分布和利用问题、区域经济发展的基础设施建设问题和城镇体系的布局问题等。国土规划是我们研究得很早、成就很突出的一类规划。国土规划的前期工作,包括资源调查,农业、工业、海洋规划,资源评价,产业发展状况调查等。其中,农业区划是在全国开展范围最广、成效最显著的一项规划工作,在研究过程中,常常使用线性规划模型作为发展预测的主要工具。目前,该项工作已经结束,规划成果成为我国发展农业的重要科学依据。

——区域产业规划

产业发展是区域发展永恒的主题。所以产业发展规划是区域经济规划的中心内容。产业发展规划往往是具体产业部门的中长期发展的设计,包括产业选择、产业发展的条件分析、未来发展的目标定位、产业竞争力分析、产业发展指标预测、重点企业培育和集群的构建、产业发展的政策环境设计等。

区域产业发展规划具有很强的时效性,与区域发展的水平和阶段紧密相连。例如,目前中国沿海地区大多都在进行新型制造业的发展规划，中部地区则侧重传统制造业和劳动密集型产业的发展规划，西部更多是进行原材料工业的发展规划。

——区域布局规划

区域布局规划是对一个地区社会经济发展的内容进行区域配置，是区域发展规划本质的内容。在一个特定的区域内，发展哪些产业，发展到多大规模和在什么地方发展，是产业发展中要解决的三个基本问题。虽然自杜能和韦伯以来，人们对产业配置的研究已经进行了一百多年，但随着国际经济的发展和科技进步，产业配置出现了许多新情况和新问题，特别是对产业聚集的研究，以及聚集和分散关系的研究，使产业的配置在空间经济范畴内被赋予了新的内涵。

区域布局规划有三个重点：(1)确定开发方式。增长极核或同心圆的开发方式、点轴或带状开发方式、网络开发方式等。开发方式要符合各区的地理特点，从实际出发，不能追求形式。(2)确定重点开发地区。重点开发地区也有多种类型，有的是点状的(如一个工业区)，有的是轴状或带状的(如沿交通干线两侧狭长形开发区)，有的是片状的(如几个城镇连成一块，或一个开发区)等。重点开发区的选择与开发方式密切相关，互相衔接。(3)确定区域的开发策略与开发措施。除政策性的规定外，关键是要解决好区域内的近期开发建设项目的配置、重点开发区与一般地区的关系。

1.2.4 区域空间规划

区域空间规划的目的是在一个特定的地区建立合理的地域空间结构。它的编制涉及城市、乡村、产业、基础设施和区域环境等。其中比较重要的有：

——城市规划、城镇体系规划与乡村居民点规划

城市规划通过对城市空间的建设安排，达到有序控制城市建设规模和发展方向的目的。城市规划经过多年发展,已经形成了相对成熟的学科,形成了一套制定城市规划的程序和方法。城市规划是区域经济规划的重要组成部分,主要是指城市经济发展的部分对区域经济发展来说,是十分重要的组成部分。

城镇体系规划是区域生产要素和城镇人口在地域空间组合方式的具体形式,也是产业布局当中产业和人口聚集的类型之一。研究城镇体系演变过程、现状特征,预测未来城市化的道路和发展水平是进行城镇体系规划的基础。城镇体系规划的具体内容包括:(1)评价区域城镇发展的条件与环境,制定区域城市化的奋斗目标;(2)制定规划区域的城市化发展战略,选择与区域发展现状相适应的城市化道路,提出不同时期的城市化水平指标;(3)确定城镇体系的职能结构,明确各城镇的性质,明确各城镇之间的合理分工与地域联系方式;(4)确定城镇体系的规模结构,预测各时期城镇的人口发展规模、用地规模和各级中心城镇的规模;(5)确定城镇体系的空间结构,做好各城镇的总体布局,在空间上安排好大中小城市和小城镇的分布形态,提出中心城市的区位和重点发展的地区以及这些地区重点发展的城镇数量;(6)提出实现城市化需要的基础设施保障体系,确定与城市化发展水平相适应的基础设施建设项目;(7)提出实现城镇体系规划的政策建议,要重视建议的可操作性。

编制乡村居民点规划,则要在科学预测人口增长的基础上,研究农村人口的合理分布,对乡村居民点体系作出总体的设想,原则确定各居民点的空间分布,各居民点的人口发展规模,各居民点与地区中心城镇的联系等。

——基础设施规划

基础设施是经济发展和人民生活正常进行的必要物质基础,也是社会经济发展实现现代化的重要标志,具有先导性、基础性、公用性等特点,基础设施应与社会经济同步或者超前发展。基础设施大体上可分为生产性基础设施、生活性基础设施和社会性基础设施三大类。(1)生产性基础设施。生产性基础设施基本上是为生产运行直接服务的基础设施,包括能源供应、交通运输、邮电通讯、金融、信息等设施。(2)生活性基础设施。生活性基础设施基本上是为区域内人民生活服务的基础设施,包括商业、餐饮、服务、社区、旅游、医疗等设施。(3)社会性基础设施。是为全社会的生产和生活服务的社会事业、福利事业等设施,包括教育、科研、文化、体育、园林绿化和社会安全等方面的设施。

区域经济规划要对各种基础设施的现状进行分析,预测未来发展对各种设施的需求量,确定各种设施的建设数量、规模、工程项目及地区分布。鉴于社会发展过程中突发性灾害对区域经济发展的影响越来越大,建设应对突发性灾害的基础设施体系成为当务之急。

——环境治理和保护规划

广义的环境包括自然环境、生产环境和生活环境,狭义的环境仅指自然环境而言。区域经济规划着重于自然环境的保护和治理问题,同时侧重于良好的人居环境的建设。

生产过程是人与环境进行物质交换的过程。在生产过程中,一方面人们要从自然界索取社会生产所需要的物质,另一方面又把生产过程中的排泄物返回自然界。如果在索取资源过程中措施不当,违背了自然发展的客观规律,破坏了生态平衡,或者对生产过程中的排泄物,如废水、废气、废渣、噪音等没有采取必要的治理措施或处理不当,都会对环境造成污染,或破坏自然生态,影响生产环境和生活环境。

区域经济规划中的环境治理和保护的内容主要是:提出保护大气、水体、生物、土壤的措施,以及防止污染的对策;对保护自然、治理污染、恢复生态的重大工程进行具体的规划;提出丰富自然景观、美化生活环境的措施,包括工程措施和生物措施等;制定建立良好人居环境的经济和社会发展的途径。

区域经济规划是区域经济理论应用于实践的最有效的途径之一。通过区域经济规划的制定及应用，能够为各区域解决经济发展中的一系列现实问题，能够为区域发展政策的制定提供可靠的依据。所以，区域经济规划是区域经济学从理论到实践的桥梁和纽带。

1.2.5 各类规划之间的关系

实现区域经济发展是区域经济规划的根本目标，为区域发展服务的区域经济规划，必须是可操作性的规划。区域经济规划是在科学认识区域系统发展变化规律的基础上，从地域角度出发，综合协调区内经济与资源，环境与社会等要素的关系，以谋求建立和谐的人地关系系统。

首先，规划是一项庞大而复杂的系统工程，必须有一个总体的规划来协调各方面的行动，才能取得良好的效果。区域经济发展战略规划是所有其他规划的依据，它是依据区域经济发展的要求制定的、带有发展方向性的规划，所以具有统领全局的作用。

其次，各类规划之间的衔接是十分重要的。由于区域经济规划涉及的地区政府的部门很多，不同的规划出自于不同的部门，很难做到每一个规划都能够在内容上互相协调，相互撞车的情况是不可避免的。要把各类规划衔接好，关键是要把制定规划的方向性内容贯彻到每一个具体的规划中，大家都按照一个指导思想去作规划，规划的衔接就会好些。

再次，实施各类规划时的相互协调是更重要的。我们目前不是规划太少，而是规划太多，实施起来相互矛盾，影响区域的经济发展。城市规划、城镇体系规划与土地利用规划的矛盾，产业发展规划与区域空间规划的矛盾，区域开发规划与环境保护规划的矛盾等，都要重点进行协调。但是，这个协调不能由部门来协调，必须是地方政府出面进行协调。其实，最好的办法还是先制定区域经济发展战略规划，然后要求其他的规划根据这个规划进行修编。

1.3 区域经济规划的发展历程

区域经济规划自从产生以来，已经走过了100多年的历程，回顾过去，环视现在，展望将来，对于了解和掌握区域经济规划的精髓，是十分重要的。

1.3.1 花园城市理论

区域经济规划是从花园城市理论诞生后开始的。花园城市理论是城市形体规划的第一个里程碑。尽管一些经济学家和社会学家认为它存在一些缺陷，但也不能完全否定它的积极意义。因为任何理论都是针对某时出现的具体问题而产生的，都可能有其历史的局限性，因而也不可能是完全正确的。

花园城市理论产生于19世纪末和20世纪初的工业革命时期。19世纪末，英国经历了工业革命，工业迅速发展，城市也急剧膨胀。由于当时的社会对这种迅速发展的形势没有思想准备，出现了组织欠佳和管理不善等现象，造成人们心理上很大的压抑感。城市的过度增长和过分拥挤，导致了一系列的城市问题：首先是环境恶化，有害市民健康。居住密度过大和大批贫民窟的出现，加上城市空气、水体和噪音等的污染，造成环境恶化，市民疾病多发。其次是早期的工业缺乏科学的分类，布局不合理，加上工业发展创造了大量就业机会，吸引了大量农民进城，又导致劳动力的供过于求，因而造成了城市就业难的问题。再次是交通工具不足，管理落后，出现时间、能源和资金的严重浪费，缺乏经济效益。第四是社会服务设施缺乏，居民生活不便，直至第二次世界大战前,社会服务设施均由政府提供,没有规划,不成系统,供应不足。第五是工业经济增长与工人分配所得不成比例,出现两极分化。

在当时,农村是另一番景象。在农村,有充足的阳光、秀丽的风光、宁静的环境和充足的农产品供应。但由于劳动力大量移居城市,劳动力不足,加上缺乏人际合作关系,农业生产逐步下降。此外,农村生活单调,节奏慢,表现出愚昧的状态和沉闷的气息。

鉴于上述情况,有人设想出一条所谓城乡结合的路子。其中主要代表人物为英国人霍华德。

19 世纪 90 年代英国城市的物质条件比 40 年代好多了,很多工人的平均收入已经显著提高;医疗条件得到改善;新的住宅条例已经开始见效。然而,按照现代标准来衡量当然仍是很差的。1891 年的人口统计表明,至少有 11%的英国人口住在密度大于每室二口人的房间里;根据 1880 年的记录,在曼彻斯特这样的城市,人们平均的预期寿命只有 29 岁,比 40 年前只多 5 岁。

19 世纪 80 年代末到 90 年代初,英国人 C. 布思在严格的统计资料的基础上,作了第一个现代的社会调查。它表明:按照一个精确的和最低的标准来衡量,伦敦东部不少于 1/4 的人口生活在贫困线以下。但是另一方面,郊区也存在着同样的贫困:当时正赶上由于大量进口廉价的外国肉类和谷物,英国农民得不到保护,因而造成了农业生产的大幅度萎缩。从 19 世纪 90 年代的英国人口地图可以看到,除了有限的城市和工业区以外,人口几乎到处都在减少。虽然城市开始向近郊蔓延,但是实际上当时还没有出现可以为城市工人住在农村创造的条件。

花园城市理论的思想基础是:让城市过度拥挤的人们返回农村土地上,在城市和农村都形成一定的磁力,吸引人们分别在城乡安家。霍华德设想出三种磁力:一是城市,二是农村,三是城乡结合部(见图 1—3)。花园城市理论的主要内容是:所谓花园城市,主要特点是中心部分有花园，建成区为农田或绿地隔开，内有道路和铁路相连。它既要处理好城市与农村的关系，本身又有一定的模式。①

在《明日的田园城市》中的著名图解中，列出了城市和农村生活的有利条件与不利条件。霍华德论证了一种未来的城乡结合的形式，或称之为田园城市。它兼有城乡的有利条件而没有两者的不利条件。

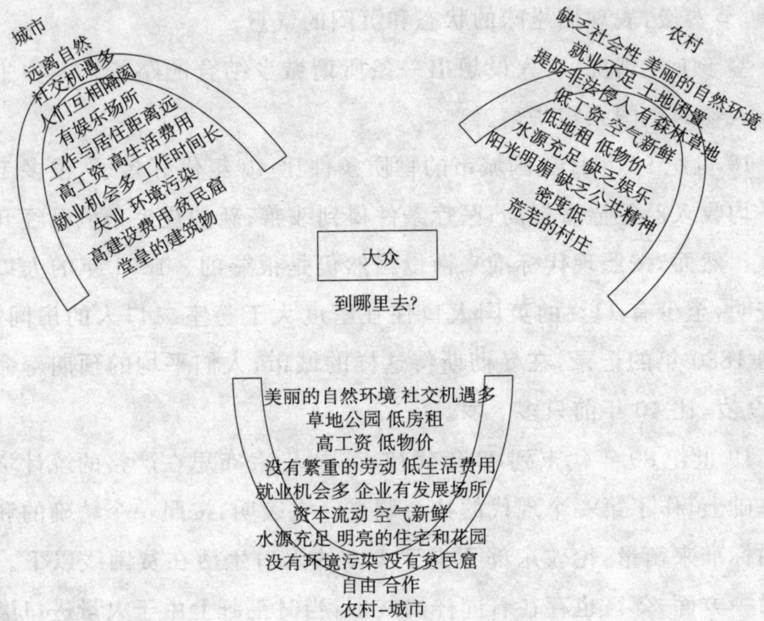

图 1—3 霍华德的“三种磁力”

霍华德认为，城市远离自然；富于社会机遇；人们互相隔阂；有娱乐场所；上班距离远；高工资；高租金，高物价；就业机会多；过多消耗时间；失业大军；烟雾和缺水；排水代价高；污浊的空气；朦胧的天空；照明良好的街道；贫民窟与豪华酒店；宏伟的大厦。农村则缺乏社会性；具

① 参见[英]霍尔：《城市和区域规划》第 46 页，北京：中国建筑工业出版社 1985 年版。

有自然美;工作不足;土地闲置;要提防非法侵入;树木、草地、森林;工作时间长;工资低;空气新鲜;低租金;缺少排水;丰富的水;缺乏娱乐;明亮的阳光;没有集体精神;需要革新;低密度的居住;荒芜的村庄;城市与农村的结合具有自然美;富于社会机遇;接近田野和公园;低租金;高工资;低税;有充裕的工作可做;低物价;没有繁重劳动;企业有发展场所;资金周转快;干净的空气和水;排水良好;明亮的住宅和花园;无烟尘;无贫民窟;自由;协作。

花园城市理论主要是通过建设花园城市来实现城乡的密切结合,以保障环境卫生和居民健康,向农村传播城市知识和技术设备,实现城乡统一。

根据霍华德的建议,建设花园城市必须满足如下要求:(1)永久地保留空旷地带,用于发展农业并成为城市的组成部分,限制建筑物向这一地带扩展;(2)市政府永远拥有城市土地的所有权和管理权,但可把土地租给私人使用;(3)人口规模不超过三万人;(4)拥有维持人口就业和生活的能力;(4)预留社区发展用地;(5)安排好社会服务设施。

关于花园城市的财政收支和行政管理问题,霍华德建议:市政府拥有城市地产权,可采用征收土地税的办法作为财政收入的一种来源;税收的支出,主要用于城市的基础设施、社会服务设施和公园等的建设;市政府拥有财政、法律、基础设施和社会服务设施的管理权。

综上所述,花园城市理论是为解决当时的城市问题所发展起来的理论,其目的在于创造一种新的社会形式即花园城市来实现城乡的有机结合。它虽是理想主义或乌托邦的,但还是合乎社会愿望的。花园城市强调自我控制。它着重从技术上解决问题,控制适当的密度,注意城市社会经济的发展。霍华德认为,解决城市问题不可能依赖旧城的改造,只能是从头开始,新建花园城市。他的花园城市设想,属概念性规划。

1.3.2 国外100年来的区域经济规划

自1898年英国人E.霍华德在《明日的花园城市》一书中提出“城市应与乡村相结合”的思想之后，现代区域经济规划由此诞生。[①]

——二战之前的西方区域经济规划

二战之前，西方区域经济规划思想分为英美学派和欧洲大陆学派两大流派，并依据各自的理论，指导各自地区的规划实践。

英国和美国

英国和美国在二战之前这段时间城市发展很快，城市向周边地区的扩展，主要推动力来源于私人汽车的普及和城市中心区居民向周边地区的转移。霍华德的思想集中代表了这一时期英美区域经济规划的基本思路：在《明日的花园城市》中，霍华德设想了一种田园式的城市，在大城市的周围建设有绿化带隔离的小城市，而不是无限制地盲目扩大城市，因此，区域经济规划问题开始受到重视。

这段时间，英国最大的区域经济规划问题是区域划分和工业布局问题。关于区域划分，最早进行地理区域划分尝试的是A.J.赫伯森，1905年他提出了“世界大自然区域草案”；H.J.弗勒进一步发展了这种思想，提出将我们居住的地球划分为七类区域：饥饿区、虚弱区、增殖区、成就区、困难区、流浪区和工业化区。在区域划分思想的影响下，1919年编制了英国大都市的服务区域图，这是第一幅以功能为指标的分区图。

关于工业布局问题，19世纪在英国北部地区发展的煤炭、钢铁、纺织等产业，被飞机、汽车、化工、水泥等工业替代，伦敦等地的工业发展很快，产业布局的变迁，带来了繁荣区和萧条区的对立。繁荣区的增

① [英]霍尔：《城市和区域规划》第46—50页，北京：中国建筑工业出版社1985年版。

长，完全靠"结构效应"，即归于较为有利的工业结构；萧条区则相反。根据1921年的人口调查，英国就业人口中，50%从事制造业和采矿业，其中16%的工人从事矿业，近30%的工人从事金属加工和机器制造，另有15%的人从事纺织。而所有的三大支柱部门，都分布在北方的煤田地带。由于20世纪前期世界其他国家的发展，英国三大支柱产业面临很大竞争。煤田地带渐渐陷入萧条。为解决萧条区的问题，1937年，英国政府成立了由A.M.巴罗为主席的研究工业分布的皇家委员会，是国际上最早建立的区域经济规划机构。委员会成立后，对英国的工业分布问题进行了大规划调查，提出了许多区域经济规划的理论，为英国战后的区域经济规划奠定了基础。

美国的区域经济规划在二战前处于创立阶段，具有代表性的思想是F.L.赖特的"广亩城市"思想。由于北美的移民大量使用汽车，城市有可能向广大的农村地带扩展。随着汽车和廉价电力的普及，那种一切经济社会活动都集中于中心城市的区域发展形式已经过时，所以，应该通过规划，促成一种完全分散的、低人口密度的城市发展形式，就是他称之为"广亩城市"的概念。这种思想为20世纪后期在美国大陆发展起来的"市郊商业中心"和"组合城市"奠定了基础。

欧洲大陆

同一时期，欧洲大陆正处在城市化快速推进的阶段，大多数中产阶级、工人阶级还在不断地涌向市中心区，城市密度提高，更多的人拥挤在一起。为解决交通问题，高架路、轨道交通和高速路等纷纷出现，区域经济规划基本上是以大城市为中心，围绕城市经济发展来进行的。

由于大城市发展很快，城市群、城市带等概念开始出现。这段时间，最有影响的区域经济规划理论是马塔的城市化理论和克里斯塔勒的中心地理论。

S.马塔是西班牙工程师，他提出了"城市化"的概念，城市发展将会使周围的农村地域不断变成为城市地域。他 1882 年建议发展一种带状城市,使现有城市沿一条高速度、高运量的轴线向前发展。他建议这种带状城市从西班牙的加的斯延伸到俄罗斯的彼得堡,总长度达 1800 英里。这种带状城市的规划思想,在马德里、哥本哈根、华盛顿、巴黎、斯德哥尔摩的规划中都应用过。

克里斯塔勒的中心地思想,在这一时期的欧洲区域经济规划思想当中占有重要地位。克里斯塔勒通过对德国南部地区的研究,提出一个地区城市和人口分布的基础模型,并提出应开展对市场区和城市吸引范围的研究。他提出的六边形网络格局当中居民地分布的层次结构组织的概念,对后代的影响很大。

——20 世纪中后期西方的区域经济规划

如果说"二战"之前,西方的区域经济规划工作主要是理论准备的话,那么战后则是一方面继续进行理论研究,另一方面将规划的思想付诸实施,形成各类区域经济规划。

开发区规划。战后西方人口增加快,经济萧条区的存在使大量劳动者失业,经济发展中的空间结构问题十分突出。为解决这些问题,英国、美国等国家开始设立"开发区",以各种优惠条件,鼓励该区域工业发展。"欧盟"成立之后,在欧盟内部也设立了许多这类"开发区",主要是用区域政策和政府资助来达到规划发展目标、提高工作效率、增加产值、提高就业率的目的。从 20 世纪 60 年代起,区域经济规划师开始按照佩鲁的"增长极"理论来设计区域发展规划。例如,英国为英格兰东北部和苏格兰中部地区作的区域经济规划,将过去的开发区政策扩展,将这些区域称为"增长区域",对区域中那些迅速增长的工业部门,给予最集中的援助,把投资集中用于基础设施建设。这种开发规划的实施,对萧条地区的发展起到了明显的作用,包括就业岗位的增加、失业率的降低、工业和建筑合同的增加以及厂房和机器投资的增加等。(见

图 1—4）

区域发展规划。在 20 世纪 50 年代，欧洲许多地区的区域经济发展，加剧了城市与周边农村地域的对立。保护农田和扩展城市用地的矛盾，城市建设用地和城市绿地的矛盾，使得区域和城市规划开始寻找新的出路。英国在战后几乎所有的城镇居民点都进行了大范围的区域经济规划，包括大伦敦地区的规划等，开始进行城乡发展的一体化规划，疏散大城市中心区的人口，在周边地区建立卫星城或“卧城”，在农村地带则建成了一系列的新城。例如，1944 年大伦敦规划方案，有计划地从拥挤的内城疏散出 100 多万人口，进入有规划的卫星城。这种新城规模为 3 万－6 万人，环绕着伦敦城分布。然而，在伦敦城的规划中，有计划地扩建现有乡镇，以便发挥开发农村地域和接纳过剩人口的双重职能，是另一个重要的方面。这些乡镇比新城距中心城市更远，有一定的人口规模和工业规模，并由中央政府以及大公司的资金资助来解决问题。1947 年的城乡规划法，是英国政府对这种规划方式的肯定，并将这种方式推广到全国，以法律的形式固定下来。在美国，由于美国大陆的幅员辽阔，城乡规划的宏观层次和微观层次区分得十分鲜明。美国的宏观区域经济规划一般是趋向于范围很大的区域，去解决这些区域的经济发展和就业问题；而微观的物质环境规划着重解决地方性的问题，重视公共工程的实施，并以此为动力，带动一个区域的发展。从二战之前的田纳西流域开发伊始，联邦政府以较大量的资金集中用于少数地区：首先是那些经济问题严重的地区，这类地区的平均家庭收入相当于或低于全国平均的 40%；其次是经济发展较快的地区，这类地区有一些大城市组成增长中心；第三是跨越边界的地区以及位于西部的山区、沙漠地区等，援助那些发展条件不利的区域的发展（见图 1－5）。法国的区域发展规划则更具有指导性。法国制定区域经济规划的一个重要特点，是将全国纳入到一个统一的规划系统。这个系统第一个层次是巴黎大都市区，这是全国经济增长的核心；第二个层次是全国其他地区，规划成八个大区与巴黎相抗衡。这八个大区是：里尔、洛林、阿尔萨斯、里昂、马塞、图鲁兹、波尔多和南特（见图1—6）。在巴黎大都市区，环境中心城市建立若干个"反磁力中心"，创建各种经济发展的机构，吸引巴黎中心区的人口，扭转城市过于集中的趋势；在外围地区，确定多个大区的增长中心，建设新城市，并以此影响农村地区的发展。法国的区域经济规划取得了较大的成功，外围各大区与巴黎的抗衡，起到了平衡全国经济发展的作用。但是，法国人口和经济生活日益集中到主要城市地区的趋势却很难根本扭转，把经济利益全面均衡地分布于全国，看来仍然是一个梦想。

国土规划。国土规划起源于日本。到目前为止，日本于1962、1969、1977、1987年进行了四次"全国综合开发规划"，都是根据当时国内的经济发展状况和国际环境制定的具有宏观调控能力和法律效力的国土开发规划。其基本特点是：根据日本的国土现状，制定促进工业区形成的产业布局规划，这主要反映在第一次开发规划中，形成了东京湾、伊势湾、大阪湾和濑户内海四大工业区；后来的三次开发规划，重点是解决过密与过疏区的关系问题、均衡利用国土的问题、大中小城市均衡发展问题、人民享受同等的福利问题和建立多极分散型国土态势问题、建立全国网络型经济区域的问题等。日本的国土规划十分重视发挥地区优势，根据各地区不同的发展条件，确定其职能和在全国的地位，同时建立各地区之间的紧密的区域联系，鼓励所有的地区积极参与国际贸易和国际经济往来。应当承认，日本的四次"全国综合开发规划"对其经济起飞时期的高速发展，起到了重要的促进作用。

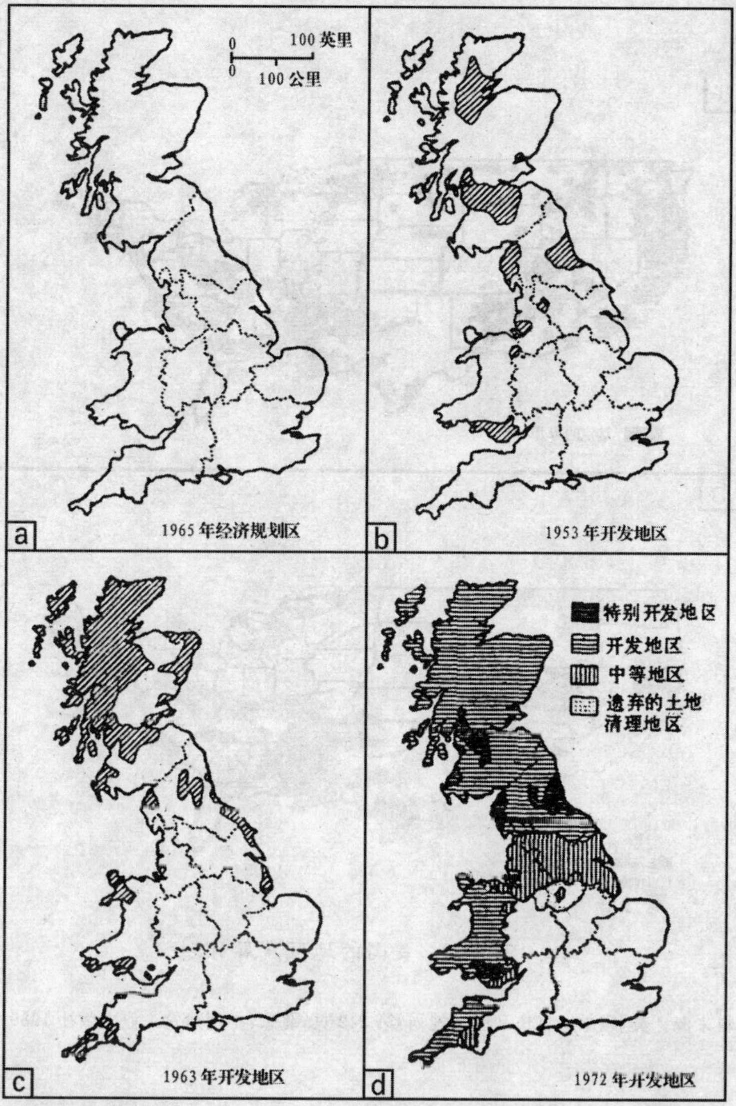

图 1—4 英国的区域规划

资料来源：[英]霍尔：《城市和区域规划》第 140 页，北京：中国建筑工业出版社 1985 年版。

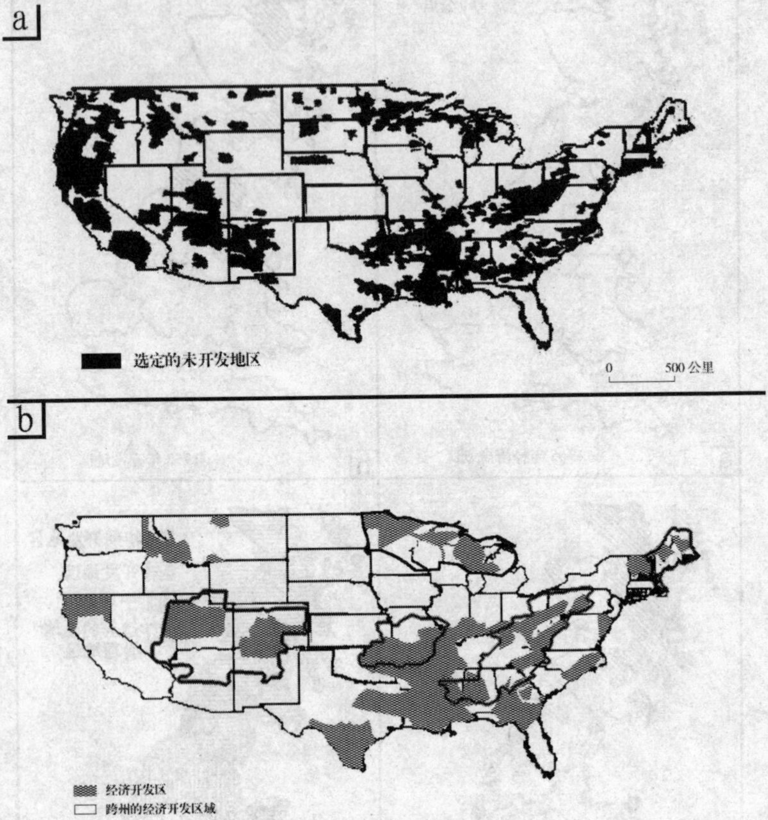

图 1—5 美国的地区发展计划

资料来源:[英]霍尔:《城市和区域规划》第 242 页,北京:中国建筑工业出版社 1985 年版。

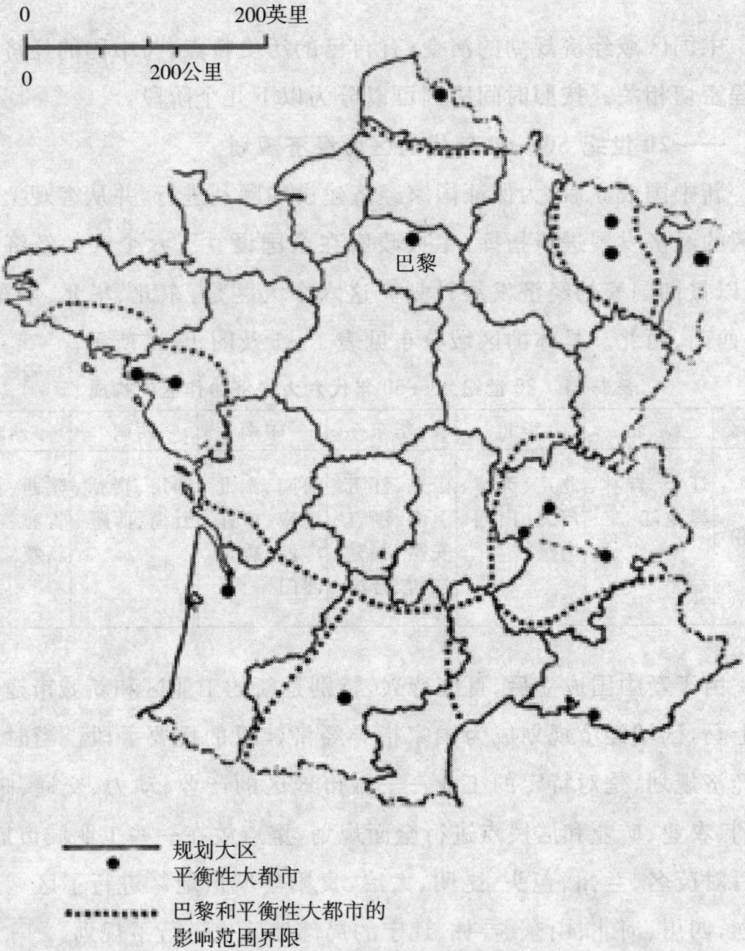

图 1—6 法国的区域空间规划

资料来源:[英]霍尔:《城市和区域规划》第 200 页,北京:中国建筑工业出版社 1985 年版。

1.3.3 中国区域经济规划的演变

中国区域经济规划的演变,有自己的历史特点,与中国的经济发展进程密切相关。按照时间序列可以分为以下几个阶段:

——20 世纪 50—60 年代的区域经济规划

新中国成立后,为保证国家经济建设的顺利进行,并从客观上对各地区的经济发展进行指挥,中央政府在全国设立了六个大的经济协作区,以贯彻国家的经济发展计划。这六个大区是:东北、华北、华东、中南、西南、西北。具体的区域分布见表 1—1 及图 1—7 所示。

表 1—1 20 世纪 50—60 年代六大经济协作区的构成

大区	东北	华北	华东	中南	西南	西北
省份	辽宁、吉林、黑龙江	北京、天津、河北、山西、内蒙古	山东、江苏、上海、浙江、安徽、福建、江西、台湾	河南、湖北、湖南、广东、广西、香港、澳门	四川、贵州、云南、西藏	陕西、甘肃、青海、宁夏、新疆

由于新中国成立后,百废待兴,特别是新的工业区和新城市建设纷纷上马,区域经济规划成为国家指导经济建设的重要手段。当时的区域经济规划,是对特定的工业——城市地区的产业、动力、交通、邮电、水利、农业、矿业和居民点进行全面规划,重点放在一些工业城市地区,先后对茂名、兰州、包头、昆明、大冶、贵阳等城市地区进行了区域经济规划,四川、河北、山东、吉林、辽宁的局部地区也进行了规划。

规划的途径是①:(1)按行政区划系统来组织国民经济生产。这是我国一直沿用的一种区域经济安排形式。这种形式虽然有利于调动各

① 孙久文、叶裕民:《区域经济学教程》第 280 页,北京:中国人民大学出版社 2003 年版。

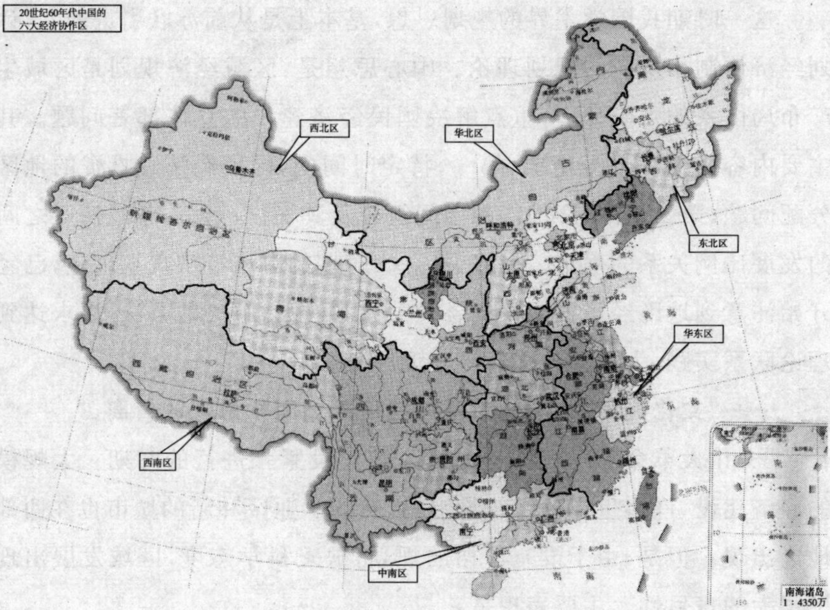

图 1—7 20 世纪 60 年代中国的六大经济协作区

级政府的积极性，但是，行政区是人为划分的，按照行政区组织经济活动容易人为割裂区际经济联系，不利于在全国范围内实现合理的劳动地域分工。(2)按沿海与内地两大块来安排区域分布格局。在 20 世纪 50 年代，特别是"一五"时期，沿海和内地的区内一致性与区际差异性比较明显，按这种划分来安排地区布局起到过一定的作用。毛泽东主席在"论十大关系"中专门对沿海与内地的关系进行过论述。(3)按六大协作区来安排地区布局，组织国民经济建设。1958 年最早提出的是七大经济协作区，1962 年把华中区和华南区并为中南区，成为六大经济协作区，即东北区、华北区、华东区、中南区、西南区和西北区。最初六大经济协作区的划分，本意是想作为综合经济区划，但后来没有真正起到综合经济区的作用。六大经济协作区的提法至今人们习惯上仍然沿用。

这一时期我国学术界的规划思想，基本上是从前苏联引进的，与计划经济体制相适应的规划理论。中心思想是：区域经济规划是区域生产布局体系的中心环节，重点解决国民经济建设的总体部署问题。其主要内容由三个部分组成：第一，特定时间内，国民经济总投资的地区分配问题；第二，各生产部门的空间组合及其安排；第三，各经济区之间的发展比例关系的确定。可以说，这一时期的区域经济规划理论，已经开始注意到地区经济发展中的各种关系，并探讨解决的方法，以求达到理论联系实践，为社会主义经济建设服务。

——"文化大革命"期间对区域经济规划科学思想的背离

"文化大革命"开始后，正值"三线"建设紧张进行的时期。大规模的经济建设，许多重点项目纷纷上马，新的工业区和新的城市也在西部地区出现。但是，由于没有严格的规划，缺乏科学态度，区域发展出现了很大的盲目性。主要表现是：

首先，项目上马的盲目性。没有经过科学的论证，没有可行性研究。长官意志，仓促上马，上马后或者是建设时间拖长，或者是中途下马，造成很大浪费。

其次，项目布局的盲目性。在没有制定详细的工业布局规划的情况下，随意选择厂址，造成投资的增加，效益的下降，投产的困难，给经济建设带来很大损失。

再次，项目选址的非科学性。在没有研究产业发展的客观要求的情况下，根据"国防原则"，一味要求所有"三线"企业都要"靠山、分散、进洞"，使有些企业车间与车间之间相隔数十公里，形不成生产能力。

所以，改革开放前的十年期间，中国的区域经济规划与其他经济事业一样，处于停顿状态，区域经济规划理论被无知和反科学所代替。

——改革开放以来区域经济规划的发展和成熟

改革开放以来，中国的区域经济规划开始走上正轨，区域经济规划理论也逐渐成熟起来。

从实践方面来看，区域经济规划的制定与实施自20世纪80年代以来在四个方面取得了令人瞩目的成绩：

农业区划。改革开放之后，国家首先在全国范围内进行农业区划，整个区划工作一直到20世纪90年代中期结束，然后进入贯彻实施阶段。农业区划的主要任务，是根据各地区的自然条件和农业发展的基础，对农业发展和农村土地利用进行详细规划，确定地区农业发展的方向、重点和分布，用以指导我国农业在不同时期的发展。与农业区划相关联的，还包括种植业、林业、畜牧业和渔业的发展规划、大江大河的流域规划、小流域开发规划和海岸带功能区划、海洋利用规划等等，形成了中国农业区划的规划体系。

国土规划。20世纪80年代中期以后，国家在全国范围内启动了第一轮国土规划。国土规划包括10个方面的内容：自然条件和国土资源的综合评价，社会经济现状分析和远景预测、国土开发整治的目标和任务、自然资源开发的规模布局和步骤、人口和城市化、交通通讯动力和水源等基础设施的安排、国土整治和环境保护、综合开发的重点区域经济规划、国土规划的客观效益评价、国土规划的实施措施。到90年代中期，全国各省市区的国土规划基本编制完成，摸清了我国国土资源的家底，明确了国土资源开发的目标和任务，国土规划成为地区发展计划制定的可靠依据。

城镇体系规划。90年代中期，国家开始启动全国省市县各级的城镇体系规划，目前正处在收尾的阶段。城镇体系规划的基本任务是：从实际出发，以经济建设为中心，为区域和城市经济发展和区域产业结构调整服务。所以，要求把提高人民生活水平作为规划的出发点，统筹考虑城镇与乡村的协调发展，科学确定各城镇的职能分工，引导各城镇合理布局和协调发展。从区域整体出发，妥善处理城镇建设和区域发展的关系，遵循可持续发展的生态优先原则，城镇发展与环境保护相协调。城镇体系规划要达到的目的是：加快城市化进程，加强中心城市建设，集约发展小城镇，优化城镇体系结构和城乡经济结构，带动区域社会经济全面发展。

区域经济发展战略规划。随着市场经济体制的建立、区域利益主体由中央政府向地方政府转移的加快，区域经济发展的战略规划成为各区域制定规划的重点。如果说前面三类区域经济规划都是自上而下、由中央政府布置的规划任务的话，那么区域经济发展的战略规划，是各地区政府加快市场经济体制建设中的自觉的行动，是地方政府为发展本区域经济的主动的行动。区域经济发展战略属于概念性规划，它主要是解决区域的发展思路，发展方向和发展目标问题，是现代区域经济规划体系的重要组成部分。一个地区制定了正确的发展战略，那么它在一个相当长的时期内，都可以根据这一战略思想制定具体的行动计划，并为地方政府制定区域性政策提供依据。区域经济发展战略规划是今后区域经济规划工作的重点。

从理论研究来看，区域经济规划理论在不断发展和成熟。改革开放以后，理论界引进国外先进的规划理念，使中国的区域经济规划理论日益成熟起来。

主要的表现是：(1)对区域经济规划性质的认识发生了重大转变。随着市场经济的发展和体制改革，过去对计划经济体制下的规划的认识，开始向以市场经济为前提的规划思想转变。过去认为区域经济规划是国民经济计划的实施手段，现在则认为是国民经济计划制定的依据和中心组成部分，是对一个地区国民经济发展的总体的战略部署。(2)对区域经济规划的内涵的研究进一步拓展。从对象本质和各种关系上，对区域经济规划进行深入认识，从早期的区域土地利用规划，到地区开发规划，再到不同类型地区的综合发展规划，区域经济规划的内涵在变化，外延也在拓展。(3)对区域经济规划的方法的使用进一步丰富。传统的理论分析在加入了新的理念之后，分析的深度和广度都超过了以前；定量分析的变化最大，从一般的简单数字分析，进入到回归分析和模型分析，使用计算机进行大量的计算，取得了很好的效果。但在新的方法不断使用的同时，对调查分析的轻视成为区域经济规划工作当中的突出问题。“一本年鉴、一台计算机”就“包打天下”，是极其危险的倾向，应当引起区域经济规划工作者的重视。

1.3.4 中国经济区划的演变

改革开放以来，关于经济区划的研究在不断深入，提出了很多有代表性的综合经济区划方案，主要有以下几种。

——十大经济区的划分

该经济区划方案把全国分为三个层次的经济区系统，即大经济区、省级经济区和省内经济区。大经济区即一级综合经济区共十个，它们是：东北区(辽、吉、黑)，华北区(京、津、冀、晋、鲁)，华东区(沪、苏、浙、皖、赣、闽、台)，华中区(豫、鄂、湘)，华南区(粤、桂、琼、港、澳)，西南区(川、滇、黔)，西北区(陕、甘、青、宁)，内蒙古区(内蒙)，新疆区(新)和西藏区(藏)。

——六大综合经济区的划分

该方案在考虑诸多因素的基础上将中国划分为六大经济区，即：东北区(辽、吉、黑及东蒙三盟一市)；黄河中下游经济区或称华北区(京、津、冀、鲁、内蒙中西部、晋、豫，其中前四省市称为环渤海亚区或黄河下游区，后三省区称为黄河中游亚区)；长江中下游区(沪、苏、浙、皖、赣、鄂、湘，其中前三省市称为长江三角洲亚区，后四省称为长江中游亚区)；东南沿海区(闽、粤、桂、琼及港澳)；西南区(川、云、贵、藏，其中又分为川滇黔亚区和西藏亚区)；西北区(陕、甘、青、宁、新，其中又分为陕甘青宁亚区和新疆亚区)。

——七大经济区的区划方案

把我国划分为长江三角洲及沿江地区、环渤海地区、东南沿海地区、西南和华南部分省区、东北地区、中部五省区及西北地区。该方案是根据国民经济形势及发展的需要而提出的,它高度体现了新时期我国区域经济发展的基本格局,时代气息浓厚。方案提出后,很快作为政府研究地区问题的重要依据,并被写入第八届全国人民代表大会第四次会议批准的《中华人民共和国国民经济和社会发展"九五"计划和2010年远景目标纲要》之中。在本方案中,比较多地考虑到改革开放对区域经济的影响,比如划分环渤海地区、长江三角洲及沿江地区、东南沿海地区等等。但是,作为一级经济区,对全国范围内的地区格局还缺乏全面的比较和判断,比如对西北地区、东北地区的内部差异考虑不够。同时,该方案还有两个不足之处:各大经济区在空间上互有重叠,不符合一级经济区划分的基本要求;突破省级行政区界限,经济区政策的实施有一定困难。

——八大经济区的区划方案

本方案是根据七大经济区的区划方案变化而来,继承了其优点,又克服了各大经济区在空间上互相重叠,突破省级行政区界限的问题。

如下表所示:

表1—2 中国经济区划的八大区方案

经济区名称	地域范围
华北区	京、津、冀、鲁
长江三角洲区	沪、苏、浙、皖
东南沿海区	闽、粤、琼、桂、台、港、澳
东北区	辽、吉、黑、蒙(东四盟)
西北区	陕、晋、蒙、宁
中部区	豫、鄂、湘、赣
西南区	渝、川、云、贵
西部内陆区	甘、新、青、藏

在区划方案没有取得一致意见的情况下，对全国区域的划分，形成了“三大地带”的共识。“三大地带”的概念自20世纪80年代提出以后，一直沿用到今天。三大地带主要是指：东部地区（含辽、冀、京、津、鲁、苏、沪、浙、闽、粤、桂、琼），中部地区（含黑、吉、蒙、晋、豫、鄂、湘、赣、皖）和西部地区（含陕、甘、青、宁、新、川、渝、云、贵、藏）。在地带的划分中，关于桂、琼、陕、川的划分有些争议，但地带划分本身基本上是被接受的。这种划分能从总体上反映出我国的区域经济发展水平的梯度差异，反映我国宏观布局的总趋势和大致轮廓，但如果作为综合经济区划显然太粗略。2000年我国实施西部大开发战略，将广西、内蒙古两个民族自治区划入国家西部大开发意义上的西部地区，这在区域规划上被称为“政策覆盖区”。

1.4 本章小结

本章从区域经济学的角度出发研究区域经济规划的概念、性质和发展历史，对区域经济规划的一些概念性的问题进行阐述，并对国内外区域经济规划的演变进行分析，建立起一个完整的区域经济规划的框架。

在综合对区域经济规划的宏观理解、中观理解和微观理解的基础上，我们为区域经济规划下的定义是：区域经济规划是一定地域范围内区域经济发展的战略策划和产业发展与布局的方案设计及其实施对策的总和。

区域经济规划具有的性质是：(1)区域性。区域经济规划的区域性就是要根据不同区域的不同情况，设计不同的规划方案。(2)战略性。表现为当前决策的未来性的特点。当前制定的区域经济规划，是对未来的一种谋划，是当前决策在未来的实施。(3)阶段性。一个完整的区域经济规划，从时间序列来看应当由四个部分组成，长远规划，中期规划，年度规划和实施计划。(4)科学性。首先是指规划过程的科学性，然后是规划方案本身的科学性。规划的过程是建立一种思路、确定一种模式的过程，需要有科学的态度和精神，以及先进的规划方法和手段。(5)权威性。专家权威和科学权威是区域经济规划权威性的来源。

区域经济规划的任务有：明确规划区域的战略地位，提出规划区域经济发展的方向；制定区域经济发展的目标；确定重点发展的部门和地域。

根据区域经济发展需要，在综合评价区域发展的优势和制约因素的基础上，充分考虑市场的需求和区际之间的经济联系，对规划区域的基础设施等条件和原有的产业基础进行客观的评价，正确地确定区域的发展方式，优化地域经济空间结构，合理布局生产力，是区域经济规划的中心环节，也是区域经济规划的核心任务。

区域经济规划可以分为三个部分。区域经济发展战略规划是解决地区经济发展的总体思路问题，是经常性的、不定期的任务。区域开发规划是具体设计一个区域的发展，也就是解决区域的发展问题，或开发与再开发问题。区域空间规划是在一个特定的地区建立合理的地域空间结构。

区域经济规划是从花园城市理论诞生后开始的。花园城市理论是城市形体规划的第一个里程碑。自 1898 年英国人 E. 霍华德在《明日的花园城市》一书中提出“城市应与乡村相结合”的思想之后，现代区域经济规划由此诞生。二战之前，西方区域经济规划思想分为英美学派和欧洲大陆学派两大流派，并依据各自的理论，指导各自地区的规划实践。

中国区域经济规划的演变，有自己的历史特点，与中国的经济发展进程密切相关。

关键术语

区域经济规划　规划的概念和特点　规划的性质和任务　规划的历史过程

思 考 题

1. 区域经济规划的定义是什么?
2. 区域经济规划与区域经济发展是什么关系?
3. 区域经济规划与区域经济政策是什么关系?
4. 区域经济规划的性质与特点是什么?
5. 区域经济规划的主要任务有哪些?
6. 区域经济规划的主要类型有哪些?
7. 区域经济规划在区域经济发展中的作用是什么?
8. 花园城市理论的主要思想是什么?
9. 20世纪中后期西方的区域经济规划有什么特点?
10. 改革开放以来中国的区域经济规划有什么特点?

参阅文献

1. 陈秀山、张可云:《区域经济理论》,北京:商务印书馆2003年版。
2. 张文忠:《经济区位论》,北京:科学出版社2000年版。
3. 中国人民大学区域经济所:《产业布局学原理》,北京:中国人民大学出版社1997年版。
4. 周一星:《城市地理学》,北京:商务印书馆1995年版。
5. 同济大学主编:《城市规划原理》,北京:中国建筑工业出版社1991年版。
6. 陈才:《区域经济地理学》,北京:科学出版社2001年版。
7. 孙久文、叶裕民:《区域经济学教程》,北京:中国人民大学出版社2003年版。
8. [德] 沃尔特·克里斯塔勒:《德国南部中心地原理》,北京:商务印书馆1998年版。
9. [美]安纳利·萨克森宁:《地区优势》,上海:上海远东出版社1999年版。
10. [英]霍尔:《城市和区域规划》,北京:中国建筑工业出版社1985年版。
11. [美]郭彦弘:《城市规划概论》,北京:中国建筑工业出版社1992年版。
12. 《城市规划译文集》,北京:中国建筑工业出版社1992年版。
13. [美]约翰·利维:《现代城市规划》,北京:中国人民大学出版社2003年版。
14. [德]阿尔弗雷德·韦伯:《工业区位论》,北京:商务印书馆1996年版。
15. [美]乔治·斯坦纳:《战略规划》,北京:华夏出版社2001年版。

2. 区域经济规划的客观基础

要进行一个特定地区的区域经济规划，必须明确规划所依据的客观基础是什么。很显然，政治、经济和资源环境是要考虑的三个基本的要素。

2.1 政府在区域经济规划制定中的主体地位

地方政府作为区域经济规划的主体，是由其在区域经济中的利益主体地位决定的，主要反映在地方政府对地方所拥有的各类资源的事实上的支配权、对于地方国有企业的所有权和对区域经济运行的管理、指导等权力方面，因此是区域经济规划的主要使用者。只有使区域经济规划的具体内容变为地方政府的决策，区域经济规划才能真正得到落实。

2.1.1 区域经济规划为区域经济发展服务的性质

区域经济规划需要解决“为谁规划”和“谁使用规划”的问题。区域经济规划是为地区的经济发展服务的，所以它的服务对象只能是地区的利益主体。由于区域经济理论研究的是空间问题，这个空间上的主体只有两个:政府和企业，毫无疑问，区域经济规划是为他们而作。

——为政府规划

政府是区域经济的利益主体，区域经济规划一般是地方政府委托的活动，同时用户也是地方的各级政府。地方政府是地方利益的代表，是地方资源的拥有者和管理者，他们要对地方的发展负责，他们必须要想方设法使地区的经济增长。所以，他们需要确立发展经济的指导思想，需要知道发展经济的途径和道路，需要吸引投资，改善环境，而这样做的直接结果，是当地人民生活水平的提高。为地方政府服务，就是为当地人民服务。地方政府需要制定区域经济规划，无论是由政府自己制定，还是由专业的规划组织制定，都能够起到促进经济发展的作用。

——为企业规划

企业本身不应当直接参与规划，但区域经济规划应当为企业的发展服务。企业是区域经济活动的主体，是区域经济运行的微观基础。区域经济规划如何为企业服务，是真正需要认真探讨的问题，也更能体现市场经济条件下区域经济规划的作用。

区域经济规划作为企业发展的宏观经济背景，对企业未来的发展有指导性意义。包括企业规模扩大、企业市场战略调整、企业机构设置和企业搬迁等多方面行动，都与区域经济规划有各种各样的联系。区域经济规划作为企业发展规划的条件，企业发展与区域发展应融为一体。有些企业集团，依靠某一个区域作为基础，把这个区域的开发看成是企业本身的发展的一部分，通过企业发展来带动区域发展，通过区域发展来促进企业发展，积累了很好的经验。例如，区域经济规划中的产业发展规划是具体规划某一类产业在某一个特定地区的发展方向、规模、水平等的规划，成为企业未来发展的指导性行动纲领和发展依据。这类规划指导性强，对企业发展的指导作用十分明显。

2.1.2 政府主体地位的形成

地方政府的区域经济规划的主体地位，是通过以下四个方面而形成的：

——政府拥有区域资源的所有权

由土地、矿产等组成的自然资源，管理者是国家。但除了少数特大型矿山由国家直接开发外，这些资源的管理者和开发者，是各级地方政府。地方政府可以通过对各类资源的开发利用，获得经济利益，取得建设用的资金。特别是土地资源，随着土地所有权与经营权的分离，土地资源的价格相差很大。发达的城市，通过对土地的开发利用，可以获得大量的建设资金。这种拥有资源，开发资源，获取利益等一系列经济活动的本身和结果，就说明了地方政府已经取得了利益主体的地位。

公共的自然资源归国家所有。各级政府作为资源配置的主体，是由于政府代表全体人民来管理国家，维护主权，发展经济。政府行使的是宪法赋予的权力，是代表全国各民族人民的利益的。地方政府承担资源配置的主体，是因为地方政府可以通过对资源利用的长期规划，合理利用资源，使资源的利用能够成为经济建设的基础和获取物质财富的源泉。由于政府所拥有的行政权威及其公正性，只有政府拥有配置资源的权力，才符合人民群众的利益。资源本身是稀缺的和有限的，只有政府按照规划的合理配置，才能防止资源的枯竭，达到可持续发展的目的。

——政府拥有对地区国有企业的所有权

我国国有企业的形成，或者是原来由国家投资兴建，随着调整中央与地方的关系，转隶给地方政府，或者是地方政府利用自己的资金或贷款兴建。无论是哪种来源，地方政府是企业的真正所有者。国有企业的股份制改造，并不是要取消地方政府对企业的拥有权，而是通过股份制改造，增强企业的活力。股份制改造之后，地方政府是企业当中国有股份的拥有者，是代表国家和全体人民来行使这种拥有权。当然，股份的拥有权和企业的经营权是两回事，二者应当分离。只有这样，企业才能真正按照市场规律运行，担负起使国有股份保值和增值的责任。

地方政府的这种利益主体地位，是推动地区经济发展的一种动力。

各级政府从自己地区经济发展的愿望出发，对本地区老百姓负责，有义务使人民的生活水平不断提高；为增强本身的经济实力，有必要使国有经济保值增值。地方政府利益主体地位的加强，是对地区经济发展的责任的加强，可以使地方政府在中央政府的领导下，独立行使人民所赋予的各项权力，更好地为当地人民谋福利。

——政府是地区经济调控的主体

地方政府一方面通过自身的经济活动和对国有企业的管理来影响经济的运行，成为运行的主体，另一方面又通过对其他经济成分经济运行的调控，促进市场发育和经济增长。

中国目前在市场经济体制确立之后，企业是多种所有制共存，国有经济成分为主导。在市场经济发展的过程中，地方政府不是惟一的运行主体，还有许多其他的经济运行主体。也就是说，经济运行不完全是政府行为，而更多是企业行为。政府要保持对一个地区经济发展的控制能力，使之不至于陷入无政府的混乱状态，增强政府对经济发展的调控能力，增加调控的手段，是十分必要的。

——政府是地区经济运行的主体之一

任何一个地区的经济发展，从基础设施的建设到技术进步，增加投资，制定区域经济发展战略，都要依靠政府来组织，并通过政府运用各种手段去促进和规范。区域经济运行的主体有三个：一个是政府，一个是企业，另一个是中介组织。其中地方政府的重要性是不言而喻的。

中国的地区经济运行，其主要的调节机制是市场。在市场经济中运行的各类企业，是由多种所有制成分构成的，包括国有企业、集体企业、私营企业、“三资”企业等等，地方政府所代表的国有成分，是一个地区经济发展的主导成分，代表着一个地区经济发展的方向和经济增长的主力。国有经济的运行，规范和影响着其他经济成分的运行。而股份制的企业集团的运行，由于其影响力和经济实力的增强，更能够达到影响其他经济成分运行的作用。

不仅如此，地方政府日益增长的支出数量，也对地区的经济运行起极大的影响。地方政府的支出，包括生产性的投资和支出，如基本建设投资、企业技改投资等；也包括非生产性支出，如工作人员的工资、机关单位和事业单位的行政业务支出等等，都增加了全社会的经济活动的总量，增加了对各种产品的最终需求，促进了社会上货币的流通，也促进了市场的发育。

2.1.3 政府应用区域经济规划的领域

政府在下面几个领域应用区域经济规划：

——宏观经济发展领域

地区经济发展，从宏观领域来看，必须要有明确的目标，并保持经济发展的连续性，这就要求地方政府必须有一个长期的发展战略规划。

首先，确定经济增长的目标、选择实现目标的手段。地区经济发展的目标体系当中，总量目标、速度目标和质量目标是地方政府最关心的三个方面。地区经济发展总量目标，是一个地区在未来一段时期内经济发展的总体规模，是地区经济实力的体现，也是地方政府政绩的主要体现。速度目标则是地方政府实现总量目标的具体安排。质量目标是区域经济发展是否健康、平稳以及人民生活水平是否提高的标志。地方政府要实现其经济增长的目标，必须制定一定时期的经济发展战略，运用自己掌握的手段来实现自己的目标。通过对区域内的经济发展的优势和劣势进行具体分析，制定出科学的发展战略和具体规划。

其次，通过对基础设施的投资，引导地区的产业发展方向，以达到调整产业结构与布局的目的。一个地区内各项基础设施的建设，包括水、电、交通、通讯等，基本上属政府的投资范畴，或者由地方政府吸引社会资本或国外资本投入。其中为企业服务的生产性基础设施的建设，往往带有强烈的倾向性，反映出地方政府在一定时期对产业选择的态度。为了鼓励各种资金投向地方政府所希望的领域或者区域，常见的情况是地方政府投资修筑一些道路，供电、供水设施，以改善这个领域或区域的投资环境。

最后，通过对地方政府所拥有的各种经济手段的使用，平衡地区关系，促进区内落后地区的发展。发展本地区的落后地区，帮助一部分人脱贫致富，是许多地方政府的重要任务。目前中国还有500多个贫困县，如果我们不把扶贫当作地方政府的一个重要经济职能来看待，我们就会背离经济发展的根本宗旨，也就不符合我国的社会主义的经济性质。所以扶贫仍然是许多地方政府首要的目标之一。

——地区自然资源开发领域

通过开发自然资源，达到发挥地区优势的目的，从而促进地区经济的发展。地方政府在这其中扮演重要的角色。而开发资源的顺序，应当有一个详细的规划，这是区域经济规划要完成的工作。

同"合理分工，分级管理"的方式相适应，中央政府对自然资源的管理也是逐步下放到地方的各级政府，这样，资源开发就有三种形式：(1)国家直接开发的自然资源。有些资源，由于其对国民经济的意义极大，或开发的资本金要求极高，只能由国家投入，组建开发公司来开发。如三峡工程、海上石油的勘探和开发等。这一部分的项目一般是数目少、单体的投资巨大。(2)地方开发的自然资源。地方开发的自然资源，一般规模小一些，但却代表了地方的优势条件，是一些资源丰富地区经济发展的启动器。资源导向型产业的发展顺序是：资源→产品→市场→技术→资金的流向，也就是说，有什么样的资源，就发展什么样的产业，根据可能发展的规模，去寻找可能的资金。(3)中央和地方共同开发的自然资源。有一部分国家级的开发项目，要由国家和地方共同投资。这部分项目对地区的发展有很大的促进作用，开发之后，当地受益较大。正确处理中央与地方在资源开发上的关系，中央让利和地方顾全大局，是解决资源开发上产生的诸多问题的惟一可行的方案。地方上顾全大局与中央让利是相辅相成的：地方不应只顾本地利益，干扰国家重点项目的建设和生产；国家开发自然资源，也要考虑到地方的利益，使地方能够获得发展的机会。

——地区经济运行领域

为完善地区的经济运行机制，建立完善的市场机制，是地方政府重要的经济职能。所谓市场机制，一方面是完善的市场体系，另一方面是畅通的流通渠道。规划所能够做到的，是使市场经济的参与者有序地获取各类生产要素。

对各类市场的管理，是地方政府的一项重要的日常经济职能。地方政府的工商、税务等部门，是管理市场的主要职能部门。政府对市场的管理，主要体现在维护公平、维持秩序、维系经济关系等方面。市场运行的情况如何，市场吸引范围的大小，都与市场管理的水平分不开。地方政府必须加强对市场的管理，并借助现代的管理手段和传媒技术，扩大市场的影响。

生产要素的供给和流通，是地区经济运行的前提条件。各种生产要素的运行都有其自身的规律，地方政府的经济职能，是有效地组织这些生产要素，形成完善的生产要素流通体制和要素市场，并通过区际合作获取本地区缺少的那些生产要素。

——地区各种经济活动领域

政府调节经济活动，是指地方政府通过规划来进行决策，并通过职能部门贯彻这些决策，达到管理区域经济活动的目的。政府决策的基础是区域经济规划。

行政手段的调节，具有相对规范性。行政手段对经济活动的调节，是通过政府的职能部门。作为规范的行政机构，一般是用规范的行政模式来调节经济活动，因此具有相对规范性。但是，由于经济活动的相对易变性，使用行政性的规范调节，有时会将经济活动限制过死，不利于经济活动的创新和发展，所以把区域经济规划的文本作为调节的依据，是十分得体的。而通过规划来调节经济发展，一般都有一定的倾向性，表现为政府将优先发展的主导产业或支柱产业，或者重点发展的区域作为主要调节对象，在政策上和生产上对其进行倾斜，以引导地区经济聚集到特定的部门和特定的地区。为防止产业的盲目发展，也同样需要区域经济规划来事先谋划。

政府通过规划调节经济活动的范围包括：(1)社会基础产业的发展。主要包括能源、交通、通信、原材料工业和农业。基础产业的建设投入大，周期长，回报率低，有时跨部门、跨行业和跨区域。这种类型的产业，从兴建到管理，都要接受政府的行政调节。(2)国有企业的壮大。国有企业是国家或地方政府投资兴办的企业，一般都隶属某一个职能部门。股份制改造后，国有股份仍将占主导地位，也必须接受地方政府的行政调节。(3)资源的开发。资源产业一般都归国家所有，接受国家或地方政府职能部门的管理。资源产业主要指各类能源、矿产开发的部门。

2.2 制定区域经济规划的政治和法律基础

那么，政府为什么能够积极地去制定区域经济规划？很显然，政府制定区域经济规划是为地区的政治服务的，即为地区的社会发展和管理服务。

2.2.1 政府干预区域发展的理论

在区域经济学当中，中心地理论、新古典区域经济理论、增长极理论、输出基本理论和中心－边缘理论都阐述了政府干预区域经济发展的思想，包括干预目标、干预领域和干预手段。[①]

政府干预的理由是：人类社会在不断前进，经济在不断发展，人类本身和文化也在发生巨大的变化。如果任其自由发展，结果可能对人类有利，也可能不利，甚至是灾难。例如，人类对环境的无休止的破坏、对其他生物的无休止的猎杀反过来影响到人类自身的健康和生存，非典的爆发就给了我们很大的教训。所以，需要有一个政府来组织、安排人类的发展过程，处理好人类与资源和环境的关系。区域经济规划是政府组织和安排人类社会生活的一个重要的、具体的行动。

区域经济规划的理论基础是政府干预理论。政府通过制定合适的政策去对区域经济进行干预，区域经济规划是制定政策的基本依据，政策、规划与社会发展有着密切的关系。政策、规划、社会发展和政府干预的关系如下图所示[②]：

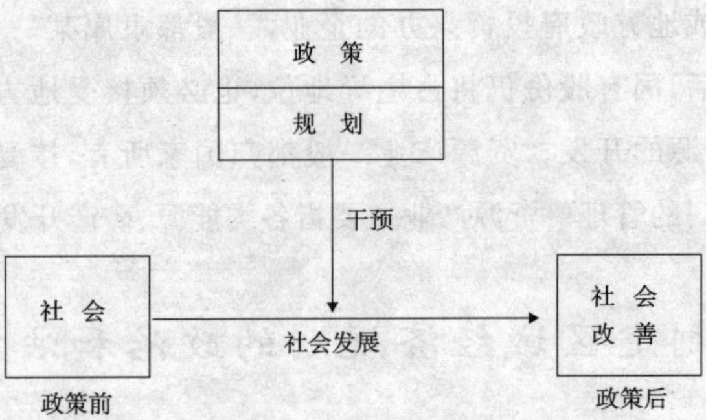

图 2—1 规划、政策与政府干预的关系

政府干预的区域经济规划的种类，一般分为两种：(1)目标性干预。即通过对区域未来发展的远景展望，确定未来区域发展的目标，以此引导区域经济发展的路径，是思想性和展望性的干预。(2)问题性干预。

① 参见陈秀山、张可云：《区域经济理论》第 392 页，北京：商务印书馆 2003 年版。

② [美]郭彦弘：《城市规划概论》第 3 页，北京：中国建筑工业出版社 1992 年版。

发现区域经济发展中的现实问题，提出解决问题的方法，对已经有的规划进行修改，调整区域经济发展的方向，是适应性和策略性的干预。

近年来，我国中央政府干预区域经济发展的行动，主要集中在三个方面：(1)提出跨省区的区域经济开发战略。如 2000 年的“西部大开发”，2003 年的“东北振兴”等。(2)协调区域经济关系。中央政府通过发展规划的形式，提出并协调不同行政区的经济关系，如环渤海地区、长江三角洲地区和珠江三角洲地区等。(3)投资建设跨区域的大型基础设施项目，国家的基本建设投资，大多使用在这些项目上。如“西电东送”工程、“西气东输”工程、“南水北调”工程以及“退耕还林还草”工程等。我国地方政府干预区域经济的行动，主要集中在五个方面：(1)为区域经济发展营造一个稳定的经济环境；(2)集中投资于地区的基础设施建设；(3)领导社区的改造；(4)开发地区的人力资源和自然资源；(5)为私人部门创造发展的机会。无论我国还是西方国家，政府每时每刻都在干预地区的经济发展，虽然有些干预是成功的，也有些是失败的。

2.2.2 政府干预区域经济规划的政治和法律依据

如果说政府干预区域经济发展在理论上是有依据的，那么政府干预区域经济规划同样可以依据这些理论。同时，政府干预区域经济规划还有特殊的依据。

——政治依据

区域经济规划是一项政治性很强的行动。首先，规划的过程涉及地区的土地、资源、建筑、公共设施等，影响面很大，关系到社会的发展和稳定；其次，规划还会涉及私人财产，如私人的住宅等，处理起来十分复杂[①]；再次，规划涉及今后行动的巨大的资金投入，规划的好与不好，

---

① [美]约翰·利维：《现代城市规划》第 81 页，北京：中国人民大学出版社 2003 年版。

对未来投资使用的效果有很大影响;最后,规划发展的领域与地方政府未来的财政收入的来源有很大关系。

政府在制定区域经济规划时,进行政治的考虑,一般遵循三个理论[①]:

(1)均衡论。社会是一个系统,机关、团体、组织、个人组成社会结构,每种要素都有自己的功能,彼此之间有一定的联系,相互交流,不断调整,达到均衡,形成社会的稳定结构。这种均衡包括三个方面:通过法律制度维护政治权威的均衡;通过经济活动维护生产关系的均衡;通过分配制度维护社会结构的均衡。均衡论认为,政府主要是通过实施政策和规划来实现这些均衡。

(2)冲突论。社会是一个开放系统,任何的区域都存在区内的矛盾和区际的矛盾,矛盾产生冲突,冲突推动变革,最后达到区域的协调。例如,我国在20世纪80年代至90年代,大家看到的大多是省区之间的冲突[②],而今天更多是看到省区之间的合作与协调。冲突论对区域经济政策和规划的影响很大,地方政府必须从本地区最广大人民的利益和价值观出发,并以此作为制定政策和规划的基本原则。

(3)结合论。均衡与冲突并不完全是对立的,在更多的情况下是可以互相结合的。不稳定增长理论认为,经济增长过程是不平衡和不稳定的,而且是周期性的。由于新技术应用于生产领域,经济增长可分为准备阶段、快速增长阶段、缓慢增长阶段和成熟阶段,这样形成一个发展的周期,这个周期是周而复始的。其中前面两个阶段为冲突论所支配,后两个阶段为均衡论所支配[③]。所以,该理论认为,区域经济政策和规划应当考虑到区域的特点,鼓励区域内部和区域之间的竞争,并在

---

① [美]郭彦弘:《城市规划概论》第6页,北京:中国建筑工业出版社1992年版。

② 张可云:《区域大战与区域经济关系》第2页,北京:民主与建设出版社2001年版。

③ [美]郭彦弘:《城市规划概论》第8页,北京:中国建筑工业出版社1992年版。

新技术应用的前提下，实现区域经济的新增长。同时，要协调区域的关系，使区域关系在统筹发展的前提下实现均衡。如下图所示：

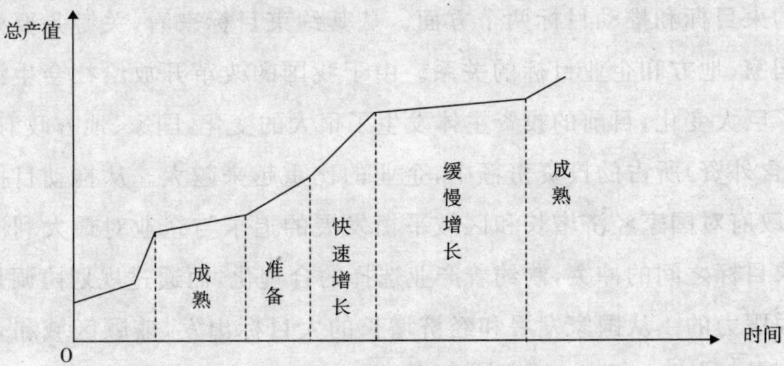

图 2—2 经济不稳定增长过程

——法律依据

区域经济规划的法律基础，首先是"征用权"的使用。[①] 所谓"征用权"是政府为了公共目的所拥有的征用财产的权利。例如道路建设对建设范围内房屋和其他建筑物的征用，城市改造对旧房屋的搬迁等，都是使用这个权利的例子。当政府征用财产时，必须对所征用的财产部分进行价值补偿。其次是政府对单位和私人财产实施公共管理的权利，主要表现为政府通过规划来规范各类财产的使用范围和途径。例如，个人房屋的修建必须经过规划部门的批准，对违反功能分区的投资项目坚决禁止等。

2.2.3 影响政府制定区域经济规划的主要因素

根据上面的理论分析，在制定区域经济规划的实践中，影响我国地方政府制定区域经济规划的因素主要有：

---

① [美]约翰·利维：《现代城市规划》第 67 页，北京：中国人民大学出版社 2003 年版。

(1)目标驱动因素。影响地方政府制定区域经济规划的首要因素是区域发展的目标。区域经济规划目标的内容,包括对区域经济活动的约束目标和推动目标两个方面。从其约束目标来看,关键是要处理好国家、地方和企业目标的关系。由于我国的改革开放给社会生活带来了巨大变化,目前的投资主体发生了很大的变化,国家、地方政府、企业(含外资)所占的投资份额中,企业的比重越来越大。从推动目标来看,政府对国家经济增长和区域平衡发展的追求与企业对最大利润的追求目标之间的冲突,制约着产业选择的合理化,而通过规划协调是最有说服力的。从国家发展和经济增长的大目标出发,兼顾区域和企业的利益,制定一系列完整的目标体系,分层次来实现各类目标的任务,这就是区域经济规划的目标机制,也正是这个机制,驱动政府去发展经济,反过来又需要区域经济规划为经济发展服务。

(2)利益驱动因素。利益驱动是区域经济发展机制中的主体部分,也是影响地方政府制定区域经济规划的首要因素。无论杜能、韦伯,还是胡佛、艾萨德的理论当中,所强调的都是如何实现区域经济利益的最大化,亦即体现了利益驱动型区域经济规划这一指导思想。

地方政府作为地方的代表,所考虑的既不是全局的最优,也不是企业的利益,而是一个地方的最大利益。地方政府行为是介于中央政府和企业两者之间的一种行为。由于它是中央政府的下级机构,不能不服从国家的统一规划,但对牺牲地方利益也不情愿。在更多的时候,地方政府更愿意考虑企业的利益,特别是当企业利益与地方利益相统一的时候。通过区域经济规划去追求区域的最大利益,是区域利益的很好的获得途径。

(3)宏观调控因素。地方政府在制定区域经济规划时,还必须要考虑到国家的宏观调控。宏观调控的有效途径是控制经济发展的规模和方向。调控的手段主要包括国家的直接投资和财政税收、产业协调、区域倾斜政策等。其中，国家的直接投资虽然目前在社会总投资中的份额较小，但都是投在重大项目上，对改善地区的投资环境起着重大作用；国家的财政、税收政策，则是从收支上来制约区域的投资行为；而转移支付等手段，可以用来平衡地区的资金差距。宏观调控机制所要实现的目的是从宏观上为产业部门选择最适宜发展的地域，同时为地区选择最需要的产业部门。要准确评估在规划期内中央政府的政策动态，作好本区域的发展规划，建好项目库，一旦中央在某方面的政策出台，地方可以及时应对。

(4)市场竞争因素。市场因素对区域经济规划的影响，反映在市场变化的不确定性上。通过规划去规范某些市场行为，能够使政府管理经济的政策更科学、更有章法。市场机制的特点首先是由企业的独立法人地位所决定的。企业生产的产品、采用的技术、选择的生产地点，都由企业来决定。企业通过衡量不同地区的收益，并对投资进行风险分析，最终确定所选区位。他们衡量的这些内容，必须通过市场来检验，亦即通过生产产品的市场价格和需求量的变化来检验其选择是否合理，以及是否要改变这个选择。政府要规范企业的行为，不应当一事一议，而要有一个大家都能够自觉遵守的规范，在产业发展上，最有约束力的就是发展规划。

2.3 制定区域经济规划的经济和科技基础

经济增长是地区社会发展的基础，通过区域经济规划来促进区域经济增长是一条实现区域经济发展的规范性的道路。区域经济的产值增长是区域经济发展的核心，产品生产能力的上升是经济增长的标志，先进技术的应用是经济增长的基础，制度建设是经济增长的条件。我们制定区域经济规划也必然要涉及这四个方面的问题。

2.3.1 区域经济增长的概念

区域经济增长有狭义和广义之分。狭义的区域经济增长是指一个区域内的社会总财富的增加，用货币形式表示，就是地区生产总值的增加；用实物形式表示，就是各种产品生产总量的增加。广义的区域经济增长还包括对人口数量的控制、人均国民生产总值的提高以及产品需求量的增加等。从区域经济增长的特征来看，产值的增加并不意味着一个地区生产水平总体的提高，也不意味着一个地区人民的生活水平的不断提高。只有把经济总量的提高、人口规模的控制和产品需求量的增加结合起来，才能正确理解区域经济增长的含义。

区域经济增长是一个长期的时间序列过程，有时我们必须从一个相当长的历史时期来观察，才可能发现增长的长期趋势。由于经济本身所具有的波动性，增长也常常呈现出波动的态势。

区域经济增长的含义包括五个方面：(1)劳动力在数量上的增加和质量上的提高。区域经济增长需要一个劳动力数量的基数，但依靠劳动力数量的增加来增加产出，不是最根本的途径，最根本途径是提高劳动力的质量。区域劳动力质量的提高依靠劳动者教育水平和掌握科技水平的提高。如果区域之间的文化教育水平有较大的差别，落后地区的开发就应当先从发展教育入手。(2)资本和土地在数量上的增加和质量上的提高。资本的存量按照丹尼森的划分分为五类：企业建筑物和设备、住宅、货物的库存、本国居民在国外的资产和外国人在本国的资产。区域的土地开发与资本投入有相同的作用，落后地区往往土地资源充足而资本缺乏。由于资本存量的增长，将直接促进区域经济的增长，所以落后地区开发的两个基本的途径是向外部招商引资和提升本地的土地价值。(3)资源配置的改善。资源配置指资本和劳动力在区域经济各部门的分配，按照钱纳里的观点，经济增长就是生产要素从效率低的部门向效率高的部门转移,也就是资源配置的改善。在技术水平一定的前提下,改善资源的配置,可以有效地提高总产出。产业部门结构的改善是区域经济发展的必由之路。(4)规模经济。规模经济是指产业的聚集,产业聚集的前提是资本和劳动力的聚集。区域开发中的产业聚集,必然涉及区域的空间结构,就是产业在空间上倾向于基础设施条件好的区位。所以,合理区位上的规模经济是区域经济增长的重要因素。(5)新技术的应用。新技术的应用对于区域经济增长是十分重要的。区域发展中的新技术应用包括技术水平的提高、技术设备的更新、管理知识的完善和市场体系的形成。

2.3.2 区域经济发展的机制

制定规划是为了促进区域经济的增长,区域经济的增长通过相关的机制发生作用。这些机制是:

(1)要素投入的驱动机制。区域经济增长的影响因素很多,不能把影响因素等同于生产要素。按照经济学新古典模型分析,区域经济投入的生产要素是资本、劳动力和技术。有了这三类要素的投入,一个地区的经济就能够增长,这是区域经济增长的必要条件。然而,一切与区域经济相关联的条件和环境可能都会影响到区域经济的增长,使区域经济的增长或快或慢。这些影响因素,可大致划分为两类:一类是直接进入生产过程的,亦即投入的生产要素,包括资本、劳动力、资源、技术等;另一类是形成生产环境的,包括硬环境和软环境。硬环境指基础设施条件,相关产业的布局条件等,软环境则包括经济制度、管理方式及组织形式等等。

(2)产业部门增长的拉动机制。产业部门增长的拉动机制主要是由于推动型产业的作用所引起的。区域经济增长极的形成,取决于推动型产业的形成。推动型产业现在一般又称为主导产业,是一个区域内起方向性、支配性作用的产业。某一种产业要成为主导产业，必须具备如下性质：产品需求收入弹性系数较高、有较强的创新能力、产业关联性强、企业规模较大。一旦地区的主导产业形成，源于产业之间的自然联系，必然会形成在主导产业周围的前向联系产业、后向联系产业和旁侧联系产业，从而形成乘数效应。

前向关联效应指主导产业在进行生产之前，有许多产业为其提供原料、燃料和生产设备等而产生的部门关联效应；后向关联效应指主导产业在进行生产之后，其产品成为许多产业的原料、燃料或生产设备，或直接进入消费部门而产生的部门关联效应；旁侧关联效应指主导产业在进行生产过程当中，有许多产业为其提供相关的服务而产生的部门关联效应。

(3)先行地区增长的带动机制。区域经济增长还可以具体化为各地区的增长，在一定时期，可能有某一个或几个地区增长速度很快，成为带动性的先行地区，从而区域经济获得整体上的增长。例如，中国沿海地区近 20 年来的经济增长，受到三大直辖市和五个“新兴工业省份”——广东、福建、浙江、江苏、山东经济增长的巨大拉动，而沿海地区更成为中国经济增长的拉动区域。

区域经济的增长不可能是凭空造就的，必须落实到一定的地点。法国经济学家佩鲁把这种产业部门集中而优先增长的先发地区称为增长极。在一个广大的地域内，增长极只能是区域内各种条件优越，具有区位优势的少数地点。一个增长极一经形成，它就要吸纳周围的生产要素，使本身日益壮大，并使周围的区域成为极化区域。当这种极化作用达到一定程度，并且增长极已扩张到足够强大时，会产生向周围地区的扩散作用，将生产要素扩散到周围的区域，从而带动周围区域的增长。

极化效应。增长极形成之后，在增长极上面将会产生极化作用，即增长极周围区域的生产要素向增长极集中，增长极本身的经济实力不断增强。我们现在一般把一个区域内的中心城市称为增长极，把受到中心城市吸引的区域称为“极化区域”，在纯粹的市场经济条件下，我们进行区域经济规划的区域应当是极化区域。为什么主导产业的产生会在增长极出现极化作用？主要是由规模经济作用引起的产业聚集作用，使增长极能够不断成长壮大。规模经济指随着生产规模的扩大而导致生产的成本下降和收益增加。规模经济分为厂内规模经济和厂外规模经济。厂外规模经济引起产业的聚集。产业聚集一般有三种形式：由于共同利用基础设施而获得成本节约的聚集，由于产业链的产前产后联系而获得成本节约的聚集，以及由于管理方便引起的聚集。产业聚集将带动科技、人才、信息、第三产业等的聚集，使产业聚集的空间载体增长极变得越来越强大，对周边地区的要素吸引也越来越大，从而形成生产要素向增长极集中的趋势，我们称此为极化作用。

扩散效应。扩散效应是与极化效应同时存在、作用力相反的效应。其表现是，生产要素从增长极向周边区域扩散的趋势。为什么增长极的产业会向周边地区扩散呢？首先，经济上的互相依存，使增长极在产生伊始，就存在扩散效应。在极化区域的生产要素与增长极聚集的过程中，形成了一个连续不断的物流，由于市场交易的存在，增长极在获取物质资料的同时，资金也同时流向周边地区。只要两地建立了市场经济的贸易关系，生产要素就始终是双向流动的，所以极化效用和扩散效用也是同时存在的。其次，由于技术发展水平的不断提升，增长极上的产业技术不断发生更替。增长极存在着产业不断更替的规律，被更替下来的产业向增长极周边地区转移，随着增长极的规模扩大和技术水平提升，这种趋势越来越明显，表现出来的结果是扩散效应一天比一天增大。再次，随着社会经济发展水平的提高，产业部门存在扩散的趋势。对一些在增长极无法从事的产业的需求越来越大，加入到这些产业的生产要素从增长极向周边扩散，以促进这些产业的发展。例如，旅游业、资源开采业、仓储业以及倾向于原料产地的制造业等。扩散效应又被称为“涓滴效应”，即生产的发展通过扩散而促进增长极周边所有地区的发展，从而缩小地区之间的差异。

(4)区域创新的引领机制。区域经济增长的另一个重要原因是区域创新的存在。熊彼特的创新理论是发达地区经济增长理论的基础。人力资本成为经济增长的主要因素后，创新就成为左右经济增长的关键性行动。事实上，人力资本的开发就是通过创新表现出来的，这种创新可以反映在熊彼特指出的五个方面：使用一种新的技术、开发一种新的产品、运用一种新的工艺、开拓一种新的市场和尝试一种新的组织形式。区域创新是这五个方面的集成，是把人力资本所实现的创新在区域上表现出来。总之，区域经济既要求有均衡增长的条件，也有非均衡增长的必要，可以认为区域经济增长是一种综合性的或者是混合型的经济增长。

2.3.3 社会经济因素对区域经济规划的作用

影响区域经济规划的社会经济因素由于其种类多，情况复杂，本身具有很大的不确定性，对区域经济规划的影响，具有灵活、富于变化的特点。

——人口和劳动力

由于区域经济规划不仅涉及一个部门或一个企业，而是涉及区域内的所有企业或部门，这些部门或企业对劳动力的数量、质量和价格等方面都提出不同的要求。我们在区域经济规划中，应当把人口和劳动力资源上升到人力资源和智力资源的高度来认识。人力资源和智力资源对产业发展的影响加大，可以从以下三个方面理解：

首先，在农业经济时代和工业经济时代，自然环境和自然资源是影响产业发展的主要因素，如农业生产主要取决于降水、土壤、气候、日照等因素，工业的采掘业和制造业也主要取决于矿产资源的分布和初级产品是否丰富。而在知识经济时代，基因农业等依靠高科技进行农业生产等形式的产生，正在改变传统的农业生产形式；在工业领域，高新技术产业成为主导产业，高新技术产业是一种主要依靠智力资源的产业。同时，随着科技进步，新材料、新能源不断产生，利用原材料的深度和广度也不断加大。对于我们来讲，体力的支出越来越多地变为脑力的支出，所以必须加快智力资源的开发。

其次，在当今时代，产业结构升级的方向是以劳动、资金密集型产业为主向知识、技术密集型产业为主过渡，无形的服务性生产渐渐占据产业发展的主要地位，信息、网络、资讯、金融、文化等智力资源产业将成为主导产业。因此，对人力和智力资源的占有、配置、生产、分配、使用成为衡量地区发展条件的最重要的因素，同时也成为企业拥有的一种资本。包括智力资源在内的无形资产将成为主要的投资方向，成为地区、企业之间角逐的焦点。

最后，人口和劳动力资源上升到人力资源和智力资源之后，对产业发展影响的综合性更强，对某些产业则是限制性的，例如作为地区发展方向的高新技术产业。从各类企业对科技人员数量的要求来看，如果劳动密集型产业要求科技人员比例为4%—5%，那么高新技术产业则须达到15%—20%，或者更高。因此，高新技术产业对科技人员的要求，也同样有一个门槛数量。

——资金

资金因素是现代经济发展的决定性因素之一。经济增长是资金投入的函数。资金问题与规划地区的投资项目有很大关系，这包括两个方面的问题：吸引资金和投资分配。对于一个地区来说，其资金来源可能是多方面的，归结起来，可分为内部积累资金和外部投入资金。目前,第一类资金的重要性日益增加,第二类资金则又分为两部分:国家投入的资金和外商、其他地区的投入资金,前者逐年减少,后者逐年增加。招商引资是许多地区经济生活中的大事,但招商引资不应是盲目的,应当从区域经济规划的要求出发。

区域经济规划考虑的是一个地区资金投入的总量和这些资金在地区各产业之间的配置情况,以及资金的回报率。所以规划的产业都应当有一个很详细的项目库,每一个项目的投资概算都应当十分完备。发展规划和项目准备是招商引资的基础,也是争取国际和国家发展计划支持的基础。

——市场

市场因素对区域经济规划的影响,是规划发展的产业部门最终能否真正发展起来的重要依据。市场的需求量和产品的市场价格,决定了市场容量的大小。而需求量的变化,对生产产品的数量和品种都会产生新的需求。市场需求量和市场价格,是地区产业发展的宏观前提。

市场因素对区域经济规划影响的集中表现是:(1)由于距离因素对区位选择的影响减弱,市场成为对农业和工业指向性影响最大的因素。因此规划中的发展哪些产业、发展到多大规模,都需要依据市场因素来决定;(2)市场因素是对第三产业影响最大的因素,第三产业是消费区产业,它的发展是由人口数量和人均收入水平来决定的,它的大部分行业对区位没有任何特殊要求,同时它对环境的污染小,地区容量大,布局的自由度大,因此,第三产业布局是随着市场的扩大而变化的。(3)"中心地理论"的原则是认识市场因素的基本原则。任何企业的任何一种产品或服务,都有一个最大的销售范围,占有一定范围的市场区,只有在这个范围内才可能达到最大的销售额,也就是每一个产品或服务都有自己的界限。区域经济规划要认识到规划区域的主要产业的主要市场区的基本范围,并在规划当中体现出来,用来指导区域产业发展规划。

——运输

在古典的农业区位理论和工业区位理论中,距离因素是产业区位选择的最重要因素,传统工业运量大,单位重量的价值低,降低运费是降低产品成本的关键,因此运输因素是最主要的区位因素。在区域经济规划当中考虑运输因素,主要是将其作为区域基础设施的一个组成部分,考虑其发展的总体规模和分布格局。本区域经济发展的规模和水平与运输能力之间要有一个平衡,人口和产业分布的形态与运输能力的分布形态要有一个平衡,本区域对外经济联系的需要与对区外运输的通道的能力要有一个平衡。这些平衡需要通过市场机制的作用来调节,而不可能完全靠国家或政府投资的项目来调节,这就要求运输业的体制必须进行改革,把过去按照地区的国土面积来平衡分配运输资源,改为按照地区的经济规模和产业分布的要求来分配运输资源。

2.3.4 科技发展对区域经济规划的作用

技术对区域经济规划的影响是通过技术进步来体现的。进行区域经济规划,必须把技术的进步考虑在内。技术的影响包括:技术的进步扩展了产业分布的地域范围,改善了各类矿产资源的平衡状况及地理分布。技术进步改善了产业本身的分布状况,由于生产工艺、运输技术、输电技术等的进步,降低了生产成本,扩展了时空范围,从而改变了产业分布的面貌。技术进步改变了产业内部的结构,新的工业部门不断涌现,老的工业部门在新技术武装下被赋予了新内涵,它们所消耗的能源、原材料也发生了很大变化。

区域经济规划考虑的技术因素,包括三个方面:

首先,区域的技术开发能力。包括地区科技人员的数量、专业构成和研究与开发资金的投入。例如,我国东部地区的技术开发能力强而中西部弱，这是与科技经费的投入有直接关系的。2007 年全国科技活动经费支出总额为 7098.9 亿元，在全国科技活动经费支出超过 200 亿元的地区中，有江苏、北京、广东、山东、上海、浙江、四川、辽宁、天津、河南、湖北和陕西，共支出 5508.7 亿元，占全国科技活动经费总支出的 77.6%，而西部只有四川和陕西，且排名靠后；在科学研究与试验发展(R&D)经费支出超过 100 亿元的地区中，有北京、江苏、广东、山东、上海、浙江、辽宁、四川、陕西、天津、湖北和河南共 12 个省(市)，共支出 2994.6 亿元，占全国经费总支出的 80.7%。而西部也只有四川和陕西，且排在第八和第九位。

其次，区域的适用技术选择。对于地区发展来讲，规划中应当根据区域的经济发展水平和发展的特点选择适用的技术。有些技术很先进，但其应用需要有与之相适应的基础设施和人文条件，与地区或企业的资金能力也有很大的关系。所以，真正能够为地区发展带来机遇的是那些适用的技术，是与地区发展阶段和发展能力相适应的技术。例如，高新技术产业在中国的发展，北京选择的是科研开发和总部基地，上海和深圳选择的是微电子等高技术产业的生产，长沙选择的是软件开发，西安选择的是以农业技术为先导的技术开发。而其他地区只能是围绕这些中心城市发展一些配套的产品生产。

最后，技术的地域转移规律。技术的地域转移是区域经济规划必须考虑的重要因素，是充分考虑地区发展现状、准确估计将来发展的基础性条件。目前，国际制造业及其生产技术向我国沿海地区转移，使沿海一些原来的纺织、原材料等的生产技术向内地转移。地区规划要有充分的预见性，不失时机地引进对本地区有用的、相对先进的技术。为了能够为引进技术创造条件，必须有效地改善本地的投资环境，包括在税收、管理、土地价格、能源和水资源供应等方面的条件。

2.4 制定区域经济规划的资源环境基础

区域经济规划的客体是我们面对的要规划的区域。对于规划的制定者来说,要考虑规划区域资源环境对区域经济规划的基础性作用。

2.4.1 影响区域经济规划的自然因素

——自然环境

自然环境由区域的自然条件和生态环境构成。自然条件包括区域的气候条件、地形地貌条件和土壤条件等,生态环境则包括土地和水环境、植被环境、生物多样性环境等。自然环境的影响主要有:

第一,对产业部门发展的影响。自然条件对各类产业发展的影响,表现为直接影响到各类产业的区位选择。其中,自然条件对农业的影响最为明显。在各种自然条件中,降水、气温、日照等要素,往往能够决定某种农产品的布局区域。例如,棉花生产对日照的要求很高,日照时数低的地区就无法进行种植;茶叶对积温的要求很高,积温达不到的地方基本上也无法种植。热带作物、亚热带作物和温带作物在生产地域上的区别,是反映自然条件寻找适宜种植地域的最主要标志。在农业区划中进行农作物适宜区选择时,主要依据的就是这几种自然条件的情况。自然条件对工业的影响,主要表现在各类工业企业的用水、用地及一些特殊环境的要求上。地质、地貌条件,气候的干湿度情况,以及光照、风向等,都能够决定某些部门能否在一些特定的地域布局,这对于规划部门发展来讲,是必须要考虑的。

第二,对城乡建设和人居环境的影响。随着科学技术的进步和可持续发展战略的实施,区域和城市各类基础设施的建设,对自然条件的要求越来越高,特别是人类对城市建设的环境要求越来越高。除了满足城市建设中的用地用水等必备条件外，第三产业的发展，也由于城市的这些变化，形成不同的特色，自然条件是其发展的主要影响因素。风向、水流和降雨等情况对道路、车站、机场、港口等的影响都很大，都在一定程度上对其如何布局起制约作用。

考虑到人类本身对居住环境的要求不断提高，城乡建设过程当中对自然条件的选择显得十分重要。优雅的环境、清澈的河流、美丽的山峦，都成为城乡人居环境建设必不可少的条件。人类对自然条件的改造，可以提高人类对自然环境的适应能力，同时通过人类的努力，使自然条件发生变化，成为对人类生产、生活有利的环境。

——自然资源

在一定的经济、技术条件下，产业的地区组合和企业规模，都受到地区资源禀赋的制约。第一产业的产品直接取自于自然资源，它的分布必须与自然资源完全一致。农业的发展，主要取决于土地的情况，矿业则取决于矿产资源的分布。

第二产业的产品间接来源于自然资源，因此它的分布出现多种情况。从传统形式上看，工业接近原料地和消费地，就近取得所需的原料和燃料，这是自然资源对第二产业影响的最直接体现。例如，19 世纪末和 20 世纪初全世界的钢铁企业，主要布局在煤炭产地，采取“移铁就煤”的布局方式，都反映出这一点。随着科技的进步，自然资源对工业布局的约束越来越小，布局的自由度加大，自然资源对它的影响更多地以间接的形式表现出来。工业企业在远离原、燃料产地的市场区域或交通枢纽进行布局，使工业生产和自然资源在空间上脱节。南美洲和澳大利亚产的铁矿砂可能运到日本去生产钢铁，中东的石油运到法国和德国去加工等，无不表明自然资源影响能力的减弱。从理论上讲，这种减弱主要缘于两个方面：其一，交通运输业的发展，使运输速度更快，运输成本更低。其二，产业结构的高级化，使某些产品中自然资源的含量微不足道,而智力资源的含量却大幅度增加。但是,这并不意味着自然资源对人类的重要性在减弱,而是恰恰相反。由于人口的增加,生产总规模的不断扩大,人类所消耗的自然资源的总量与日俱增,而资源存量又十分有限,使许多种类的资源面临枯竭。因此,产业的合理布局,应充分体现出资源的合理利用和合理配置的要求。

技术的进步改变了自然资源的经济意义,改善了各类矿物资源的平衡状况和地理分布,距离因素对产业区位选择的影响减弱,运输的制约性在降低,因而使规划产业部门的选择自由度加大。例如,原来只有在资源富集区才能发展的产业部门,可以成为中心城市规划中的选择部门。在工业社会,处于资源经济时代,资源的有效供给决定着企业的命脉,而知识经济时代,自然资源不再是产业发展的惟一需要,产业发展更多地需要智力资源和社会资源(包括资金、制度、劳动力、文化、管理等)。因此,在有限的自然资源衰竭和减少的同时,智力资源和社会资源变得更加丰富,区域规划中应当更加注意选择以智力和文化为基础的产业部门的发展。

2.4.2 中国区域经济发展的资源环境

资源是人类赖以生存的物质来源,是经济和社会发展的物质基础,也是人类生存环境的基本要素。合理利用和有效保护资源是全人类面临的长期任务,也是人类社会可持续发展战略中的一个重要组成部分。目前,随着我国经济的迅速发展和人口的不断增加,对资源的需求与日俱增,资源与经济发展的矛盾日渐突出。为此,必须对我国资源的现状有较深刻的了解。

(1)土地资源。我国的国土面积约为 960 万平方公里,仅次于俄罗斯和加拿大而位居世界第三。按土地利用面积分,其中耕地面积为 13004 万公顷,次于俄罗斯、美国和印度而名列第四;草地面积为 4 亿公顷，位居世界第二；林地和有林地面积为3.92亿公顷，少于巴西、俄罗斯、加拿大和美国而居世界第五。

（2）水资源。我国是世界上水资源最丰富的国家之一。在中国，流域面积在100平方公里以上的河流有5万余条，总长度达42万公里。每年的河川径流总量平均为27115.15亿立方米，占世界河川径流总量的5.6%，次于巴西、俄罗斯、加拿大、美国和印尼而居世界第六。同时，我国有2305个面积在1平方公里以上的天然湖泊，湖泊总储水量为7510亿立方米。此外，我国冰川总面积达58651平方公里，总储水量超过5万亿立方米；我国的地下水资源的储量为8716亿立方米。

（3）森林资源。我国在森林资源种类、林地面积和活立木蓄积量上都是世界上最丰富的国家之一。我国有木本植物7000余种，其中乔木有2800余种。植物种类之丰富，仅次于巴西和马来西亚而居世界第三，这中间有不少是我国特有的物种，如水杉、银杉等。在我国虽然森林覆盖率不高，但因国土面积辽阔，使得森林资源面积和活立木蓄积量仍位居世界前列。我国活立木的蓄积量为136.2亿立方米，在世界上排名第七，森林资源面积亦在世界上排在第五位。

（4）气候资源。我国疆域辽阔，地形地势复杂，因而气候资源也独具特色。由于我国背靠世界最大的陆地——亚欧大陆，面向世界最大的大洋——太平洋，加之纬度南北跨度为50度，经度东西跨度为62度，因此气候资源丰富多样。一般认为，我国气候资源具有如下的特点：纬度地带性强，南北热量相差悬殊；距海远近不同，东西干湿差异大；山区立体气候，空间变化大；随时间演替，年际变化大；一年干湿二季，水热配合较为协调；区域性强，类型组合多样。

（5）矿产资源。我国由于地域辽阔，地质构造复杂，地壳活动频繁，成矿条件好，矿床类型多，是世界上矿产资源数量较丰富、品种较齐全的国家之一。按45种主要矿产储量计算的矿产资源的潜在价值达1.8

万亿(1990年)美元，仅次于俄罗斯和美国，占世界潜在价值总量的14.6%，位居世界第三，资源价值密度为114.46万美元/平方公里，位居世界第六，人均资源价值1.19万美元/人，见表2—1：

表2—1 世界十大矿产资源国45种主要矿产资源价值

国家	资源总价值		资源价值密度		人均价值量	
	占世界比重(%)	名次	万美元/平方公里	名次	万美元/人	名次
前苏联	17.33	1	59.14	7	5.06	8
美国	16.56	2	132.14	5	5.67	6
中国	14.64	3	114.46	6	1.19	10
沙特阿拉伯	6.59	4	229.11	2	62.58	1
英国	4.12	5	1262.21	1	5.52	7
加拿大	3.96	6	29.64	9	12.58	3
伊朗	3.40	7	154.38	4	7.22	5
澳大利亚	3.35	8	32.57	8	17.57	2
南非	2.94	9	180.08	3	7.94	4
巴西	2.94	10	25.81	10	1.90	9
十国合计(平均)	76.23		78.29		3.40	
世界合计(平均)	100		55.82		1.77	

资料来源：王得鼎编著，《中国自然资源经济评价》，北京：中国农业科技出版社1994年版。

(6)景观资源。景观资源包括自然风光资源和人文风景资源。自然风光资源包括：山岳风光类型，有花岗岩地貌类型，如黄山、千山、普陀山、天台山、莫干山等；喀斯特即石灰岩地貌类型，由孤峰、石林、天生桥、地下河、溶洞等组成，如桂林、路南石林、七星岩等；丹霞即砂岩地貌类型，以广东仁化丹霞山为典型，还有武夷山、乐山、青城山、承德等；火山地貌类型，如长白山、镜泊湖、五大莲池、腾冲等；沉积岩地貌类型，如庐山、五台山、峨嵋山等；其他名山风光，主要有西部的名山。河湖泉瀑类型，有河川峡谷类型，如三江并流地等；湖泊水库类型，如三峡水库、千岛湖等；瀑布风光类型，如黄果树等；泉水风光类型，如杭州虎跑等。

海岸沙滩风光类型，气候风光类型，如日出、云海、佛光等。生物景观类型，如森林、草原、鸟类、动物等。还有风沙、戈壁、化石等景观资源。人文风景资源包括：历史古迹类型，有古遗址，如半坡村、周口店等；古代建筑，如故宫、长城等；古代工程，如大运河等；宗教胜地，如布达拉宫等；古城，如七大故都、平遥古城、丽江古城、荆州古城等。革命纪念地、博物馆类型，如延安等。民族风情、习俗类型，包括节日、生活习惯等。文化艺术类型，如京剧、天桥民间艺术等。名特产类型，包括丝绸、烟酒、工艺品等。

2.5 本章小结

政府在区域经济规划制定中的主体地位，主要反映在对地方所拥有的各类资源的事实上的支配权、对于国有企业的所有权和对区域经济运行的管理、指导等权利方面，因此是区域经济规划的主要使用者。只有使区域经济规划的具体内容变为地方政府的决策，区域经济规划才能真正得到落实。

在区域经济学当中，中心地理论、新古典区域经济理论、增长极理论、输出基本理论和中心—边缘理论都阐述了政府干预区域经济发展的思想，包括干预目标、干预领域和干预手段。

政府干预的理由是：人类社会在不断前进，经济在不断发展，人类本身和文化也在发生巨大的变化。如果任其自由发展，结果可能对人类有利，也可能不利，甚至是灾难。所以，需要有一个政府来组织、安排人类的发展过程，处理好人类与资源和环境的关系。区域经济规划是政府组织和安排人类社会生活的一个重要的、具体的行动。

区域经济规划是一项政治性很强的行动，均衡论、冲突论和结合论是其政治理论基础；区域经济规划的法律基础包括“征用权”和政府对单位和私人财产实施公共管理的权利。

政府制定规划的影响因素包括目标驱动因素、利益驱动因素、宏观调控因素、市场调控因素。地区经济发展，必须要有明确的目标，并保持经济发展的连续性，这就要求地方政府必须有一个长期的发展战略规划。通过开发自然资源，达到发挥地区优势的目的，从而促进地区经济的发展。地方政府在这其中扮演重要的角色。而开发资源的顺序，应当有一个详细的规划，这是区域经济规划要完成的工作。建立完善的市场机制，是地方政府重要的经济职能。所谓市场机制，一方面是完善的市场体系，另一方面是畅通的流通渠道。地方政府调节经济活动，是指地方政府通过决策，并通过职能部门贯彻这些决策，达到管理区域经济活动的目的。

区域经济规划主要是为政府决策服务。企业本身不应当直接参与规划，但区域经济规划也应当为企业的发展服务。企业是区域经济的主体，是区域经济运行的微观基础。区域经济规划如何为企业服务，是真正需要认真探讨的问题，也更能体现市场经济条件下区域经济规划的作用。

制定区域经济规划的根本目的，是促进区域经济发展，区域经济发展的核心是区域经济增长，产品生产能力的上升是经济增长的标志，先进技术的应用是经济增长的基础，制度建设是经济增长的条件。我们制定区域经济规划也必然要涉及这三个方面的问题。我们在制定规划时要研究的发展机制有：区域经济增长的要素投入的驱动机制、产业部门增长的拉动机制、先行地区增长的带动机制和区域创新的引领机制。

待规划区域是我们的客体，要进行规划，必须对影响区域经济规划的因素进行分析。自然条件包括区域的气候条件、地形地貌条件和土壤条件等，生态环境则包括土地和水环境、植被环境、生物多样性环境等。社会经济条件的影响更重要，人口和劳动力、资金、市场、运输等，是我们关注最多的因素。科技和制度因素对区域经济规划也有很大影响。

我们在以下各章主要是讲述区域经济规划制定中的有关问题，包括相关理论和方法论。由于介绍区域经济学的经典理论和具体计算方法不是本书的任务，涉及这两个方面的概念和方法，请读者参阅本系列丛书的《区域经济理论》和《区域经济方法》两本教材。

关键术语

地方政府　政府的主体地位　政治依据　法律依据　经济和科技基础　区域资源环境

思 考 题

1. 地方政府在区域经济规划中的主体地位是如何体现的？
2. 企业在区域经济规划中扮演什么角色？
3. 区域经济增长的政治和法律依据有哪些？
4. 均衡论与冲突论是什么关系？
5. 经济因素对区域经济规划的制定有什么影响？
6. 科技因素对区域经济规划的制定有什么影响？
7. 自然因素对区域经济规划的制定有什么影响？

参阅文献

1. 陈秀山、张可云：《区域经济理论》，北京：商务印书馆 2003 年版。

2. 张敦富主编：《区域经济学原理》，北京：中国轻工业出版社 1998 年版。

3. 胡兆量：《中国区域发展导论》，北京：北京大学出版社 1999 年版。

4. 张可云：《区域大战与区域经济关系》，北京：民主与建设出版社 2001 年版。

5. 张耀辉等：《区域经济理论与地区经济发展》，北京：中国计划出版社 1999 年版。

6. 刘再兴主编：《中国区域经济：数量分析与对比研究》，北京：中国物价出版社 1993 年版。

7. 陈才：《区域经济地理学》，北京：科学出版社 2001 年版。

8. 孙久文：《中国资源开发利用与可持续发展》，北京：九洲图书出版社 1998

年版。

9. 孙久文、叶裕民:《区域经济学教程》,北京:中国人民大学出版社 2003 年版。

10. [德]阿尔弗雷德·韦伯:《工业区位论》,北京:商务印书馆 1996 年版。

11. [美]H.钱纳里等:《工业化和经济增长的比较研究》,上海:上海三联书店 1997 年版。

3. 区域经济规划的系统设计

区域经济规划是对区域整体发展的未来进行谋略和安排，这种安排是规划者对一个区域发展的总体认识，并通过规划确立区域发展的合理进程。

3.1 区域经济规划的基本过程

区域经济规划理论认为，作为空间规划的区域经济规划是一个复杂的规划系统，并构成一种特定的人类活动。人们对区域经济规划过程的认识经历了一个长期的探索，在不断实践的基础上日益成熟起来的区域经济规划的规划过程是对特定的区域和城市进行管理和控制的预期安排，其基本的出发点是寻找实现人类活动目标的最有效的途径。虽然区域经济规划的种类很多，但我们要探求的是规划的一般的模式，阐述其共有的规划过程。

3.1.1 区域经济规划过程的一般模式

早期的规划者认为，规划就是编制方案，编制方案就是画出详细的规划图。例如，1937 年英国的城乡规划法，提出了制定详细规划图的周密条款，并把规划的重点放在土地利用规划上，这时的规划重图纸而缺乏文字的解释。

随着人们对区域发展问题的认识深入，区域经济规划的重点转到规划所要完成的任务和完成任务的各种途径的选择上面,从而开始提出各种政策,评价各种政策造成的结果。同时编制方案的重点也从详细的规划图转到文字的解释和说明。这种区域经济规划被称为以控制论为基础的系统规划。

控制论的中心思想是将世间万物都看作一个复杂的、相互联系、相互作用的系统,一个大系统下面由若干子系统组成,每一个子系统的运行都受到各种要素的影响。人们可以对系统的各个部分引入各种控制的机制,系统将向特定的方向运动和转化。把这个思想应用到区域经济规划当中来,人们可以有两种手段对制定的规划进行控制:第一,控制公共投资的方向,包括在基础设施、住房、教育或科技等方面的投资比例;第二,鼓励或限制私人投资对产业开发的权利。如果区域或城市的政府手中有了控制的手柄,就可以操纵区域经济发展的方向。

对这种规划过程控制的看法或程序,亦即规划过程的模式有三类[①]:

——直线发展的规划过程

规划过程呈直线关系发展,然后通过一个回路不断重复。规划方案要列出广泛的目标,根据这些目标来确定一些较具体的任务。然后,借助系统的模型来确定将要采取的行动方向。规划要求根据具体的任务和可能的财力来评价和比较各个方案,并采取行动来实施方案。隔一段时间,检查以下系统的状态,看一看离假设的方向有多远,进行相应的修正,并以此为基础,重新进行这样的过程。直线发展的规划过程图示如下:

---

① 参见[英]霍尔:《城市和区域规划》第 263—265 页,北京:中国建筑工业出版社 1985 年版。

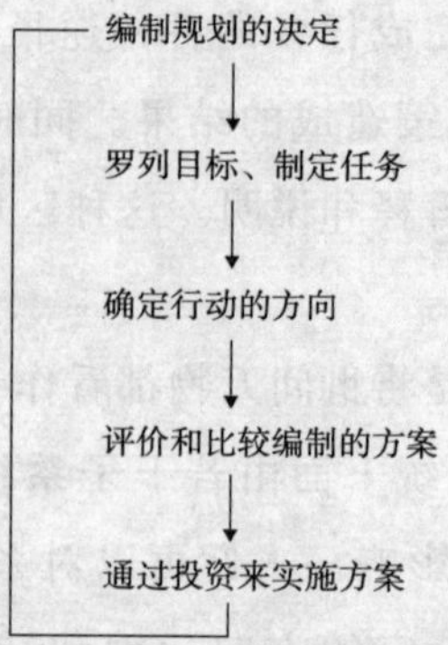

图 3—1 直线发展的区域经济规划过程

这种规划的过程适用于规划目的明确的规划,如城镇体系规划、土地利用规划等。基本方法是:上一级布置规划的决定,确定规划的目标、内容等,根据当地的条件分析设计方案,然后是实施。

——周期循环的规划过程

这个规划过程把对受控系统的观察和对控制方法的设计及试验明确地分开。在规划内容的两侧都有对应的回路,表示整个过程是周期循环的。在过程的每一个阶段,都必须把对系统的观察和打算采取的控制手段的发展情况加以对照。

这种规划的过程适用于规划内容不是事先给定的规划,如区域经济发展战略规划、县域规划等。这类规划的一般特点是:规划区域的政府希望寻找一条正确的区域发展道路,提出规划的目的。但规划的具体内容需要经过研究之后才能确定。这样的规划首先是对地区的发展情况进行分析,找到影响区域经济发展中存在的主要问题,规划的好与不好,有没有应用价值,关键要看规划者对规划地区存在问题的认识的深度如何,是否能够找到影响区域经济发展的关键因素。

根据发现的问题来确定规划的具体目标,对提出的发展目标进行预测,提出规划方案,评价并比较方案,监控方案的执行情况,进行双回路的反馈，是这类规划过程的特点。

周期循环的规划过程图示如下：

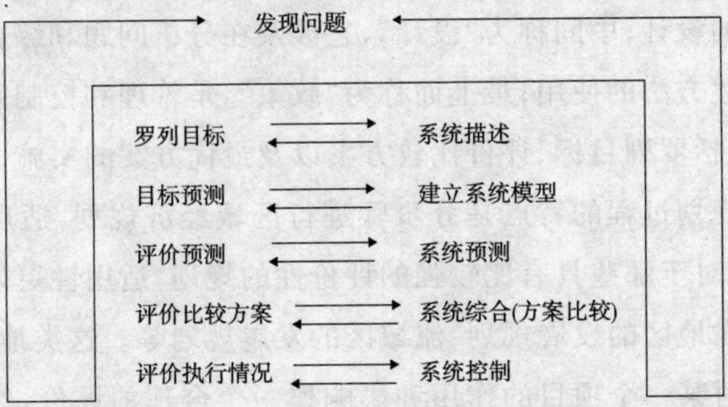

图 3—2 周期循环的区域经济规划过程

——三级式的规划过程

三级式的规划过程图示如下：

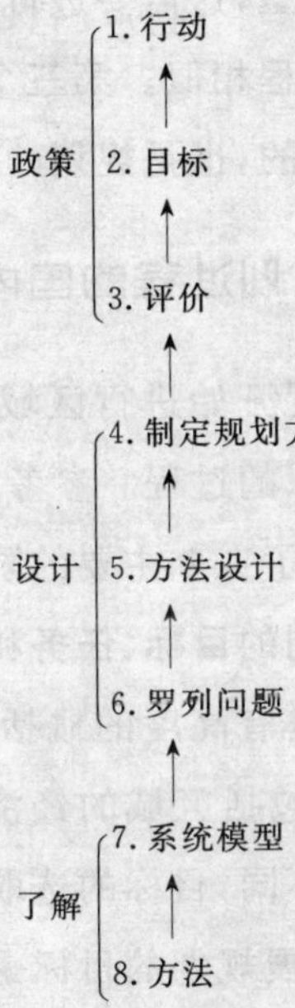

图 3—3 三级式的区域经济规划过程

这类规划过程是将整个规划的过程划分为三个阶段，纵向分为三级。最下面称为“了解”，它关系到分析受控系统所需的方法和模型等操作工具的设计；中间称为“设计”，它涉及在分析问题和综合比较各方案时对上述方法的使用；最上面称为“政策”，是管理和控制系统所采取的行动，包括罗列目标、评价比较方案以及最优方案的实施。

这类规划过程的特点是分步骤进行区域经济规划，适用于大多数的规划，但对于那些具有比较强的评价性的规划，适用性更好些。如大型项目所在地区的发展规划、流域区的发展规划等。这类地区的规划，首先要求对某一个项目的作用和影响作一个合理的评价，然后才能够进行具体的规划。如三峡地区的发展规划、黄河上游地区的发展规划等。

这类规划过程的第一个阶段是方法的确定。用什么方法对主导的项目进行评估，使用什么模型，这需要进行室内作业。第二个阶段是一般的规划制定，与前面的过程相似。第三个阶段是制定政策，就是具体的行动的机制，这是最重要的，也是规划的难点。

3.1.2 区域经济规划过程的国内实践模式

国内从20世纪80年代开始进行区域经济规划的活动，对规划过程的认识也有一个由浅入深的过程。参考并综合国外对区域经济规划过程的认识，目前基本形成了三个主要的阶段：

——确定区域经济规划的目标、任务和对象的阶段

区域经济规划的目标具有高度的概括性，依据我们所要达到的目的，进行较大范围的选择，包括区域的经济目标、社会目标、环境目标等。区域经济规划的类型不同，目标的选取存在很大的区别，战略规划的目标是宏观目标，产业发展规划的目标是中观目标，土地利用规划的目标是微观目标等等。

区域经济规划的任务是指在目标确立之后,为达到这个目标必须完成的工作,以及这些工作所包含的具体内涵。例如,区域经济发展战略规划的目标是实现区域经济的综合发展,而实现目标要完成的任务有:发展哪种产业、建设多少城镇、需要什么样的基础设施、规划什么样的环境等。

区域经济规划的对象指具体的规划内容所要面对的对象,不是宏观的对象,因为宏观的对象在确定规划任务之前就已经确定了。例如,发展产业的具体对象是土地的利用、资源的开发以及工厂的设立等。所以,区域经济规划的目标、任务和对象是把建设计划综合成为统一的规划方案。

——区域经济规划的方案设计阶段

区域经济规划的方案制定过程,是一项十分复杂的工作,可归纳为下列几个步骤:

规划准备。制定区域经济规划,首先应开始规划研究工作方案的设计、论证和确定,即整个规划制定的工作方法、程序、技术路线、研究课题的设置、力量的配备、研究工具与设备的准备、研究方向和重点的选择以及经费概算等。同时进行有关理论与方法的准备。准备阶段主要是做好工作计划和方案,成立规划工作领导小组及工作班子,落实相关经费和人员培训。

调查研究。调查研究主要是根据规划任务的要求考察区域发展的现实基础、环境条件和可能前景,找到并明确区域发展中的基本问题。首先要进行实地调查,广泛听取各方面意见,获取区域有关经济、社会、科技、自然等各方面的信息资料并对这些资料进行分类和整理。然后,在此基础上,进行相关的专题研究,为规划的编制提供可靠的依据。

分析预测。对收集、调查的资料进行详尽的分析,找出地区经济发展的优势、劣势,抓住影响经济发展的主要问题,形成对区域经济现状的总体认识,并以这一认识为基础,对区域经济发展的一系列指标,进行长期和分阶段的预测。预测的方案应当是多个,而不能仅仅是一个。要依据不同因素的影响,在因素变动的情况下,作出可能出现的几种情况的预测。建立预测方案的方法很多,可以使用百分比的方法,趋势外推法,回归预测法,老手法(专家法)等多种方法,经济计量模型是最常用的预测方法之一。

目标设计。目标设计是区域规划的重点任务,目标设计得是否准确,关系到今后区域经济能否顺利发展的问题。目标设计应当分为两个部分:第一部分,形象目标,亦即经历一段时间的发展后,该区域将会是一个什么样子。包括处于什么样的发展阶段,具有什么样的发展水平。第二部分,预测目标,即将各项指标的预测结果作为目标。这里有一个方案选择问题,是以预测的最高方案为目标,还是以最低方案为目标?或者选取中间方案?应当邀请专家反复论证,并多方面征求当地的公众意见,最后才能确定。目标设计是十分关键的程序,是为区域的未来制定方向,必须坚持实事求是、一丝不苟的工作作风,坚决杜绝好大喜功,盲目冒进的思想。

内容设计。在发展目标确立之后,应进入具体内容的设计制定阶段。在上述调查研究的基础上,编制供选方案,绘制规划图,编写规划报告及其相关说明。这个阶段又包括两个方面,首先是专题研究,其次是综合研究。专题研究包括区域主要产业部门(工业、农业、商业、交通运输等)、区域内各地区及若干专门问题(如市场、资金、技术、人口等)的研究,并形成专题研究报告,专题研究评审、论证、修订后作为综合研究的依据;综合研究则是在专题研究的基础上,制定区域各类产业和各项经济社会事业发展的具体规划。

方案制定。制定规划方案是整个规划过程的关键环节。规划者要将各种分散因素综合成一个统一的规划方案,工作难度较大。过去主要由人力完成,现在则多借助于高效率大容量的计算机。运用计算机编制各种规划方案,并对可选方案进行评估和优选。规划者所须做的只是最大限度地、创造性地运用计算机在规划方面的能力。方案设计是规划的结果,方案的形式包括三部分内容:规划图、预测模型和规划文本。其中,规划的模型是方案设计的关键。首先,对一个特定的区域来说,建立什么样的模型,就是要回答模型要解决什么问题。例如,解决产业规划当中的资源问题还是空间问题?是解决能源问题还是交通问题?等等。其次,通过模型对区域经济发展的未来前景进行预测。包括预测的方法、预测的依据和数据、变量的设立和调整以及预测结果的评估等。再次,把预测的结果做成规划的方案。可以按照需要,设计1—3个可供选择的方案,分为高、中、低三种可能性,通过调整模型的变量来获得。

政策制定。制定方案实施的政策,是方案设计的最后阶段,已经上升到了实施的层面。需要注意的是:不同区域、不同方案,都有不同的政策,在区域经济规划中一定要坚持发展政策的区域性原则。政策是为了使用的,是发展的机制,所以应当避免一般化、理性化和表面化,要有针对性、适用性。

——区域经济规划的方案评价、实施与监督阶段

区域经济规划的方案设计出来之后,必须对方案进行评价。评价的主体可以是用户,包括各级的政府和企业,从使用者或操作者的角度来评价方案;也可以是该领域里的专家,用专业的眼光来看待这些方案。

区域经济规划方案的实施,是最重要的阶段,也是经常容易被忽视的阶段。由于规划的方案设计与方案实施不是由同一批人来完成的,专家组经常认为当方案评审通过后就完成任务了,而不去管实施的最后效果如何。要克服这个问题,关键是在专家的组成方面要有三类人的结合:外来的国内知名专家、本地专家和政府中的专家。方案的监督和反馈更多要靠本地专家和政府中的专家。规划报告需要上报上级审批,或由地方政府批准,形成规范性文件后公布实施,各级政府应保障规划的实施并进行相关的监督。

3.2 区域经济规划的指标体系

区域经济规划涉及的面很广,区域内部的各类要素和区域之间的关系都必须考虑到。反映这些内容的指标可能很多,很复杂。对于我们制定规划来讲,运用指标进行分析的前提是设立这些指标。

3.2.1 指标体系设立的基本原则

设立指标体系必须遵循一定的原则。这些原则包括:

——指标体系设立的科学性原则

区域经济规划是一项科学的经济活动。所谓科学性就是要有科学的理论、科学的方法和科学的态度。要做到以客观现实为基础,准确反映区域经济发展的实际情况。区域经济在不同的地区、不同的阶段,由于所处地区的资源、环境、人文条件等方面存在着巨大的差异,发展水平的区别很大。在条件相对优越的地方,经济发展可能已经达到后工业化社会阶段,而那些闭塞、贫困落后的地区,可能仍然停留在传统社会的阶段。对于规划来讲,用什么指标来反映这种差异,是我们能否正确认识差异、认识到何种程度、用什么方法来把握差异的关键所在。

那么,什么样的指标体系才是准确的呢?毫无疑问,凡是能够从区域经济发展的实践当中得到的、能真实反映区域经济发展现状的指标体系,都是准确的。有些指标的数据可以从调查当中通过第一手资料直接得到,也有些数据要采取间接的方法,比如从统计资料当中得到。

强调准确性，还要注意数据的使用方法。不是所有的数据都能够使用，也不是所有的数据都能够在任何地方使用，要注意数据使用的范畴和适用的范围，还要注意数据在时间、空间的统一性，要对数据进行选择和加工。

以反映区域经济发展的客观现实为目的的指标，应加大其量化准确程度。在我们选取的指标体系当中，有相当一部分是属于非量化的指标。如反映制度先进程度的指标、反映人们思想状况的指标、反映投资软环境的指标等，很难用统计上来的数据一目了然地展示出来。但是，这些指标在我们进行区域经济规划当中又十分重要，缺少数据可能对规划本身产生很大的影响。所以，采用专家打分的方法来取得量化数据，是最常用的方法之一。

以反映区域经济发展水平为目的的指标，应强调指标在区域之间的可比较性。区域经济发展的水平的估计，存在两个途径，一个是自己的现在与过去比，看发展的速度多快，还有一个途径是与周边的地区比，看自己在一个较大区域内的地位和作用。如何才能进行比较呢？这就需要数据的口径在各区域之间要统一，设立的范围要统一。但是，现实当中的情况常常不尽如人意，我们进行规划时，就必须对数据进行排查，保留我们需要的，剔除我们不需要的。

——指标体系设立的协调性原则

区域经济规划是将区域内部和区域外部的各种生产要素进行统一归类，然后科学地在区域经济发展当中进行配制。由于这些要素十分复杂，反映这些要素的指标相互之间要求有协调性。例如，区域产业结构的指标与区域空间结构的指标要有协调性，自然环境对区域发展的影响指标与人文环境对区域发展的影响指标要有协调性，资本投入指标与劳动投入指标也需要有协调性，地区之间相互关系的指标更需要有协调性。

例如，我们研究我国沿海地区与中西部地区的关系，研究三个地带的发展差距，都涉及区域协调的问题，反映他们之间的相互关系，必须有一系列的指标来说明问题。如国民生产总值、人均国民生产总值等，还有一些相关的指标，如工业总产值、城镇居民可支配收入、财政收入、固定资产投资量等。指标的协调反映区域关系的协调，区域关系的协调要靠区域政策来调整。在研究区域经济关系时，要注意区别区域经济的规模指标和水平指标，保证所研究的问题具有可比性。

设立区域经济规划的协调性指标，要注意四点[①]：(1)正确协调好规划目标与指标之间的支配关系，注意指标体系的弹性，以此确保规划目标体系的弹性，提高规划的机动性和应变能力；(2)正确协调好区域发展的关系，始终将区域的可持续发展思想贯穿于区域规划的指标体系设计的全过程；(3)合理安排指标体系的顺序和层次的关系，应将经济发展、社会发展与环境保护有机地结合起来，并注意他们之间的量化关系；(4)正确协调好数量指标与质量指标、速度指标与效益指标、定性指标与定量指标之间的关系，突出对指标经济含义的解释和评价。

——指标体系设立的动态性原则

区域经济发展本身是一个动态的过程，反映这个过程的指标体系也要求必须是动态的，要有时间序列的数据，要历史地分析问题，只有搞清楚历史发展的轨迹，才能对未来作出正确的预测。

区域经济发展的自然条件是动态变化的，反映这些条件的指标体系必须是动态的。从自然条件上看，一个区域的自然环境一直在变化当中，气候、水文、土地、矿产，都在发生着变化，我们必须选取最有代表性的不同时点的指标来衡量当前的状况。例如，石油资源是石油产业的基础，我们要规划未来的发展目标，必须掌握石油资源的勘探和资源

---

① 方创琳：《区域发展规划论》第 69 页，北京：科学出版社 1999 年版。

的变化情况，根据资源的保证程度来规划未来的发展。

区域经济发展的社会经济条件是动态变化的，反映这些条件的指标体系必须是动态的，而且要求不断进行调整。相对于自然条件来讲，社会经济条件变化的速度更快，变化的幅度也更大。交通、通讯、文化、教育、金融、科技等要素，几乎每天都在发生着变化。例如，一个城市的区位条件是由交通的通达性来衡量的，而随着交通线路的增加，区位条件在不断的改善当中。所以，我们选取的反映区位条件的指标也必须不断更新。

区域经济发展的水平是沿着一定的方向动态变化的，反映这些条件的指标体系必须是动态的。从区域规划的基本要求来看，研究国内区域经济发展条件的指标的选取，最早不能超过三年，例如，2008 年从事的区域规划，指标体系的数据要用 2005 年以后的；研究国外区域经济发展的条件指标的选取，最早不能超过 5 年，2008 年从事的区域研究，指标体系的数据要用 2003 年以后的。

3.2.2 指标体系设立的主要内容

——对现有指标体系的简评

国际基础：1972 年，联合国提出可持续发展的指标体系，涉及社会、经济、环境、资源和制度等，共 136 个指标，是迄今为止最全面的区域发展指标体系之一。1995 年 UNDP 提出人文发展指标，由预期寿命、教育水准、生活质量三个基本变量组成综合的指标体系。1995 年，世界银行公布了新的指标体系，综合了自然资源、生产资本、人力资源、社会资本四组要素，为各国确定其财富和价值。

国内基础：在综合性的区域经济指标体系中，按照第一层次指标的数量，可分为三类：第一类，设立经济指标、社会指标和环境指标三个第一层次指标；第二类，设立经济增长、社会进步、资源环境支持、可持续发展能力四个第一层次指标；第三类，设立资源力、基础设施水平、经济实力、社会发展水平、科技实力等五个第一层次指标。

在专业性的区域经济指标体系中，有对自然资源进行评价的指标体系、对投资环境进行评价的指标体系、对区域竞争力进行评价的指标体系、对区域发展差距进行评价的指标体系和对区域产业或行业发展进行评价的指标体系。

——指标体系设立的框架

我们的观点，主张设立 4 个第一层次指标（经济发展指标、社会发展指标、资源环境指标、制度进步指标），16 个第二层次指标和 50—100 个第三层次指标。当然，并不是每一项规划都必须用数十个指标，而是根据具体需要，选取若干指标。其实，我们设立指标体系的目的，是准确反映区域经济发展的实际，指标多少的关键是“够用”，是给出一个全面的指标体系的范围，使人们在应用时，可以考虑从中进行选取。

指标体系的构成如下：

第一层次指标：经济发展指标

第二层次指标：经济总量指标
经济结构指标
经济水平指标
经济效益指标

第三层次指标：国民生产总值
人均国民生产总值
全社会固定资产投资
工业总产值
农业总产值
社会商品零售总额

城乡居民储蓄存款余额
财政收入
工业劳动生产率
区域产业结构变化系数
区域产业结构相似系数
空间结构集中指数
霍夫曼系数
资金利税率
综合投资效益
投资效果系数
新增固定资产交付使用率
项目成功率
固定资产投资率
工业企业每百元工业产值成本
社会商品零售总额
居民消费水平
等等；

第一层次指标：社会发展指标

第二层次指标：人口发展指标
基础设施指标
生活质量指标
科技教育指标
城市发展指标

第三层次指标：总人口
人口自然增长率
人口密度

能源生产总量
货运量
客运量
公路密度
铁路密度
民用航空机场距离城区/开发区
电力供求比
供水富余程度
程控电话普及率
国际互联网有权用户数
购进物资总额
贸易市场交易额
城镇居民可支配收入
农村居民每年纯收入
职工平均工资
城市人口平均城市主干道长度
城市人口平均医疗床位数
居住区人均拥有商业服务、休闲娱乐设施面积
每万人拥有各类专业技术人员数
每万人拥有技师人数
科研成果与专利数
广义科技进步水平
技术创新能力
科技对经济增长的贡献率
每万人大学以上文化程度人数
中专以上学校在校人数

成人中专以上学校在校人数

城市化水平

城镇首位度

城镇登记失业率

居住区人口密度

等等；

第一层次指标：资源环境指标

第二层次指标：资源利用指标

环境保护指标

生态保护指标

第三层次指标：区域资源总量

区域矿产资源位次

人均占有水资源数量

人均耕地数量

人均林地数量

人均农业总产值

矿产资源潜在价值

废水排放数量和处理率

废气排放数量和处理率

固体废弃物产生数量和综合利用率

环保与治理投资占 GDP 的比重

城市垃圾无害化处理率

城市环境质量指数

人均园林绿地面积

居住区绿化率

等等；

第一层次指标：制度进步指标

第二层次指标：制度建设指标

市场建设指标

政策体系指标

法律环境指标

第三层次指标：地方性政策法规的数量

银行各项贷款总额

区外短期资金拆借总额

各种证券发行总额

企业内部持股数量

实际征地费用

政策的运用能力和经济法规的执行情况

引进资金、技术、人才优惠政策

搞活大中型企业政策

“三资”企业政策

项目审批平均周期

实际利用外资总额

引进各类专业技术人员总数

刑事案件发案率

外资企业安全保障措施

等等。

——指标的权重

我们设立的指标体系中的每个指标，在区域经济中的作用是不一样的，有些指标的重要性大些，有些小些。这样我们需要确定指标的权重，即确定每一个指标在指标体系中的地位。

由美国运筹学家 A. L. Saaty 提出的 AHP 方法，是一种定性与定量相结合的决策分析技术，它通过整理和综合专家们的经验判断，将分散的咨询意见模型化、集中化和数量化。其基本原理是将要识别的复杂问题分解成若干层次，由专家和决策者对所列指标通过两两比较重要程度而逐层进行判断评分，利用计算判断矩阵的特征向量确定下层指标对上层指标的贡献程度，从而得到基层指标对总目标而言重要性的排列结果。

设评价目标为 A，r_{ij} 为第 i 个因素 r_i 对第 j 个因素 r_j 的相对重要性数值，则判断矩阵 R 为：$R=\left\{r_{ij}\right\}_{nn}$ $\quad i,j=1,2,\cdots,n$

式中：r_{ij} 一般取 1,3,5,7,9 共 5 个等级标度，其意义为：1 表示 r_i 与 r_j 同等重要；3 表示 r_i 较 r_j 稍微重要；5 表示 r_i 较 r_j 明显重要；7 表示 r_i 较 r_j 非常重要；9 表示 r_i 较 r_j 极端重要。2、4、6、8 表示相邻判断的中值，当 5 个等级标度不够时可使用这几个数值。$r_{ij}=1/r_{ji}$ 表示 r_i 比 r_j 的不重要程度①。

专家评价法是规划中常用的确定权重的方法。基本思路是：假设评价与预测问题共有 m 个具体指标，由 n 位专家分别独立地对 m 个规划指标进行判断并作出排序，综合所有专家的意见，得到 m 个规划指标中的每一个指标分别应占的比重。

3.3 区域经济规划模型

区域经济规划的方案设计，需要对规划的指标进行分析和计算，对未来的指标变化进行预测。方案设计最通用的方法是建立区域经济规划的模型。在世界经济飞速发展、产业门类变化多样、规划内容日益繁

① 方创琳：《区域发展规划论》第 79 页，北京：科学出版社 1999 年版。

复、规划手段更为成熟的今天，必须在定性分析的基础上辅之以定量分析，才能提高规划成果的准确性。

3.3.1 模型分析的主要内容

模型分析是区域经济规划方案设计的基础。模型分析的目的，是使规划者全面了解一个地区的各类经济发展要素的具体状况、对其中的关键要素进行重点分析、以归纳综合各类条件和要素并对经济发展状况作出总体上的、以定量为主的结论和评价。

模型分析的首要任务是对已完成的区域经济活动的分析。区域经济规划虽然是对未来区域经济发展的安排和部署，但是必须首先对规划地区的现状及其以前的经济情况作出正确的分析和评价。只有对以往经济活动有一个客观的认知和估价，认清经济的优势和有利条件，找出存在的问题和原因，提出改进的措施和意见，才能拟定出扬长避短的有针对性的发展规划，才能真正做好区域经济规划工作。

区域经济规划工作的要求，还必须对今后区域经济发展变化进行有远见的分析。经济是在不断地发展变化着的，对以往经济活动的分析虽然为我们提供了进一步分析的对象和前提条件，但随着时间的推移，区域经济活动的环境和条件在改变着，经济作用机制和因素也在变化着。因此，只有对未来经济发展进行深入细致的分析，把握住经济发展的动因，明确今后发展与原有基础之间的差异，才能做出有科学依据的规划方案。

模型分析的主要内容有：

——经济结构比例分析

利用模型对地区三次产业的比例关系、部门产值指标等，进行结构比例分析。例如，三次产业的产值结构和就业结构分析、农业内部的部门比例分析、工业内部的部门产值结构分析、工业中的主要产品分析、主要消费品的市场份额分析、地区财政收入和支出分析、居民收入的来源和用途结构分析和地区进出口构成分析等。具体的分析，采用综合平衡法。综合平衡包括以下内容：燃料平衡、原料平衡、电力平衡、运力与运量平衡、建材平衡、土地资源平衡、水资源平衡、劳动力平衡、商品粮平衡等。在上述各种单项平衡的基础上，协调彼此之间的关系，使整个规划内容趋于协调一致。

综合平衡法是我国编制国民经济长期计划常采用的方法，它对产业布局规划、特别是区域经济规划也十分重要，并通过模型计算而达到这种平衡。综合平衡规划法的具体含义是：它要求生产与消费之间的平衡，第一、第二、第三产业及内部各具体产业部门之间协调平衡，合理分配、使用人、财、物，安排建设速度和顺序；它要求各产业部门中的企业在地点布局和厂址选择时，要加强彼此之间的相互协作与专业化分工，形成地域上的产业分布的合理化，使生产与基础设施建设、生产与资金、技术和劳力及生产与生活之间相互协调配套，加快建设步伐，提高投资效率；要求各地区的经济、社会、人文条件互相配合，同时广泛开展区际分工与协作，使全国各大区平衡发展；要求各地区生产发展与各种条件和资源在空间配置上协调平衡，以便自然条件和各种资源得到充分的开发和利用。

——经济效益分析

利用模型对区域经济的各部门进行效益分析。如要素投入分析，包括资本投入分析、劳动量投入分析；全要素生产率分析；包括资本要素贡献份额、劳动要素贡献份额、科技提高贡献份额、制度变化贡献份额和结构改善贡献份额等；还可以分析产值利润率、成本赢利率、能源消耗率及能源产出率等。

——经济联系分析

通过模型对产业部门和产品的各种联系进行分析，主要有：部门间的直接经济联系分析，如直接物质消耗、直接劳动消耗、直接分配关系等；完全经济联系分析，如完全物质消耗、完全分配分析等；波及效应分析，如影响力系数分析、感应度系数分析、连锁反应分析等，这些均为系统内部联系分析。另外，还可以利用有关数据进行系统内部与外部环境间的联系分析，如进口、出口量对系统影响的分析。

分析各地区经济发展的各种条件与影响因素，找出有利条件，确定区域优势，列出限制性因素；分析规划地区经济特征、经济结构（包括部门结构和空间结构），归纳地区类型；剖析区域劳动地域分工特征和区内差异性，规划各子区域在大区中的地位、作用和发展方向及彼此间的分工协作关系；分析地区经济发展中的种种矛盾及相互关系，确定主要矛盾，制定规划实施应采取的各项措施。

——经济政策分析

利用数学模型进行模拟和政策分析，可以具体分析由于采用某一计划方案或某种经济政策将会带来一些什么后果。例如，可以进行价格政策分析、工资政策分析、税收利率政策分析、投资政策分析、经济发展战略分析等。

运用定量分析法设计区域经济规划方案，始于对系统的预测和模拟模型的设计。究竟采用哪种模型呢？关键要看模型需要反映规划系统的哪些因素，反映深度如何，这最终是由模型和规划方案的设计者决定。模型或方案所要确定的是产业和区域在未来的一种或几种状态，模型运算既要达到内部协调统一，又要切实可行。方案及模型的设计内容取决于规划目的及由目的决定的目标体系。例如，如果规划的主要目的是改善交通条件，那么，方案的主要内容将是与所预测的未来交通量相适应的交通通道设计；如果规划目的是改善社会服务设施，那么，方案将体现按所预测的各类人口的需求来配置社会服务设施。由于规划是一个连续的过程，所设计的规划方案不应是未来某一时点的一次性方案，模型要反映从现在起到可预见未来系统的连续状态轨迹。因此，方案设计应选择能反映规划系统主要因素的模型，并运用模型来预测系统的未来轨迹。

但规划目标往往不止一个，而是一组。因此，模型要尽可能地反映最重要的规划目标。例如，如果区域经济高速发展是惟一重要的规划目标，所有其他目标均处于从属地位，那么，模拟系统变化轨迹时，就应变换经济成长率，以检验哪种经济成长速度可行；同时变换各种促进经济发展的措施，如刺激现有经济活动的发展，引进新企业，改善基础设施，调整工业区和居住区分布等。

用模型来分析区域经济增长，其分析的内涵是：(1)区域经济增长是资本、技术和劳动力资源的使用的结果。对区域内的资本、技术和劳动力资源的开发和利用，是解决区域内推动型部门的要素需求问题。资本的来源分为内部和外部两个部分，技术的进步包括技术开发和技术引进，劳动力要素的来源主要是区域内部农业劳动力的转移。所以，对区域的资本、技术和劳动力资源的模型分析是制定发展战略的重要步骤。(2)工业的发展靠农业提供劳动力，但有些区域的劳动力供应十分充足，在工业部门的发展过程中，仍然存在剩余。所以，为加速劳动力从农业向工业部门的转移，发展劳动密集型产业在不发达的地区是十分重要的。区域经济规划要对各类产业的发展规模有一个合理的安排。(3)对于不发达地区的发展规划，必须充分重视技术要素的作用，重视区域的人力资源开发和科技教育产业的发展。为提高规划本身的科学性，技术发展的规划、区域竞争力提高的规划和区域人才战略规划都应当作为重要的战略环节。

3.3.2 模型的结构

区域经济规划模型有两个组成部分，即目标函数和约束条件。

——目标函数

目标函数是模型中体现择优功能的关键部位，它是评价规划方案的惟一尺度和标准，它表现了规划活动的总目标，它是与战略规划的目标相联系的。由此，它形成模型的核心，成为模型中最敏感的部分。它虽然仅占模型的很小部分，但所起作用很大。

建立目标函数首先遇到的问题是如何选择目标。区域经济规划中应主要考虑如下几个方面：(1)目标要具有综合性和概括力；(2)目标要能够数量化，具有可观测性；(3)目标必须与约束条件相呼应，它们具有共同的决策变量；(4)要保证目标函数的线性形式；(5)要与规划期战略总目标相联系。

目标函数的类型有两种：一是效益型，包括同样支出条件的最大成果或取得等量成果所需费用最小；一是速率型，包括所用时间相等而取得的成果最大，或取得等量成果所用时间最短。①

对于系统的线性规划模型，会遇到评价规划问题的标准比较多，很难用一项指标反映两个规划的目标问题。处理的方法有二：一是从若干指标中挑选一种最主要的、综合性强的指标作为目标函数，而其余指标列入约束条件中；一是对各项指标按重要程度排序，给出权数，而后加权成一个综合目标函数。

——约束条件

约束条件方程是规划模型的基本组成部分，是模型的主体。线性规划模型只有一个目标函数式，而约束方程则是大量的，一般模型也有几十个、上百个方程，大系统规划可能有成千上万个。约束条件方程将一确定的规划问题限制在一定的范围进行讨论，它规定了可行方案的

① 参见刘起运：《宏观经济预测与规划》第 90－92 页，北京：中国物价出版社 1998 年版。

选择边界，圈定了可行域。处于敏感部位的约束条件直接决定了规划问题的解。

分析和选择规划问题的制约条件是模型建立的基础工作，应遵循如下原则进行：(1)约束条件要能充分表现规划任务，并注意各类条件之间的相互依存关系；(2)要正确设定决策变量，要求它们既能直接表现规划任务，又能与规划任务的制约因素相联系；(3)要选准规划问题的主要条件，必须从大量的制约因素中选择出影响和限制规划任务的最主要的条件；应对规划问题进行全面深入的模型分析，特别要注意那些与生产工艺、技术要求密切相关的条件；(4)要准确预测规划期各种资源的拥有量，它们是构成约束边界、反映约束力大小的基本要素，要合理确定资源的消耗定额。

3.3.3 模型预测的方法

运用模型进行预测，是制定区域经济规划过程中不可或缺的手段。例如，对城市人口的预测、城市化水平的预测、产业结构的预测和国民生产总值的预测等。这类预测方法很多，可以选用的公式也很多，关键是要把握公式的适用性和数据的准确性。

模型预测方法大体上分为直观性预测、探索性预测、规范性预测三大类。

(1)直观性预测。直观性预测又分为两类：专家预测法和特尔斐法。专家预测法是以各类专家作为进行调查的对象，根据各位专家的直观判断作出预测。特尔斐法即匿名问卷调查法，通过发放问卷的形式征集环境专家对预测命题的个人意见，然后将调查问卷收集、整理、归纳、统计、分析，作出预测。

(2)探测性预测。探测性预测有三种方法：第一，类推法。如果有两事件的某些因素相同，就可以类推该事件的其他因素也相似。这种方法主要是用于定性研究，主观性较大。第二，生长曲线法，又称为 S 曲线法。自然现象和社会经济现象的发生、发展有相似的数量规律，一般都遵循“S”型曲线的形式。当研究某种环境地区系统要素的发展情况时，只要有足够的资料，可以用此法预测其发展趋势。第三，趋势外推法。即通过对某种因素的过去情况的分析，推知它现在和将来发展的趋势，这主要是一种应用统计学的方法。

(3)规范性预测。前面介绍的各种模型预测方法只考虑了可能性，而未考虑达到这种可能性的具体条件。模型的规范性预测是对区域系统作全面分析，其顺序是先按影响要素分别研究之后，再作综合性的研究。

3.4 区域调查

区域经济规划的科学性来源于准确的区域调查，我们从本书的开始，就十分强调调查的重要性。没有调查就没有规划的基础资料，没有经过详细调查而制定的区域经济规划，是不具有可操作性的。

3.4.1 区域调查的内容

区域调查分为普查和抽样调查。我们一般在区域规划的工作中，大量应用的是抽样调查。具体工作程序是：第一步进行问卷设计，进行问卷设计的目的，是确定调查的基本任务；第二步是发放问卷；第三步是问卷的回收。进行抽样调查应当明确几个要点：(1)调查地点。某市、某区、某县等。(2)调查时间。某年、某月、某日。(3)调查员姓名和复查员姓名。(4)调查的目的和形式。

3.4.2 抽样调查的调研报告写作

抽样调查的调研报告写作对我们来说是非常重要的。调研报告是在对调查问卷分析的基础上，对问卷当中反映的问题，进行归纳和总结，找出当地居民普遍关心的问题，提出若干观点性的东西，作为制定政策的依据。例如，某市山区居民搬迁的调查报告，体例如下：

关于山区居民搬迁的调查报告

第一，山区搬迁居民的基本状况分析

(1)搬迁居民的家庭基本状况。全市目前拟搬迁的山区居民，三口人和三口人以上的家庭是搬迁居民主体部分，共计占 63.1%；搬迁居民的平均年龄为 36 岁，中年和老年的占搬迁居民的主体；他们当中 62.1%的人具有初中或高中文化程度，但也有 11.2%文盲或半文盲，23%小学文化程度。这表明搬迁居民的谋生能力和谋生技能都存在一定的欠缺，而且影响面较大。我们发现，过去认为搬迁居民的健康状况是导致其生活困难的重要因素，实际情况可能没有那么严重。搬迁居民家庭成员的健康状况显示：绝大部分(83.3%)的家庭良好，仅有少部分的家庭的成员中有健康问题，其中患有残疾、精神障碍、地方病、其他类型病的分别为：5.7%、1.0%、5.2%、4.8%。可以在搬迁时适当考虑这部分家庭的困难，给予一定的帮助。搬迁居民居住的房屋中，大部分家庭的住房是普通砖瓦房(75.3%)，只有极少部分居民还住着土坯房(12.3%)，另外还有其他的居住方式(12.4%)。这种状况对确定搬迁补偿费的统一标准时，有很大的作用，可以将补偿费的统一标准适用于整个山区。

(2)搬迁居民的家庭经济状况。调查发现，搬迁居民的家庭平均年收入为 5512.75 元，按每家三口人计，人均 1838 元，低于地方政府确定的人均 2500 元的贫困标准；其中 60%的家庭年收入在 5000 元以下，还有 12.3%的家庭年收入低于 1000 元，属于极端困难户。在家庭财产方面(不包括房产、地产)，调查显示搬迁居民家庭财产 5000 元以下的共计为58.8%,5000元—10000元占到22.2%,而1万元—3万元占的比重为12.5%,家庭收入3万元以上的为6.5%。所以,制定搬迁政策时,不宜将搬迁居民的经济能力估计过高,过低的经济能力对搬迁居民的购房、购买生产资料都带来了很大的限制,需要有与搬迁居民经济能力相适应的政策出台。

(3)搬迁居民对生产条件的看法。搬迁居民普遍认为的当前致富的主要困难是缺少资金、生产生活条件太差和缺水。缺少劳动力、离集市太远、缺乏农业技术指导和自然灾害也是主要困难之一。由此可见,解决这些问题可以建议搬迁,通过改善生产生活条件来从根本上解决搬迁居民的致富奔小康的问题。通过调查也发现,山区居民主要使用山柴作为家庭的生产、生活能源。山柴的能量利用率比较低,是一种不经济、不环保的能源,这不利于生态环境的保护。如何引导山区居民使用煤气、液化气等低污染的能源已经成为必须考虑的问题,集体搬迁有利于这个问题的解决。在调查当中发现:搬迁居民普遍对现居住地的生活环境和生产环境不满意,普遍希望政府"提供生活救济"和"改善生产生活条件"。其中也有部分居民希望政府"提供进城打工机会",要求"农业技术培训"和其他方式的帮助。调查显示,有60.2%的居民希望在"移民搬迁"方面能够获得政府的帮助。这说明山区居民的搬迁工作具有较好的民意基础,地方政府应该尽快作出进行搬迁的决定。

第二,山区居民搬迁意向分析

(1)山区居民对搬迁的态度。调查数据显示,山区居民有近85.9%基本赞同或高度赞同搬迁,他们对搬迁充满了希望和憧憬,认为移民搬迁会改善当前山区贫穷落后的面貌。有75.9%的人愿意搬迁到山区外居住,只有少部分人"依恋故土",认为"在山里住一辈子了,舍不得出去"、"搬出去,吃、住不习惯",或者担心"搬出去,家里的房子和耕地、山场就没有了,损失太大"和"担心到了外地被当地人欺负"等。所以,山区居民对搬迁改变贫穷有较强的期待，他们大部分对搬迁没有抵触和反对。对于搬迁的时间，大多数人表示愿意听从政府的安排，只有少部分人(12.8%)对此持观望态度，显示搬迁的时机已经成熟。

(2)山区居民最迫切希望政府解决的问题。在实施搬迁中，山区居民最迫切希望政府解决的问题是就业和住房。就业方面，他们中有33.3%的人选择“进工厂当工人”，有26.6%的人选择“务农”，选择“自己做生意”和“打工”分别为11.5%和8.1%，还有20.6%的选择其他就业途径。住房方面，大多数居民(56%)愿意“花少量钱购买由政府提供的经济房”；也有居民选择“政府提供宅基地，自建新房”(31%)，只有少数居民愿意购买楼房(3.8%)和用其他方式(9.2%)解决住房问题。建议政府在搬迁后的居民住房问题上，应该注意政策导向，规划和出台的指导性意见不宜标准太高。此外，搬迁居民还关心“孩子上学问题”、“工作问题”、“种地、生产问题”以及“和当地人关系问题”等。

(3)山区居民对搬迁方式、目的地和搬迁时间的态度。有高达72%的居民愿意采取全村集体搬迁、集体落户的搬迁方式；主张分散搬迁的占到10.7%，愿意投亲靠友、自由搬迁的为8.2%；另有少部分人愿意选择“合作开发搬迁”、“异地搬迁”、“其他”等方式。上述统计数据表明，山区居民对长期形成的人际关系和邻居关系的维持度非常高，“全村集体搬迁、集体落户”的搬迁方式有利于居民在陌生的环境中共同应对，减少对新居住地的不适应和恐惧情绪。因此在搬迁过程中，应该尽量关注这种潜在的社会心理支持作用对居民的影响。对于搬迁的目的地，分别有34.7%和21%的山区居民选择搬迁到“小城镇”和“区、县城”。搬迁居民向往城镇居住方式，这也与我国农村的“城镇化”发展战略是一致的。选择平原村作为搬迁目的地比例为33%，还有11.3%的居民想搬到大城市市内和近郊区。这种搬迁态度，对地方政府选择搬迁居民的接受地，有较大的参考价值。对于搬迁的时间，有33.3%

的居民愿意马上就搬，38％的人要求一年以内搬迁，也就是说共有71.3％的被调查者“在一年内”有搬迁的意愿；“三年内”愿意搬迁的为13.3％，而选择“五年以内”和“五年以后”搬迁的居民分别占到5.6％和9.8％。搬迁居民的急迫态度，加大了搬迁问题的紧迫性。

(4)搬迁居民对处理承包的耕地和山场问题的态度。对于如何处理搬迁居民现在承包的耕地和山场的问题，是搬迁当中的难点问题。我们在调查当中发现，绝大多数居民(67.1％)选择了“交给政府，由政府在搬迁地区提供对等的承包耕地和山场”这种处理方式；有21.6％的居民愿意“终止合同，由政府给予资金补助，政府不再提供承包耕地和山场”的办法，多数搬迁居民不敢面对“市场化”带来的风险。山区居民的对政府的依赖心理很大程度是由于过去政府“大包大揽”的管理模式造成的，“有事找政府”已经成为居民的思维惯性。山区居民缺乏市场信息，不能自主参与“市场化”，同时缺乏市场中介服务，使山区居民搬迁工作的市场化运作，还不够成熟。调查当中发现：仅有6.8％的人认可“由自己向第三方出让，不需要政府在搬迁地提供耕地和山场”。另有4.5％的人未表态，可见，推动“市场化”的处理耕地和山场承包问题，开拓新思路，还需要加大宣传力度，特别要树立若干典型，让农民认可。但这与山区居民要求马上就搬迁的态度在时间上有一定的不一致。

(5)搬迁居民对补贴费的态度。根据数据统计显示，搬迁居民普遍期望政府补贴高，这与政府原来打算的补贴费相差太远，因为数字太高，地方政府财政能力可能达不到这个要求。建议专门组织力量研究补贴费的数目问题，包括研究政府的财政能力、已经搬迁居民的补贴情况和他们搬迁后的生活情况、山区居民的生活要求、搬迁目的地的房价和土地价格等。

通过调查，得出的结论是：绝大多数搬迁居民愿意马上搬迁，他们都相信政府能够安排好他们移民后的生产、生活。但在搬迁补贴费和“市场化”搬迁等问题上与政府的意愿有一定的距离，还需要继续协调。

3.5 项目说明书与规划文本写作

区域经济规划的工作，要具体落实到文字上。规划的文字说明是十分重要的，同时有一定的写作规范。

3.5.1 项目说明书

项目说明书就是立项报告，主要说明项目的研究目的、内容和成果的形式等。例如，规范化的项目说明书应当包括以下内容(以区域的产业发展规划为例)：

——项目目标

系统研究区域产业发展的环境、条件、现状、问题；提出区域未来时期产业发展目标、功能定位；确定产业调整与空间布局的战略方案与对策；规划重点产业发展与产业功能区布局；提出重点产业发展的投融资对策与重点项目建议。

——项目内容

(1)产业发展的环境与背景分析。包括经济一体化对区域产业发展的挑战、现代化建设对区域产业发展的要求、区域产业发展的区位优势等。(2)产业发展的现状与问题。包括产业发展的基础、产业发展的现状分析与阶段判断、存在的主要问题等。(3)产业发展战略目标。包括指导思想与战略方针、产业发展的功能定位、产业发展的目标预测、实现目标所具备的条件、障碍与难点等。(4)产业结构优化与主导产业选择。包括产业结构优化思路、主导产业选择、重点产业竞争力分析、产业发展规划(近、中、远期)等。(5)产业发展的空间布局。包括产业发展的总体布局、第一产业布局、第二产业布局、第三产业布局等。(6)重点产业发展与产业功能区布局。包括现代制造业发展与布局、金融商贸业的发展与布局、旅游产业发展与旅游区布局、教育文化产业发展与布局、高新技术产业发展与布局、基础设施产业发展与布局等。(7)产业发展对策思路。包括推进制度创新、开发人力资本、优化人居环境、发展民营经济、强化企业集群等。(8)重点产业发展的投融资对策与重点项目建议。包括投融资对策、重点项目建议等。

——项目成果形式

(1)规划纲要;(2)研究报告;(3)规划图册。

——完成项目的条件

(1)项目承担单位简介;(2)项目参加人员组成。

——项目经费与付款方式

(1)项目总经费和分项费用;(2)付款方式。

——项目工作期限

以年为时间单位,例如国家自然科学研究基金项目和国家哲学社会科学基金研究项目一般为1年—3年,地方的规划项目一般为一年以下,也有以月为计算单位的。在项目开始前,必须把项目的工作期限定好,以便具体安排项目的工作进度。

——成果鉴定

(1)专家组成;(2)鉴定地点;(3)鉴定费用。

3.5.2 规划研究文本写作

区域经济规划方案报告的写作,有多种多样的体例。

——工作任务书和工作方案

规划工作开始之前首先要编制工作任务书,明确规划的任务和规划的范围、期限、指导思想等,以指导规划的组织工作和后继规划项目的数量、内容及规划深度。

制定工作计划及方案是规划工作准备阶段的重要内容，要求编制规划的任务、规划时间进度、规划的人员分工、各项经费预算及相关的规章制度等内容，同时还要制定详细的工作方案，如编制规划的方法、技术路线、工作的步骤等具体内容。人员培训主要通过召开领导小组及工作班子联络员会议的形式进行，集体审议讨论规划工作计划及方案，统一认识，明确任务，为搞好规划打下良好的思想基础。

区域经济规划工作方案是：(1)准备工作阶段。包括下达任务、组织工作班子、制定工作计划及技术方案等。(2)调查分析阶段。包括搜集整理分析资料、专题研究、确定规划的目标方针及对策等。(3)编制规划阶段。包括拟定规划供选方案、编制规划初稿、说明及规划图、拟定规划实施的措施等。(4)报批实施阶段。包括将规划形成送审稿交政府审议、规划批准后公布实施、实施情况反馈和修订规划等。

——调查资料汇编

进行规划所需资料包括：社会经济资料（土地、人口、生产、经济、区位、交通等）；自然条件资料（土壤、水文、地形、地质、植被、气象等）及全区自然资源、土地资源、土地利用的现状和历史资料；有关规划资料（农业区划、土壤普查、区域规划、国土规划、部门发展规划等）。同时还要进行必要的野外实地调查，例如调查了解基层单位的土地利用需求及设想，开展农田整理、零星农村居民点和废弃工矿等地的复垦情况的野外调查，从而为开展专题研究和编制规划提供全面的、翔实的基础资料。在规划进行的过程中，要对已经掌握的资料进行汇编，可以作为阶段性成果或最后成果的一部分。

——专题研究报告

专题研究不是独立的课题研究，它是依照规划工作的需要而进行的，目的是通过专题研究对全区的总体状况、资源禀赋状况及市场需求等作出全面的了解和较为确切的估计，同时要找出区域经济存在的问题和应采取的对策，为编制规划提供可靠的依据。

以土地利用专题研究为例，一般土地利用规划需要设置下面几项专题研究：

(1)土地利用现状分析。土地利用现状分析是编制区域土地利用规划的基础和依据，主要是弄清全区土地资源及土地利用的基础数据，土地利用的结构和布局、土地利用程度及效果，总结土地利用变化的规律和经验教训，分析土地利用存在的问题并提出相应建议。

(2)土地适宜性分析。主要通过对本区土地的自然、经济属性进行综合评述，弄清各种适宜性用地的数量、质量及分布情况，阐明土地属性所具有的利用潜力和生产潜力，为分析土地利用的潜力、确定土地利用方向及调整土地利用结构等提供科学依据。

(3)土地利用潜力分析。土地利用潜力是指规划期内土地所具有的潜在生产能力或使用能力，相关的分析包括土地开发利用潜力分析、土地生产潜力分析和土地人口承载力分析，目的是摸清区内土地的开发利用潜力到底还有多大，为规划相关指标和规划方案的确定提供依据。

(4)土地供需预测。土地供需预测是土地规划调查研究的主要专题之一，它是根据规划期内各行业用地规模和土地利用动态变化的趋势，预测各行业用地的需求量，从而为在规划中安排各项用地指标、确定土地利用结构、协调各部门各行业之间用地的矛盾提供依据。

各项专题研究各有侧重，但是又相互紧密地联系着，所以在各项专题研究中要注重彼此之间的联系和配合；同时要十分明确专题研究为规划服务的思想，从编制规划方案的要求出发使专题研究的目的性更加明确，避免研究和规划的脱节。专题研究报告形成之后，须经上级土地部门及本区规划领导小组论证，经过必要的修改、补充和完善之后方能确定下来。

——规划总报告

编制规划总报告是规划工作的核心内容，是根据规划类型的需要，依据规划目标和方针搞好分区、分产业规划。它需要把各项规划内容综合成为规划报告及其说明，并绘制规划图件。

规划报告的大纲是（以某市“十五”计划的规划研究报告为例）：

前言

一、经济社会发展的内外环境

（一）国际环境

（二）国内环境

二、“九五”计划执行情况和“十五”期间经济社会发展条件

（一）“九五”计划执行情况

（二）经济社会发展的优势和有利条件

（三）存在的突出问题

三、“十五”发展的总体战略构想

（一）指导思想

（二）发展战略选择

（三）功能定位

（四）主要任务

（五）奋斗目标

（六）主导产业确立

四、城市发展战略与经济布局

（一）强化中心城市功能

（二）加强城市规划，调整产业布局

（三）实施住宅产业带动的经营城市战略

五、调整和优化工业产业结构

(一)壮大支柱产业

(二)改造传统产业

(三)培植高新技术产业

(四)调整工业结构的政策措施

六、巩固提高农业基础

(一)"十五"农业发展目标

(二)调整农业产业结构

(三)改革农村经营体制

(四)农业经济发展的政策措施

七、发展旅游业,带动第三产业

(一)加快旅游主导产业的发展

(二)带动基础设施建设

(三)加快商贸发展和专业市场建设

八、扩大对外开放,加快经济国际化进程

(一)构筑全方位对外开放格局

(二)发展对外贸易,扩大产品出口

(三)积极吸收和利用外资,提高外资利用水平

九、科技、教育和社会事业发展

(一)科技

(二)教育

(三)文化

(四)卫生

(五)体育事业

(六)建立健全社会保障体系

十、制度创新、精神文明建设与可持续发展

(一)政府制度创新

(二)精神文明建设

(三)人口、资源、环境协调发展

十一、2015 年经济社会发展远景展望

(一)2015 年经济社会发展指标预测

(二)2015 年经济发展远景展望

(三)2015 年社会发展远景展望

结束语

3.6 本章小结

本章系统地阐述了区域经济规划的系统设计和各种分析、预测的方法,是对制定规划的技术性问题作一个统一的交代。同时,我们对区域经济规划的立项、调查、研究报告的写作等,都作了具体的叙述。相信通过本章,读者可以了解区域经济规划工作的全部内容。

区域经济规划的规划过程是对特定的区域和城市进行管理和控制的预期安排,其基本的出发点是寻找实现人类活动目标的最有效的途径。区域经济规划过程的一般模式分为三类:(1)直线发展的规划过程;(2)周期循环的规划过程;(3)三级式的规划过程。

国内从 20 世纪 80 年代开始进行区域经济规划的活动,对规划过程的认识也有一个由浅入深的过程。参考并综合国外对区域经济规划过程的认识,目前基本形成了三个主要的阶段:(1)确定区域经济规划的目标、任务和对象的阶段;(2)区域经济规划的方案设计阶段;(3)区域经济规划的方案评价、实施与监督阶段。

区域经济规划涉及的面很广,区域内部的各类要素和区域之间的关系都必须考虑到。反映这些内容的指标可能很多,很复杂,对于我们制定规划的人来讲,运用指标进行分析的前提是设立这些指标。指标体系设立的基本原则是:(1)科学性原则;(2)协调性原则;(3)动态性原则。

我们主张设立 4 个第一层次指标(经济发展指标、社会发展指标、资源环境指标、制度进步指标),16 个第二层次指标和 50—100 个第三层次指标。当然,并不是每一项规划都必须用数十个指标,而是根据具体需要,选取若干指标。其实,我们设立指标体系的目的,是准确反映区域经济发展的实际,指标多少的关键是“够用”,是给出一个全面的指标体系的范围,使人们在应用时,可以考虑从中进行选取。

区域经济规划的方案设计,需要对规划的指标进行分析和计算,对未来的指标变化进行预测。方案设计最通用的方法是建立区域经济规划的模型。在世界经济飞速发展、产业门类变化多样、规划内容日益繁复、规划手段更为成熟的今天,必须在定性分析的基础上辅之以定量分析,才能提高规划成果的准确性。运用模型分析的内容是:(1)经济结构比例分析;(2)经济效益分析;(3)经济联系分析;(4)经济政策分析。

规划的最后结果文件是项目的文本,说明系统研究区域产业发展的环境、条件、现状、问题;提出区域未来时期产业发展目标、功能定位;确定产业调整与空间布局的战略方案与对策;规划重点产业发展与产业功能区布局;提出重点产业发展的投融资对策与重点项目建议等。文本文件包括:(1)项目说明书,就是立项报告。主要说明项目的研究目的、内容和成果的形式等。(2)中间过程的文本文件。包括资料汇编等。(3)研究总报告和规划文本、图件,是规划项目的最后结果。

关键术语

区域经济规划系统　预测　区域调查

思 考 题

1. 区域经济规划过程的一般模式有几种?

2. 区域经济规划过程的国内实践模式是什么内容？
3. 区域经济规划指标体系设立的基本原则是什么？
4. 什么是区域经济规划指标体系设立的框架？
5. 如何确定指标权重系数？
6. 区域经济规划的模型分析都分析哪些内容？
7. 区域经济规划的预测方法有几类？
8. 区域调查在区域经济规划中处于什么样的位置？
9. 如何进行区域调查的问卷设计？
10. 如何写作抽样调查的调研报告？
11. 如何写作区域经济规划的总报告？

参阅文献

1. 陆大道:《区域发展及其空间结构》,北京:科学出版社 2002 年版。
2. 朱发庆:《环境规划》,武汉:武汉大学出版社 1995 年版。
3. 鲍世行主编:《城市规划新概念新方法》,北京:商务印书馆 1993 年版。
4. 叶大跟主编:《乡村发展规划》,厦门:厦门大学出版社 1999 年版。
5. 宋旭光:《可持续发展测度方法的系统分析》,大连:东北财经大学出版社 2003 年版。
6. 同济大学主编:《城市规划原理》,北京:中国建筑工业出版社 1991 年版。
7. 张敦富主编:《投资环境评价与投资决策》,北京:中国人民大学出版社 1999 年版。
8. 方创琳:《区域发展规划论》,北京:科学出版社 2000 年版。
9. 李国平等:《区域科技发展规划的理论与实践》,北京:海洋出版社 2002 年版。
10. [英]霍尔:《城市和区域规划》,北京:中国建筑工业出版社 1985 年版。
11. [美]郭彦弘:《城市规划概论》,北京:中国建筑工业出版社 1992 年版。
12. [美]约翰·利维:《现代城市规划》,北京:中国人民大学出版社 2003 年版。
13. 刘起运:《宏观经济预测与规划》,北京:中国物价出版社 1998 年版。

4. 战略模式和发展目标选择

前面各章我们阐述了区域经济规划的基本概念和制定规划的程序，从本章起我们将探讨区域经济规划的具体内容。

4.1 区域经济规划的指导思想和区域定位

4.1.1 指导思想

区域经济规划的制定，必须有一个指导思想来统领规划的全部过程。指导思想是区域谋求发展的最高概括和总纲，对发展的影响是长期性的和全局性的。指导思想一般具有较高的稳定性，不能随意更改。

正确的区域经济规划的指导思想，是建立在深入细致的调查研究和理论升华的基础之上的，是对未来发展趋势预测的总结。正确的指导思想一经确立，就将对区域未来经济发展起到巨大的指引作用。

指导思想的确立一般要有区域的针对性，并与区域经济的发展阶段相一致。例如，在发展战略规划当中，在区域发展初期的起飞阶段，发展工业、建立工业体系是发展的关键；在发展中期的成熟阶段，调整和完善产业结构、促进产业创新是发展的关键；到发展后期的追求生活质量阶段，则充分就业、提高平均收入水平成为当务之急。战略指导思想的差别，反映了发展水平的差距。

当前，增强城市与区域的科技创新能力，促进产业的发展，实现科技与经济发展的密切结合，受到了各个地区的充分重视。区域经济规划是从大思路的确定开始的，也就是从确定规划对象和指导思想开始，然后是选择需要的战略模式。

4.1.2 区域定位

区域定位是在我们对区域发展现状的全面分析的基础上进行的。区域定位也属于指导思想的范畴，或者是指导思想的具体化。所谓定位，就是规定本区域在一个较大的区域范围内扮演什么样的角色。由于区域经济的发展已经摆脱了孤立发展、创建自己完整的工业体系的道路，进入到区域合作、相互促进的新时期，一个区域与周围地区之间的关系，它在一个较大的范围内起什么样的作用，已经成为区域经济发展环境的一个组成部分。所以，确定自己在大区域内所处的位置，是制定区域经济规划的第一个环节。进行区域定位的原则是：(1)综合性原则。对现代经济、社会、人文、地理、自然风光和政治功能的特色的综合性概括。(2)时代性原则。充分体现规划区域的时代特征，对该区域的人民产生发展经济的激励作用。(3)独特性原则。对规划区域现代的、历史的、传统的社会经济特色进行准确的抽象概括。(4)继承性原则。对规划区域历史的、传统的个性精华进行吸纳和弘扬。(5)先进性原则。对规划区域的区域形象要有一定的超前导向性。

进行区域经济规划的区域定位，应当从以下几个方面考虑：

——从发挥地区优势出发进行区域定位

因地制宜，发挥优势，是区域经济规划中区域定位的最基本原则。由于各地区在自然条件、自然资源、历史沿革、经济基础、文化习俗等诸方面存在巨大差异，造成了劳动地域分工的自然基础、生产要素、需求水平和产品价格等的差异性，同时也构成劳动地域分工的互补性，只有充分发挥各地区的优势，才能最充分地利用区域条件，发展各种产业，取得最佳经济效益。所以,分区指导的思想,在任何情况下都应当坚持。

一般讲,我们已经对规划区域的发展条件进行了详细的分析,从而也就具有了发挥优势的基础。根据规划区域的具体条件,我们可以确定一个区域准确的发展方向。

——从区域经济协调发展出发进行区域定位

区域经济规划的最终目的是促使区域经济高速、健康地协调发展。因此,规划中要以区域整体利益为重,以大局为重,妥善处理局部与整体、一般与重点、农业与工业、乡村与城市、生活与生产及近期利益与长远利益的协调关系。只有坚持区域经济的综合发展,才有可能使各类规划与发展战略统一起来,始终如一地贯彻规划的指导思想。

区域协调还包括规划区域与其他区域的协调关系。要考虑一个地区的区域定位,必须把这个区域放到全国和大的区域中去看自己的地位和角色。一个地区的优势应当是比较优势,是与其他地区进行比较后得出的优势。如果仅仅站在自己的立场上,就很难看到自己的劣势,那样定位就会不准确。

——从获取区域经济效益出发进行区域定位

区域经济规划的实施要以获取区域的经济效益为目的,而不是某个组织、企业或个人的利益。通过规划,合理地布局工业、农业和其他产业,在相同投入下,获取尽可能大的经济效益。但是,仅仅是经济效益是不够的,区域经济规划应当坚持经济效益与社会效益、环境生态效益的统一,使区域能够长期保持可持续发展的态势。获取区域的经济效益是进行区域定位的出发点之一,正确的区域定位,将使区域经济在正确的道路上前进,使获取区域的经济效益比较容易。

4.2 区域经济规划的战略模式

4.2.1 战略模式的特征

制定区域经济规划，需要选择发展的战略模式，它是研究未来时期内区域经济发展的总体构想，沿着一条什么样的道路前进，形成一种什么样的区域架构。区域经济规划的战略模式不同于国家的发展战略，必须是根据区域的具体情况制定的，所以，它有许多自身的特征。

——预见性

区域经济规划的战略模式要想能够成为指导区域经济发展的有步骤的发展依据，必须有较强的预见性或前瞻性。预见或预测，必须有坚实的现实基础，它是在现实经济发展的基础上，总结前一时期的发展情况，准确估计未来经济形势的变化和宏观政策的变动方向，根据现实和可能，作出科学的预见或预测。

预见性分为两类：(1)狭义的预见性。狭义的预见性一般是指制定远景目标时对经济发展的规模、速度和水平等指标的预测。狭义的预见性存在着时间越短，预测误差越小，时间越长，预测误差越大的特点。(2)广义的预见性。广义的预见性包括更宽的含义：预测未来产业结构变动的基本态势，把握区域政策的变动方向，进而预见未来本区域经济发展大的走势，都属于预见性的范畴。对于发展战略的制定者来说，最重要的还不在于预测区域经济发展的未来的指标，而在于制定实现这些指标所应采取的切实可行的政策和策略。

——综合性

区域经济规划的战略模式是一个完善的系统，它涉及区域内的城镇、乡村、产业、部门、资源、环境，以及社会发展、政府行为等方方面面的情况，可以说具有极强的复杂性和综合性。

制定区域经济规划的战略模式需要的条件是多方面的，它包括自然环境、自然资源、劳动力、资金条件、交通运输条件、文化教育条件以及区位条件等，并需要对诸多条件因素进行综合分析和评价，以期正确地估计所处区域的经济发展环境。它涉及的发展部门是多方面的，既有物质生产部门，也有社会服务部门；既包括企业行为，也包括政府行为。因此，区域经济规划的战略模式所具有的复杂性和综合性，使制定和实施具有很大的难度。

——可操作性

区域经济规划战略模式的可操作性，主要表现在目标的可实现性和采取策略的可应用性。要制定具有可操作性的发展战略，要求制定者必须深入实际认真调查研究，分析地区经济发展中存在的问题，研究问题产生的原因，摸清解决问题的路径。同时，还必须准确地把握经济发展的总体走势和宏观环境，分析宏观因素对区域发展的影响程度，从而随时把握区域经济发展的脉搏。不仅如此，还要求战略的制定者有较高的政策水平，能够准确掌握国家经济发展政策的尺度，并将这些政策区域化，使之适应当地的实际情况。可操作性，或者称为可应用性，是检验区域经济规划的战略模式能否落实的试金石，有可操作性，就能够应用到实践中去，没有可操作性，则只能停留在纸上。

4.2.2 区域经济规划战略模式的一般类型

区域经济规划的发展模式选择，实际上是对某个地区经济发展战略的总结。根据国际上几十年的发展经验，形成了几个成熟的发展模式。

——初级产品出口的战略模式

初级产品出口战略模式的特点是利用本国丰富的自然资源，以发展农业、矿业产品的出口,来带动本国经济发展,属外向型经济发展的战略模式。以出口石油为主的世界各主要石油输出国,以出口铜为主的智利、赞比亚等国,以出口香蕉为主的中美洲诸国,以出口单一农产品为主的加纳(可可)、斯里兰卡(茶叶)、孟加拉国(黄麻)、缅甸(稻米)、埃塞俄比亚(咖啡)等,都长期采取这一战略模式。

这种发展战略模式最大的局限性,就是严重依赖国际市场,国内经济结构单一,经济具有很大的脆弱性。对于一国内部的落后地区,由于缺少发展的机会,只有开发某种优势资源才能启动经济发展,所以在发展的初期,选择这种战略模式具有客观必然性。但是,必须寻找新的发展机遇,进行发展战略模式的升级。

——进口替代的战略模式

进口替代战略模式,就是用本国产品替代进口产品的战略模式,是处于工业化初期阶段的发展中国家应付国际竞争、发展本国现代工业的一种内向型战略模式。拉丁美洲的一些国家、东亚和东南亚的一些国家以及非洲的一些国家都先后实施过这种战略模式。

进口替代有两种形式:

下游产业进口替代。由下游产业开始的进口替代,也就是说,从面向市场的消费品入手,用本国产品替代进口产品,如食品工业、服装工业及轻纺工业等。这是一种由轻工业开始的工业化道路。其道路模式一般分为三个阶段:第一阶段:消费品替代;第二阶段:中间产品替代;第三阶段:资本货物替代。

上游产业进口替代。上游产业主要指生产资料的生产部门,如钢铁、化工、机械等产业。上游产业的发展需要大量的投资,上游产业开始的进口替代,对技术和劳动力的要求都相应较高,生产的规模一开始就比较宏大,因此,只有在国家的统一安排下,调集巨大的人力和财力,才有可能实现。

进口替代战略模式的局限性主要表现在国家长期对民族工业的保护，使本国产品质量差，竞争能力低，资源配置不合理，劳动生产率低下等。因此，它是一种发展处于低级阶段采取的战略模式。

进口替代是否适用于国内地区之间的经济关系，目前理论上尚无定论。一种观点认为，落后地区应当发展自己的制造业，为自己的产品保留一部分市场；另一种观点认为，进口替代指国家间的贸易关系，不能用于地区之间，地区之间的所谓"进口替代"，其实就是地方保护。

——出口替代的战略模式

出口替代战略模式，主要含义是发展面向出口的产品，用工业制成品的出口来代替农矿产品的出口，并利用劳动力价格低的优势，以廉价的产品打开国际市场。

出口替代的类型很多。有的国家以增加本国出口农矿产品的加工深度为主，有的以加工外来原料的来料加工型为主。依据加工深度的不同，可将出口替代分为初级出口替代和高级出口替代两种。初级出口替代是指以发展一般技术水平较低的消费品为主的替代战略模式，如食品、服装、玩具等，高级出口替代是指以发展高档耐用消费品、机械设备、电子仪器等为主的替代战略模式。一般来说，各国都有一个从初级出口替代向高级出口替代转化的过程。例如，中国改革开放以来，在东部沿海地区建立了一些出口加工区，搞来料加工。初期主要以服装、鞋帽、玩具为主，经过十几年的发展，到 20 世纪 90 年代后期，一些地区已经实现产品升级，重点生产机电和微电子等产品。

—— 工业赶超的战略模式

工业赶超战略模式，主张以发展工业来带动经济的发展，缩小同发达国家的差距。一个落后的国家或地区，要想在短期内赶上先进国家，就必须大规模发展工业，以工业的快速增长来促进其他产业的增长，实现国家社会的跃进。

工业赶超战略模式的关键是优先发展轻工业还是优先发展重工业。优先发展轻工业的好处是,利用其所需资金少、劳动密集度高、原料来源广泛、产品的市场化程度高等优点,在资金严重短缺的落后地区,以发展轻工业来积累资金。优先发展重工业,主要是建立国家工业生产的物质技术基础,改善工业结构,提高全社会的劳动生产率,使工业化能够快速实现。但是,优先发展重工业的资金需要量大,启动的难度大。

20 世纪一些社会主义国家的经济发展,大多采取优先发展重工业的工业赶超战略模式,这一战略模式的局限性在于,单纯追求工业增长,忽视农业基础,使人民的生活水平提高较慢,但也建立起来了完整的工业结构,为后来的发展奠定了基础。

——经济、社会综合发展的战略模式

经济、社会综合发展的战略模式,是将经济的发展与社会的发展结合起来考虑,以经济发展为手段,以社会进步为目的。强调满足人民生活的基本需求,减少和消除贫困,提高人民物质文化生活水平。包括:增加生产,扩大生产性就业,增加对农业部门的投入,加快基础设施建设,充分利用现代科学技术,加快资源的开发,发展对外贸易,扩大出口,建立相应的制度,消灭贫困,使整个国家能够可持续发展。

4.2.3 中国区域经济规划战略模式的类型

目前,包括中国在内的世界上大多数主要国家,都采取经济、社会综合发展的战略模式。实践证明,这是一种较为完善的发展战略模式。作为地区的发展规划,国家层面的模式只能作为参考,在参考这些模式的基础上,结合地区的实际,拿出符合地方特点的发展模式。例如,温州模式、苏南模式、珠三角模式等等。但是,模式只能学习,不能照搬,这是由区域经济特有的区域性所决定的。

由于中国区域经济的差异很大,制定发展战略必须要考虑到区域发展的现实情况,因此,我们可以从大的区域出发,归纳出三种不同的战略模式类型:①

——处于待开发阶段的地区的区域经济规划战略模式

这类地区一般特征是经济发展水平低下,农业在产业结构中占有很高的比重,长期停留在自给自足的自然经济中,自身资金积累能力低下,形成投资供给和市场容量、投资引诱双不足,使单一经营和低劳动生产率循环反复难以突破,使区域经济长期陷入"地方财政靠国家补贴、群众生活等国家救济"的恶性循环之中。要走出贫困循环的陷阱,一靠发挥区内"基本要素"——自然资源和劳动力的推动作用;二靠借助外部资金、人才和技术的输入。而核心问题是如何更好地把外部输入和区内"基本要素"结合起来,启动地区经济,形成自我增长的能力。

这类地区如按人口与自然资源的对比关系划分,大致可分为两类:一类是人少地多,人口密度低、自然资源相对丰裕的地区;另一类是人多地少,人口密度高、人均自然资源相对不足的地区。从打破贫困的恶性循环看,后者更难于前者。因为后一类地区,人口压力大,有的甚至超过了土地承载力的极限,垦殖过度,生态环境遭到不同程度的破坏,自然灾害频繁。如黄土高原的水土流失,西北和内蒙古的土地沙化,西南山区的泥石流等等。

——处于成长阶段的地区的区域经济规划战略模式

这类地区的一般特征是已经跨过工业化的起点,第二产业在国民生产总值构成中已占主导地位,地区优势产业已经形成或正在形成中,地区经济呈现较强的增长势头。这类地区经济的进一步发展,将主要不是依靠发掘区内"基本要素"的数量潜力,而是主要依靠提高"基本要

① 参见陈栋生:《区域经济学》第134页,郑州:河南人民出版社1993年版。

素”的素质——引进新技术、新装备，提高劳动者文化技术水平，完善投资环境，从而把地区经济推进到新的阶段。

处于成长阶段的地区，在区域经济规划的战略模式上，要着重注意以下几点：(1)进一步巩固、扩大优势产业部门。充分利用规模经济，降低产品成本，增强价格竞争能力，同时重视非价格竞争(如提高服务质量、重视售后服务等)，建立自己在国内外市场的营销渠道，不断拓展市场，扩大本区优势产业产品在国内外市场的占有率。(2)围绕优势产业发展前向、后向、侧向的关联产业。形成结构效益良好的产业系列，同时要注意防止无关联产业的盲目集聚，造成产业结构的无序化。(3)不断培植区内新的产业，发展第三产业。特别是贸易、金融、信息、咨询、科技教育等第三产业，以增加地区经济发展新的推动力和区内“部门储备”，提高地区经济的结构弹性，避免支柱产业过分单一，在市场条件突变的冲击下，造成区域经济大的波动。(4)沿主干开发轴线培植新的增长极。以增加“区域储备”为目的，促进区域经济向纵深发展。建立“部门储备”和“区域储备”，都旨在增强区域经济发展的后劲，使处于成长阶段的区域经济能顺利地进入成熟阶段。

——处于成熟或发达阶段的地区的区域经济规划战略模式

这类地区往往属于国家经济重心区，工业历史较长，达到了较高水平，交通运输、邮电通讯基础设施齐备，第三产业也相当发达，在极化效应和乘数效应的作用下，生产门类齐全、协作配套条件优越、区内资金积累能力强、人才素质高。但许多矛盾随着岁月的积累、沉淀，构成潜在的衰退因素，突出的如过度集中导致用地紧张、地价上涨；水源不足、水费上涨；环境污染严重、污染处理成本激增；生活费指数、产品工资成本提高；加之许多一度领先甚至独占的技术，随着逐步普及，而丧失其垄断利益，落后导致不少产业与产品的比较优势逐步丧失。

这类地区区域发展战略研究的中心是如何防止潜在的、隐蔽的衰退危险变成现实，保持和焕发区域经济的活力。其关键有二：一是进行全面的“结构改组”，吐故纳新；二是树立“技术立区”的战略，主要依靠“创新推动”。在战略部署上要着重注意以下几点：(1)在产业结构上，要果断地淘汰(移出)比较优势已经丧失的产品和产业。着力发展新兴产业，并引进和运用新技术，嫁接式地改造传统产业，使传统产业新技术化，不断开发出高档的产品，实现产业结构高度化，保证产业结构动态化。(2)在市场结构上，要大力发展外向型经济。跻身国际分工与交换的行列，承受国际市场的压力与磨炼，促进区域经济素质的全面提高。(3)在空间结构上，形成以城市中心区为圆心的发展区域。加快向外围地区的产业扩散，组成城乡一体化的大城市经济圈。市中心区工业向外扩散，以金融、贸易、保险、房地产、咨询、信息等第三产业替代。使之成为众多企业集团(股份公司)总部的驻地，逐步转向技术开发、营销为主，使周围腹地的工厂成为主要生产基地。

4.3 区域经济规划的环境与条件评价

4.3.1 国内外经济发展环境评价

制定一个地区的区域经济发展战略规划，出发点是对区域经济发展面临的国内外和区域内外的环境进行分析，找出对本地区经济发展的影响，并判断这些影响如何左右区域政策的制定和实施。我们总结目前的国内外经济发展环境，关键是要明确：一个地区的发展，是在国内外的大环境的影响之下实现的，特别是我国加入 WTO 之后，世界经济环境的变化，对区域经济的影响日益明显。而国内的发展环境的变化、国家宏观经济政策的调整，都可能促进或延缓区域的经济发展。

我们把目前面临的国内外发展环境简单归纳为五条：

(1)世界经济的全球化和区域一体化趋势加强；(2)经济结构出现全球性的战略调整，国内区域的经济结构调整成为区域经济的重要内容；(3)国内经济大市场初步形成，市场竞争日趋激烈；(4)社会主义市场经济体制趋于完善，企业改制基本完成；(5)走新型工业化道路成为地区发展的战略重点。

我们简单分析一下：

——世界经济的全球化和区域一体化趋势加强

以我国加入 WTO 为标志，经济全球化已经到了我们面前，过去的国内或区内的产业竞争，现在变为国际的竞争；竞争对手要重新界定，市场份额要重新划分。但是，我们的市场范围也扩大了，从区域的或国家的市场，扩展为洲际的或全球的市场，然而要在国际市场占有份额，必须加强本地产业的竞争力。区域一体化使我们进入国际市场更加困难，欧盟、东盟、北美自由贸易区等，都在加强区域内部的联系，排斥区外的企业进入。我们必须看到国际市场的前景，同时正视面临的困难。

——经济结构出现全球性的战略调整，国内区域经济结构的调整成为区域经济的重要内容

经济结构出现全球性的战略调整表现为产业在国际间的大转移。以美国为首的发达国家，在集中发展高新技术产业的同时，劳动密集型产业、一般的制造业，由于生产成本的上升，纷纷向新兴的工业国家转移。中国的沿海地区是国际产业转移的中心之一，国际制造业中心即将形成，并围绕现代制造业进行产业结构的调整；中部地区侧重发展传统制造业和劳动密集产业；西部地区更多发展原材料工业。这种形势将左右区域经济结构调整的大方向。

——国内经济发展的大市场初步形成，市场竞争日趋激烈

国内大市场的初步形成，意味着区域经济与国民经济整体的联系更加紧密，区域之间的经济联系也更为密切。但国内统一的大市场形成后，国内有竞争力的企业都可能参与区域的市场竞争和份额分割，使区内企业不可能再享受政府保护下的市场占有，而新生企业进入市场的门槛比过去大为提高，这些都会影响区域的产业发展。

——经济体制趋于完善，企业改制基本完成

经过1998年和2002年的两次企业体制改革，市场经济体制下的企业经营机制已经建立起来，股份制的产权结构在我国企业当中成为主要的形式。对区域发展来讲，如果一个地区的企业改制不充分或不到位，这个地区在发展中的地位就不利，下一步发展的目标也很难实现。

——走新型工业化道路成为地区发展的战略重点

我国在新时期的发展战略重点，是走新型工业化道路，实现工业化、城市化和现代化是未来20年的基本任务。新型工业化道路的内涵是：依靠科技进步改善经济增长的质量和效益，依靠科技创新提升产业的技术水平，依靠体制改革推进生产力的进步，依靠人力资源开发实现企业核心竞争力的形成，依靠保护环境和合理开发自然资源实现可持续发展。重点是通过信息化带动工业化，形成由高新技术产业、基础产业、新型制造业和第三产业构成的合理的产业结构。对地区来说，选择适合本身的产业和产业结构，是发展战略规划的核心。

4.3.2 区域经济发展条件评价

对区域内各类发展条件的评价，是进行区域规划的重要步骤。总量性的评价，一般是为制定目标提供依据；分类的评价，可在目标制定后进行，为制定详细的规划服务。

区域经济发展条件，可分如下几个大的类型（见表4—1）：

表 4—1 区域经济发展的条件分类

类 型	内 容
自然环境条件	自然条件、自然资源、环境质量等
社会经济条件	经济发展状况、人口劳动力、资金市场状况、交通运输、科技水平等。
制度环境条件	管理体制、组织形式、政府政策等

对区域经济发展的各种条件进行评价，主要应在下列几方面进行：

——自然资源评价

(1)资源的总量评价。从自然条件来说，经过调查、勘探与分析而确定的自然条件和资源不同等级的实物或价值数量，称为绝对量。例如，2007 年中国铁矿保有储量为 463 亿吨，煤炭保有储量为 11597.79 亿吨。单个种类资源的区域比较，可以通过各区域资源储量和品位的横向比较来确定，区域资源综合优势的比较，可以用资源的综合优势度的指标来衡量。

从社会经济条件来说，目前各类条件的统计数量或抽样调查数量，构成绝对量。社会经济条件的绝对量是一组非常复杂的数据，应选取最近年份或最具代表的年份数据，作为制定战略的基础年份数据。绝对量评价，也包括对各类资源条件的质量评价，如矿产资源的品位、企业生产的技术水平、交通运输线路的运输能力等。

(2)资源的平均量评价。资源密度：反映一定地域空间的资源丰饶程度，它可以以每平方公里土地面积所拥有的生产能力或资源数量来表示。如某地区每平方公里平均的国民生产总值，每平方公里平均的工农业总产值，每平方公里平均的路网数量等，或者每平方公里拥有的能源、矿产、水资源数量等。人均资源拥有量：反映按人口平均的资源情况，它可以以地区按人口平均的生产能力和资源数量来表示，能够反映出生产水平、生活水平和资源开发程度。对人均拥有量的评价，是确定战略水平目标的出发点。

我们在评价时,还应注意自然资源利用的需求量评价。根据各类资源的数量,与现行的需求进行对比,可以反映资源供应情况和资源丰、欠程度。对于丰富的资源,可以作为区际交流的资本,对于缺乏的资源,可以通过区外的输入来获取。这种分析对于制定区域产业发展的具体方案,是十分必要的。例如,中国 2007 年钢产量为 6 亿吨,对铁矿石的需求量超过 12 亿吨,根据铁矿资源的现实条件,很难达到这一水平,因此,所应采取的策略,只能是以国产为主,进口为辅,内外结合。

(3)资源的综合评价。对某一个区域各类自然资源数量进行综合评价,以获取一个总体概念,并作为区域定位的依据。综合评价一般采取位次评价法,即评价一个地区某类资源在全国或大的区域内所处的地位。资源综合优势度的评价:

评价的公式是:

$$Pi=(mn-\sum d_{ij})/(mn-m)$$

式中,Pi 为 i 地区的资源综合优势度,m 为被统计的资源种类数,n 为对比的地区个数,$\sum d_{ij}$ 为 i 地区被统计的资源种类数占全国位次之和。

——经济社会要素条件评价

(1)市场条件。主要是评价市场容量。以国内需求量表示:

国内需求量＝全社会投资额＋消费总额

市场占有率＝地区某行业的年销售额/全国同行业的年销售额

(2)交通运输条件。通常以交通便利指数表示:

交通便利指数＝(地区运输线路总长度/地区土地总面积)×(地区货运量/地区货物周转量)

由于我国目前还是发展中国家,基础设施建设的任务很繁重,同时带来的是区域的基础设施条件的改善。近几年来,我国的交通建设取得了很大的进展,交通便利的程度大为提高。为衡量的方便,我们经常用人均的交通线路长度、人均的客货运量等指标来衡量地区的交通运输条件(见表4—2):

表4—2 三大地带交通运输的人均量比较(2007)

地区	万人拥有铁路里程(公里)	万人拥有公路里程(公里)	客运量/人口总数	货运量/人口总数(吨/人)
东部	0.43	19.73	18.69	19.85
中部	0.76	30.77	14.39	16.78
西部	0.69	38.00	17.70	12.41
东:中:西	0.63:1.11:1	0.52:0.81:1	1.06:0.81:1	1.60:1.35:1

资料来源:根据2008年《中国统计年鉴》计算。

从万人拥有的铁路里程看,中部最多,西部次之,东部最少,东、中、西三大地带之比为0.63:1.11:1;万人拥有的公路里程,西部最多,中部次之,东部最少。而从使用效率来看,无论客运还是货运,东部的平均数都是最多。上述数据表明,从全国三大地带的比较来看,西部的交通设施无论与人口总数还是经济总量相比,都是相适应的。

(3)资金条件评价。对资金条件的评价,可以选用的评价指标有:

地区人均全社会固定资产净值=地区全社会固定资产净值/地区人口总数。数值大的地区,说明资金条件好。

地区财政收入支出平衡差=地区财政收入-地区财政支出。正值大,说明财政情况好,负值说明财政入不抵出。

地区居民储蓄率=人均储蓄存款余额/人均国民收入。地区居民储蓄率高,表示地区的投资能力强。

工业资金占用系数=工业资金总额/工业净产值。数值越小,表明地区的资金利用效率越高;数值越大,表明地区的资金利用效率越低。

(4)人口与劳动力资源条件评价。我们对人口和劳动力资源的评价,一般是从两个方面进行:人口对经济发展的压力和人力资源的规模。评价的目的，是树立正确的观念，不是简单地、概念化地对一个地区的人力资源给出丰富与否的结论。

人口对经济发展的压力，主要反映在以下几个指标上：

第一，人口对耕地的压力指数。

压力指数＝全国人均耕地面积/地区人均耕地面积①

比值大于1，表明人口对耕地的压力较大，比值越大，压力就越大。需要指出的是，由于我国与世界平均的人均耕地相比，就是相当少的，本身就有很大的压力，如果地区的人均耕地还小于全国的平均数，说明问题已经很严重了。当然，如果压力系数小于1，表明情况较好，人口规模适度。

我国人口对耕地压力大的地区，主要在东部，以浙江、江苏、广东、山东、福建等为代表，但中部的河南、湖北、湖南和西部的贵州、四川等地，由于人口总量大，或者由于自然条件的限制，人均耕地的数量也较少，压力很大。相对来说，内蒙古、新疆、西藏、青海、宁夏、吉林、黑龙江等地，压力小些。

第二，人口对产值的压力指数。

压力指数＝全国人均 GDP/地区人均 GDP

比值大于1，表明人口对产值的压力较大，比值越大，压力就越大。由于我国与世界平均的人均 GDP 相比，就是相当少的，我国仅位于下中等收入国家的最后的名次，本身就有很大的压力，如果地区的人均产值小于全国的平均数，说明经济发展水平低，同时人口的压力也大。当然，人口较少的地区，虽然目前的人均产值还很低，但如果有发展的潜力，人口的压力可能还不是很严重。所以，这个指标的应用，需要考虑

---

① 刘再兴主编：《中国生产力总体布局研究》第120页，北京：中国物价出版社1995年版。

人口规模。

表 4—3 各省市区产值压力指数(2007)

贵州:2.74	四川:1.47	河南:1.18	内蒙古:0.75	天津:0.41
甘肃:1.83	青海:1.33	湖北:1.17	辽宁:0.74	北京:0.33
云南:1.80	湖南:1.31	山西:1.12	福建:0.73	上海:0.29
安徽:1.57	海南:1.30	新疆:1.11	山东:0.68	
西藏:1.56	陕西:1.30	黑龙江:1.02	广东:0.57	
广西:1.51	宁夏:1.29	吉林:0.98	江苏:0.56	
江西:1.50	重庆:1.29	河北:0.95	浙江:0.51	

资料来源:根据 2008 年《中国统计年鉴》数据计算。

由于人口多,经济落后,贵州、甘肃、云南、安徽、广西、江西等地的产值压力最大,四川、湖南、海南、陕西、重庆等地次之,而宁夏、青海等地,虽然人均的产值也不高,但人口少,压力还不明显,山东、广东、江苏、浙江和三个直辖市情况好些。

第三,人力资源规模的评价

评价的公式是:

人力资源规模={(人口数×平均寿命)/全世界平均寿命}×{初等教育人口比重+1.39×中等教育人口比重+1.94×高等教育人口比重}

式中,1.39 和 1.94 为调整人力资源数量的系数,表示接受初等教育人的工资为 1,则接受中等教育人的工资为 1.39,接受高等教育人的工资为 1.94。①

(5)技术条件评价。我们用知识创新能力、知识流动能力和技术创新能力来衡量技术条件。

第一,知识创新能力。知识创新能力是一个地区技术创新的基础。

① 周起业等:《区域经济学》第 478 页,北京:中国人民大学出版社 1990 年版。

我们可以用以下指标来进行评价：研究开发投入指标，包括研究开发人员数量、开发人员增长率、政府科技投入、政府科技投入增长率、政府科技投入占 GDP 的比例等；研究开发机构综合指标，包括拥有国家试验室数量、从事研究开发机构的数量、高校研究开发机构数量等；专利综合指标，包括发明专利申请数量、发明专利申请增长率、每万人发明专利申请数量等；科研论文综合指标，包括国内论文数量、国内论文数量增长率、国际论文数量、国际论文数量增长率等；科技管理综合指标，包括一定量的科技投入产生的发明专利数量、科技投入产生的新产品产值、每万名科技人员的发明专利数量等。

第二，知识流动能力。一个地区的知识流动，尤其是促进知识在研究开发机构、企业和中介机构之间的有效流动，创新才会具有系统性，一个地区才会有较强的将科技转化为创新的能力。具体评价指标是：科技合作综合指标，包括科技论文单位合作所占比例、科技论文国际合作所占比例、高校和科研院所来自企业资金的比重、发明专利联合申请增长率等；技术转移综合指标，包括技术市场成交金额、技术市场成交金额的增长率、国内技术购买金额增长率、技术引进成交金额增长率等；外国直接投资综合指标，包括外国直接投资增长率、外国直接投资额、人均外国直接投资等。

第三，技术创新能力。在区域创新体系中，企业的创新能力是核心，它直接将新的技术转化为商品，面向市场；市场又通过企业有效地引导科技研究的方向。具体指标是：设计能力综合指标，包括实用新型专利申请增长率、实用新型专利申请数量、外观设计专利申请增长率等；制造和生产能力综合指标，包括生产经营用设备原值增长率、生产经营用设备原值、技术改造的投入增长率、技术改造投入额等；创新产出综合指标，包括新产品产值增长率、新产品产值、新产品产值占总销售额的比例等。

——区域经济制度环境评价

区域经济制度环境评价，主要是评价区域的产权结构情况和地方政府的作用。

(1)产权安排的区域合理化评价。对于区域经济来说，产权安排是否合理，要看这种安排是否能够促进区域经济增长。也就是说，要通过经济增长的指标去检验这种安排是否合理。产权安排是否合理的定量评价，是通过不同所有制在经济总量中的比例来体现的。例如，中国东部沿海省份的产权安排代表了改革的方向。1997 年后，中国对产权制度进行了深入的改革，国有企业从一些竞争性的领域逐渐退出，产权安排渐趋合理，形成了一个以国有经济为主导的、多种所有制并存的所有制结构。这种产权安排，显然更能适应中国目前阶段各地区的发展实际。

区域发展的模式不同，其产权安排就不同。当一个地区选择的是外向型的发展模式，其产权安排中的合资、合作形式将占很大的比重。因为一个国家或地区要形成外向型的发展模式，必然会引进外国的资本、技术和管理，并以国际市场为自己的主市场。这样，外国资本的进入不可避免。而一个地区的发展基本上是内向的，主要市场也在国内，其合资的形式在产权安排中的比重就会缩小，而私营、国有的比重就会增加。

一个地区如果以私人投资为主体来发展区域经济，私营或股份制的产权安排占的比重就很大。但是，不能认为公共的、国有的产权在其中就不占主导地位，因为一个地区如果法律规定地上和地下的资源均归国家所有，则地方政府可以依据法律的规定，用国有的资源作为资本，从而占有相应的产权，只有这样，才能真正代表当地最广大民众的利益。

(2)产权安排与区域产业结构的适应性评价。区域产业结构有轻型和重型之分，有大型化和小型化之分。凡是以重型的或大型化的产业结构或企业结构为主体的地区，其必然是以国有或大型股份制财团所有的产权安排为主体。原因在于对重型或大型企业来说，其建设的初始投资规模大，不适于小型的私有资本投入。只能由拥有巨大财力的政府、国企或大财团进入。

当然，区域经济制度环境的塑造，中心是处理好私有产权与公共产权的关系。公共产权的比重过大，容易造成区域宏观效率的下降，公共产权的比重过小，容易造成私有产权的膨胀，形成极少数人的逐利之风，造成公众利益的损失。所以，合理的产权安排必须寻找合适的度，也就是寻找公平与效率的结合点，或者是政府与市场的结合部。

(3)地方政府的作用评价。地方政府从理论上讲是地方公共利益的代表。一个区域的地方政府与其他区域的地方政府存在着利益上的合作和冲突。

地方政府的经济行为，包括对区域内地方性资源的支配及利用、政府直接投资和政府对地区经济的管理。政府作为地方公共利益的代表，是从公共利益最大化的角度参与地区经济的管理的。但政府行为不一定都是理性的，所以公共利益最大化并不意味着也能带来效益的最大化。所以，为使交易成本最小化，必须使政府所主导的公营部门与区域内的私营部门相结合，一致营造公用事业的最佳规模，以取得最小成本的实现。评价政府的作用，关键是评价政府的行政能力和政府对维护社会公平的态度。

综上所述，区域经济的资源环境是由多方面、多要素组成的，而最有直接影响的是自然资源开发环境、人力资源开发环境和制度环境。如果一个地区在这三个方面都能够营造出良好的环境，那么这个地区就具备了发展的最佳的外部条件。

4.4 区域经济规划的目标体系设计

区域经济规划的目标必须是一个完整的目标体系，分行业、分地域、分阶段来实现。

4.4.1 区域经济规划目标的性质与设立程序

——规划目标的性质

区域经济规划的目标，具有以下几种性质：(1)规划目标的科学性。区域经济规划的目标必须具有科学的制定基础，这是通过一定努力可以达到的，是在克服一定的困难后可以实现的。(2)规划目标的完整性。区域经济规划的目标要能概括区域经济发展的方方面面的情况，必须具体、明确，一个目标只能有一种含义，在一定时间期限内有效。(3)规划目标的层次性。从区域经济规划的目标便于观察、测度的要求出发，规划的目标要适应不同的情况，具有不同的层次。

——确定区域经济规划目标的一般程序

确定区域开发目标，首先需要了解各方面对区域发展的最终要求，即区域在未来时期需要达到的目标。通常包括两个方面：一是目标的种类；二是期望值或达到的程度。调查研究是建立指标体系的基础，因而是必不可少的。基本的步骤是：(1)搜集基础资料；(2)确定目标的任务，包括实现的期限、范围；(3)选择方法，方法的选择应以资料的掌握情况为依据；(4)目标预测，通过目标数据的预测来表示要达到的发展目标，要坚持定性分析与定量分析相结合；(5)评价目标体系，主要是分析误差，修正结果。

预测是对未来的推测，因种种条件的限制，其结果难免不出现误差。如果误差太大，就会失去预测的意义。因此对预测结果必须认真审查，找出误差所在，计算出误差大小，分析误差原因，采取适当措施予以纠正。

4.4.2 规划目标的设立基础

区域经济规划总目标，是区域经济发展的总目标，是区域在一定时期经济发展的总纲领，是一个区域制定五年和年度发展规划的依据。总目标的确定，将为区域发展树立一个明确的长期奋斗目标。制定区域经济规划的目标，要处理好经济、社会与环境的关系，通过规划目标的实现，同时实现区域的可持续发展。

——系统性基础

区域经济规划是实现区域可持续发展的保证。区域的可持续发展把当代人类赖以生存的地球及局部区域，看成是由自然——社会——经济——文化等诸多因素组合成的复合系统，它们之间既相互联系，又相互制约。这种系统论的观点是区域经济发展的理论的核心，并为人与资源问题的分析提供了整体框架。人与资源矛盾的产生实质上也是由于人和这一复杂系统的各个成分之间关系的失调。一个持续发展的社会，有赖于资源持续供给的能力；有赖于其生产、生活和生态功能的协调；有赖于自然资源系统的自然调节能力和社会经济的自组织、自调节能力；有赖于社会的宏观调控能力、部门之间的协调行为以及民众的监督与参与意识。其中任何一个方面功能的削弱或增强都会影响其他部分，以及持续发展的进程，因而在解决资源问题，制定资源战略时，需要打破部门和地区的界限，从全局着眼。从系统的关系，进行综合分析和宏观调控，这是区域经济规划目标确定的系统性基础。

——效益基础

区域经济规划强调区域开发与环境保护统一的生态经济观，为区域经济的运行和管理提供了指导思想。这种区域发展的概念，从理论上结束了长期以来把发展经济和保护环境相对立起来的错误观点，并明确指出二者是相互联系、互为因果的。区域经济发展和提高区域人民的生活质量是我们追求的目标，它需要以自然资源和良好的生态环境为依托，忽视对自然资源的保护，经济发展就会受到限制，没有经济的发展和人民生活质量的改善，特别是最基本的生活需要的满足，也就无从谈到资源的保护，因为一个可持续发展的社会不可能建立在贫困、饥饿和生产停滞的基础上。因此，区域经济规划从实现区域可持续发展的目的出发，应该包括生态效益、经济效益和社会效益的综合，并把系统的整体效益放在首位。

——人口、资源基础

人口急剧增长，对资源需求量的增加和环境压力的加大，构成了区域发展的一系列问题。为了实现资源的可持续利用，促进经济、社会、环境可持续发展目标的实现，一定要把人口数量控制在一定水平，努力使人口向最优人口规模演进，同时要注意提高教育、文化水平、卫生水平，提高人口素质，提高人们的生活质量，在不影响人们福利的前提下，引导人们消费方式向可持续发展的消费模式变化。积极主动地引导人口结构的变化（尤其是空间结构），使人口结构更适于可持续发展，这是区域经济规划要达到的日标之一。

区域经济发展强调对不同属性的资源要采取不同的对策。如对矿物、油、气、煤等非再生资源，要提高其利用率，加强循环利用，并尽可能用可更新资源代替，以延长其使用的寿命。对可更新资源的利用，要限制在其生产的承载限度内，同时采用人工措施促进可更新资源的再生产，要保护生物多样性及生命的支持系统，保证可更新生物资源的持续利用。

——体制基础

区域经济规划目标的体制基础，是指区域经济的管理体制应当是经历了不断的改革之后的政府管理体制，是适应市场经济发展需要的管理体制。包括(1)地方政府管理区域经济的明确的权限；(2)地区各部门之间良好的相互配合的关系；(3)打破传统的地区关系，建立一种新型的、以市场经济为相互联系的区域经济关系；(4)良好的与中央政府的关系，并得到中央政府在各方面的帮助。

4.4.3 规划目标的分类

区域经济规划的目标往往具有较强的概括性，能够较完整地涵盖区域今后一段时期的奋斗方向。同时，它又具有统揽全局的特点，能够正确地处理各种关系。区域经济规划的目标应当包括下列内容：

——以经济效益为主的目标

充分利用一切可以调动的人、财、物资源，争取在战略制定和实施的期间，取得最大的经济效果。此类目标往往具有较强的号召力。因此，常常将国民生产总值增长若干倍作为区域发展的总目标。例如，日本制定的“1961—1970年度收入倍增计划”，中国制定的“1980—2000年使国民生产总值翻两番”的设想，都属此类。

——以社会公平为主的目标

在经济发展的同时，尽最大的可能，兼顾社会公平。包括缩小地区差距，缩小各阶层居民的收入差距，提高就业，提高落后区域的产业结构，保护环境等等。此类目标常常是经济效益目标的平行目标。例如，中国提出到2000年在全国范围内消灭贫困人口的目标，以达到社会的公平发展。

——以生态环境改善为主的目标

在经济社会发展的同时，更要注意保护环境。指标包括我们在上一章中列出的居住区绿化率、城市人均绿地面积等指标。

4.4.4 规划目标的分解

在具体的发展战略制定过程中，一般用下列具体指标来综合反映效益和公平目标。

——总量目标

总量目标包括：(1)国民生产总值增长目标。包括国民生产总值的总量、人均量，国民生产总值总量的增长速度，人均值的增长速度。(2)工农业总产量增长目标。包括工农业总产值的总量、人均量，工农业总产量的增长速度，人均量的增长速度。(3)地方财政收入增长目标。包括财政收入的总量、人均量，财政收入总量、人均量的增长速度。(4)城镇居民人均收入和农民人均纯收入增长目标。包括城镇居民人均收入的增长速度和农民人均纯收入的增长速度。(5)人口控制目标。人口总量和人口增长速度。

用上述目标值来反映一个地区经济总量的增长和社会公平的基本目标，是比较合适、也是比较常见的。具体指标我们将用专章来讲述。

——分阶段目标

区域经济发展本身具有阶段性，从发展的速度来看，在一段时期内的前期阶段，经济增长的速度较快，随着经济总量规模的扩大，增长的速度会有所减缓。一般在前期阶段侧重于经济的快速增长，总量规模的不断扩大，外延式的扩大再生产。在中间阶段，较多侧重于结构的调整，发展重点的转换和生产水平的提高。而到了后期阶段，更多地是侧重于经济发展水平的提高，经济增长的稳定和内涵式的扩大再生产，侧重于社会公平的实现。

从发展战略制定的时间来看，最短不应低于 10 年，也就是两个五年计划的时间。最好的时限是 15—20 年。时间太短，达不到经济增长要求的周期，且容易变成短期规划，执行者常常注重短期行为；时间过长，不确定因素增加，客观形势变化较大，很难确定发展的目标。

分阶段目标一般是对总目标进行时段分解，依据事前划分的发展阶段，分步骤实施总目标，具体指标应比总目标有所增加。

——分区域目标

区域本身是一个体系，任何一个区域，都可以划分为不同的小区。在中国，经济发展的最基本的区域应当是县级，因为最完整的经济和行政管理体制是到县级为止的，发展项目的审批权限一般也是到县级为止。制定区域经济规划的战略模式，一般应是县及县以上的区域。

县域内的面积仍然很广大，人口亦较多，不同地域的发展水平，规模差别也很大。制定区域性的目标，就是将不同地域的不同功能突出出来，确定不同地域扮演的不同角色。

对于一个区域来说，都可划分为中心区和边缘区。中心区应是以城市为中心的经济发达地域，承担区域经济增长的主要任务，产业结构中第二、三产业占主导地位，并成为未来的人口聚集中心、交通运输中心和文化教育中心。边缘区一般以农业、矿业为主，发展重点是基础产业、交通运输，以及开发区内的优势资源。边缘区的发展必须与中心区结合起来，起到配合中心区域发展、区域相互协调的作用。边缘区可根据功能不同，分成几个功能区，以开发不同特色的地区资源，发展不同特色的地区产业。

在以往的发展战略和规划当中，较多地是根据区域内的自然环境特征划分几个地区，然后分别进行规划。在某些地区（在地域范围较大的情况下）是可行的，但在有些地区容易出现平衡布局、投资分散、中心区域得不到发展的情况。按照区域功能进行分区，采取集中力量建设中心区域的方法，可以实现在最短的时间内形成区域经济增长中心的效果。

——分产业目标

总目标下面的分产业目标，是任何类型的发展战略中都不可缺少的部分。产业目标是总目标在不同产业内的分解。按照最粗的划分，最少要将总目标分解到三次产业上去，形成一、二、三次产业所应实现的目标和产业结构。同时，产业目标也有阶段性，制定不同阶段的分产业实际的目标，可使战略目标更具体，更容易实现。

产业目标与区域目标的结合，是实现产业目标的必要条件。将产业目标分配到不同功能的区域，形成不同区域的产业目标，要求依据不同区域的资源特点和发展特征来确定。

4.4.5 确定规划目标的方法

规划目标的确定一般都采用建立数学模型的方法，通过对影响区域发展的各个变量的分析得到一个最佳的规划目标方案。目前较为常用的方法有线性规划法、动态规划法、投入产出规划法等。

——线性规划法

应用线性规划方法要具备三个基本要素：一个日标函数、一组决策变量、一组约束方程。一个完整的线性规划数学模型从结构上看，包括日标函数和约束条件两大部分，其表达式为：

目标函数：$\max(\min) Z = C_1X_1 + C_2X_2 + \cdots + C_nX_n$

$$\text{约束条件：}\begin{cases} a_{11}X_1 + a_{12}X_2 + \cdots + a_{1n}X_n < (\text{或} >、=) b_1 \\ \vdots \\ a_{i1}X_1 + a_{i2}X_2 + \cdots + a_{in}X_n < (\text{或} >、=) b_i \\ \vdots \\ a_{m1}X_1 + a_{m2}X_2 + \cdots + a_{mn}X_n < (\text{或} >、=) b_m \\ X_j \geqslant 0 (j = 1 \cdots n) \end{cases}$$

式中：Z——规划目标函数

X——决策变量

C——决策变量系数

a——约束条件系数

b——限制常数或约束常数

规划目标多种多样,可以是最大收益、最小成本、最小投资等不同目标,根据影响规划目标的具体因素建立相应的线性规划模型,根据约束条件求得相应的规划目标和各个指标的解的矩阵,从而得到最佳方案。

——动态规划法

线性规划是研究单一阶段规划决策问题的数学方法,动态规划则是解决多阶段规划决策问题的一种数学方法。这种方法首先把一个较为复杂的问题,按时间和空间联系分解成若干相互联系并容易求解的局部问题,然后再根据这些局部问题的顺序关系依次作出一系列的最优决策,把各阶段的状态和决策相互联系起来,共同构成最优决策。

——投入产出规划方法

近年来,投入产出法逐步地应用到区域经济规划工作中,这种方法能够综合地、较为全面地反映区域经济发展方面的情况,并把经济因素以及他们之间的关系用投入产出模型表示出来。

制定区域经济规划的目标,最根本的还是要反映区域经济发展的具体情况和基本的发展要求,应用任何的方法,都应当以达到目的和要求为原则。

4.5 本章小结

本章阐述区域经济规划的三个阶段的内容:指导思想和战略模式、区域定位、发展目标的确定。这三个阶段是区域经济规划的定性研究阶段,要通过这些分析,对区域未来的发展前景有一个明确的把握。

正确的区域经济规划的指导思想，是建立在深入细致的调查研究和理论升华的基础之上的，是对未来发展趋势预测的总结。正确的指导思想一经确立，就将对区域未来经济发展起到巨大的指引作用。区域定位是在我们对区域的发展现状的全面分析的基础上进行的。区域定位也属于指导思想的范畴，或者是指导思想的具体化。

制定区域经济规划，需要选择发展的战略模式，它是研究未来时期内区域经济发展的总体构想，沿着一条什么样的道路前进，形成一种什么样的区域架构。所以，它有许多自身的特征：(1)区域性；(2)预见性；(3)综合性；(4)可操作性。

区域经济规划的发展模式选择，实际上是对某个地区经济发展战略的总结。根据国际上几十年的发展经验，形成了几个成熟的发展模式。(1)初级产品出口的战略模式；(2)进口替代的战略模式；(3)出口替代的战略模式；(4)工业赶超的战略模式；(5)经济、社会综合发展的战略模式。

由于中国区域经济的差异很大，制定发展战略必须要考虑到区域的发展现实情况，因此，我们可以从大的区域出发，归纳出三种不同的战略模式类型：(1)处于待开发阶段的地区的区域经济规划战略模式；(2)处于成长阶段的地区的区域经济规划战略模式；(3)处于成熟或发达阶段的地区的区域经济规划战略模式。

区域经济规划的环境与条件评价是进行区域规划的重要步骤。总量性的评价，一般是为制定目标提供依据；分类的评价，可在目标制定后进行，为制定详细的规划服务。评价的领域包括对自然条件、社会经济条件和制度环境条件的评价。

区域经济规划的目标必须是一个完整的目标体系，分行业、分地域、分阶段来实现。

区域经济规划的目标，具有以下几种性质：(1)规划目标的科学性；

(2)规划目标的完整性;(3)规划目标的层次性。制定区域经济规划的目标,要处理好经济、社会与环境的关系,通过规划目标的实现,同时实现区域的可持续发展。规划目标分为以经济效益为主的目标、以社会公平为主的目标和以生态环境改善为主的目标。规划目标的确定一般都采用定性与定量分析相结合的方法,通过对影响区域发展的各个变量的分析得到一个最佳的规划目标方案。

关键术语

战略模式　区域定位　发展条件评价　规划目标

思 考 题

1. 什么是区域经济规划的指导思想、战略模式与区域定位?
2. 区域经济规划战略模式的一般类型有几种?
3. 为什么经济、社会综合发展的战略模式适合中国的国情?
4. 中国区域经济规划战略模式的类型有几种?
5 区域经济制度环境评价的主要内容是什么?
6. 如何进行区域经济规划的区域定位?
7. 应当从几个方面考虑规划目标的设立基础?
8. 区域经济规划目标如何进行分类?
9. 规划目标可以分解成几种分目标?
10. 什么是规划目标的可实现性要求?

参阅文献

1. 张敦富主编:《区域经济学原理》,北京:中国轻工业出版社 1998 年版。

2. 魏后凯:《21 世纪中西部工业发展战略》,郑州:河南人民出版社 2000 年版。

3. 费洪平:《中国区域经济发展》,北京:科学出版社 1998 年版。

4. 胡兆量:《中国区域发展导论》,北京:北京大学出版社 1999 年版。

5. 王梦奎、李善同:《中国地区社会经济发展不平衡问题研究》,北京:商务印书馆 2000 年版。

6. 陈建军:《中国高速增长地域的经济发展》,上海:上海三联书店 2000 年版。

7. 刘再兴主编:《中国区域经济:数量分析与对比研究》,北京:中国物价出版社 1993 年版。

8. 孙久文、张可云:《中国区域经济与地区投资实务》,北京:人民日报出版社 1998 年版。

9. 陈栋生:《区域经济学》,郑州:河南人民出版社 1993 年版。

10. 刘再兴主编:《中国生产力总体布局研究》,北京:中国物价出版社 1995 年版。

11. 周起业等:《区域经济学》,北京:中国人民大学出版社 1990 年版。

5. 区域空间结构设计

区域空间结构设计是区域经济规划的起点，合理的区域空间结构设计，来源于对区域空间的正确认识。考虑到区域经济规划必须从认识一个区域开始，所以认清一个区域的空间概念是完全必要的。

5.1 区域空间结构的构成

5.1.1 构成要素

空间是人类进行社会经济活动的场所，各项经济活动都是构成空间结构的组成部分。归纳起来，这些社会经济活动在空间上以几种空间形式表现出来，这就是节点、轴线和域面。点、线、面是研究区域空间结构的三个基本要素。

——节点

在一定区域范围内，由经济活动内聚力的作用而产生的极化作用，使经济活动向区域的经济中心集中，这样的中心被称为点或“节点”。

节点是空间结构的最基本构成要素。它有以下特征：

(1)节点有明确的位置。每一个经济活动的中心，我们都可以找到其自然地理位置和经济地理位置，可以在地图上用坐标明确地表示它的所在。(2)节点有大小和形状。由于相互作用的大小不同和着力点不同，在不同地域形成的节点，可能有大有小，并呈现出不同的形状。

例如，平原地带的城市经济中心，可能呈现出同心圆的形状，而山地或丘陵地带的城市经济中心，大多是沿着河流呈带状分布。(3)节点具有不断聚集的作用。在一个节点形成之时，由于其极化作用的存在，城市经济中心本身会不断成长，节点的规模也就随之变大。节点的聚集作用实际上就是增长极的作用。(4)节点内部存在明确的功能分区。节点表现为城市经济中心，如果我们将节点放大来看，就表现为一个城市的内部空间结构，存在着工业区、居民区、商业区和办工区等的功能划分，这种节点内部的功能分区，决定于这个节点本身的地位和作用，是节点经济要素聚集的反映。(5)节点有数量和质量的概念。在一个区域内，节点的数量是可数的，也可以确定一组指标体系，用来衡量节点的质量，如国民生产总值、工业总产值等等。在区域经济规划中，节点的数量和质量对区域的发展影响很大。

——轴线

在一定区域范围内，连接节点之间的线状经济景观，称为"轴线"，如交通线、通讯线路、能源和水资源运输线等等，都是经济轴线的组成内容。轴线一般不能够脱离节点而单独存在。轴线是一个区域内经济活动的基础设施，也是经济活动空间的基本条件，它有以下三个主要特征：(1)轴线有固定的起点和终点。轴线的起点和终点是不同的节点，由于节点的经济发展需要与周边发生各种经济联系，所以需要建设节点之间或节点与周边地区联系的纽带，这就是轴线。(2)轴线有一定的长度和方向。轴线的长度是由轴线联结的节点之间的距离决定的，轴线的方向则是由节点经济活动的规模所决定。经过长期发展，在一条轴线上形成众多的节点，普通的轴线就成为了"发展轴"。(3)轴线有一定的质量标准。轴线的质量就是其经济景观内容的质量，如铁路线有一定的质量标准，能源等线有一定的通过能力等。

——域面

域面是节点和轴线存在的空间基础,一般讲就是我们通常使用的区域的概念,但域面一般是作为经济活动的"底盘"而存在。域面的特征就是一般区域的特征,是区域的质量特征。在区域经济规划中,我们更多地注意域面的范围和域面的质量,域面的范围就是经济活动的范围,所以应当是经济区域的范围,在特定的条件下,是指行政区域的范围。域面的质量是指这个区域的经济发达程度,以及这个区域的资源丰度。

5.1.2 空间要素的作用和空间系统

节点、轴线和域面在区域经济发展中起着不同的作用,区域经济规划的任务,就是要协调好诸要素之间的关系。在空间要素之中,节点是起主导作用的要素,域面是起基础作用的要素,轴线是起联结作用的要素。节点的作用表现出来,是不同的城市功能。有些节点是经济组织和经济管理中心,也有些是交通中心、工业中心、文化教育科技中心等。我们可以简单地将节点的"中心"作用划分为两类:综合性中心和单一性中心。一般地区的中心城市,作为地区的综合性中心而存在,不仅在经济上,在行政上和社会活动上也都是中心。单一性的中心决定于节点上的产业发展,可以是以工业为主的,也可以是以第三产业为主的。

域面对节点来说,是经济中心的吸引地。节点要成长、要发展,必须依靠域面向节点源源不断地供应各种经济要素,包括人、财、物等各种资源。轴线是节点与域面联系的纽带,是经济发展的血管。对节点来说,它是物流通道,对域面来说,它是基础设施。

空间的三个要素的不同组合,形成多种多样的空间系统,每一个系统都会呈现出不同的特色。

(1)城镇系统。由节点与节点共同组成的空间系统是城镇系统，即城镇体系。节点之间的关系很复杂，有从属关系、共有关系、依附关系、松散关系和排斥关系等，不同的关系影响到城镇系统，使城镇系统的设计呈现出复杂化的趋势。大、中、小城市之间，形成等级规模系统。

(2)城市－区域系统。由节点和域面组成的空间系统，也就是城乡系统。由于经济活动向中心节点聚集，在节点周围留下了面积广大的从事农业生产的乡村区域。城市与乡村的系统关系是我们区域经济规划要解决的重点关系之一。

(3)区域网络系统。由轴线与轴线、轴线与节点和轴线与域面组合形成区域网络系统。包括经济枢纽系统、基础设施系统和区域产业系统等。区域网络系统成为区域经济规划方案设计的重点。

(4)区域空间系统。域面与域面之间的关系，形成经济地域系统，也就是我们常讲的区域与区域之间的关系。例如，我国的三大经济地带、七大经济区等，都是宏观地域系统的表现形式。由节点、轴线和域面共同组成的系统，就是区域空间系统。区域空间系统包括等级、规模等结构，也包括区域中心和吸引区域之间的关系。

5.2 区域空间类型划分

认清区域空间的类型要从对区域的划分开始。按照赫特纳的观点，“区划就其概念来说是整体的一种不断进行的分解，一种地理区划就是地表不断地分解为它的部分”①。也就是说，我们首先把地表看作一个整体，然后对地表进行逐层分解，形成一个区域系统。

---

① [德]赫特纳:《地理学》第308页，北京:商务印书馆1982年版。

5.2.1 区域类型

区域的概念最早是在地理学中提出的,地理学的区域是地域单元,是现实中存在的、有自然标识作为区别特征的地域单元。如:华北平原、黄土高原、塔里木盆地等,形象特征都十分鲜明。自从人们认识了区域,区划就成为人们对区域内部的组成及区域之间相互关系认识的一种必要手段。事实上,人们对区域的观点和对区划的观点是紧密相连的。对于整体的分解,可以有不同的分解办法,分解成不同的系统。有两类系统对于我们认识区域是十分重要的:

——类型区与系统区

(1)类型区。类型区的划分是依据区域的相同性或相异性的关系,即区内的相同性和区际的相异性来划分的,显然,这是一种静态的排列。类型区的划分需要有明确的标识,这种标识可以是自然的,也可以是经济的,然后通过主成分法去提炼和归纳。类型区在区域研究中之所以显得重要,关键在于它所表现出来的是一个区域在自然景观和经济景观的类型差异性。差异研究是区域研究的生命,有差异才有类型。但是,我们必须防止一种倾向:由于经济发展使得经济性的标识日趋重要,因而人们常常忘记了还有自然的存在,或者把自然当作了经济的附属物。

(2)系统区。系统区是区域之间位置关系和相互作用关系的一种表现形式。系统区的划分是将位置相连的区域放在一起,并不强求自然和经济的统一性,而仅仅是去研究它们之间的相互关系。例如,如果我们把一条河流的整个流域作为一个系统区,那么河流的上游、中游和下游之间的所有自然和经济特征可能都是迥异的,但所在位置上的相连,使我们完全有必要把它们看作是一个整体来研究。先研究整体的特征，再研究各部分的特征。

——行政区域与经济区域

(1)行政区域。从国家管理的角度认识区域，认为区域是国家管理的行政单元，国家按照需要，划分各类行政区域，形成一个行政体系，这种体系的每一个部分，都是一个区域。行政区域是一种管理区域，它含有地理区的特点，也带有经济区的特征，涉及一个国家的政治、文化、民族、国防、历史等多方面的因素。行政区域与经济区域最大的区别，是行政区域有固定的政府对整个区域进行管理。

我国由于历史的原因，经济运行一般是按照行政区来进行的，所以给人们一个错觉：认为行政区经济就是区域经济。实际上，这是不准确的，或者说中国的情况只是一个特例。在完善的市场经济条件下，所谓行政区经济是不存在的，只存在真正意义上的"区域经济"。

(2)经济区域。经济学认为，区域是国家经济体系中的一个完整的经济地区，具有完整的经济结构，具有完善的经济运行机制，是一个完整的经济单元。经济单元与行政单元在地域空间上的一致，是我国区域经济发展在目前阶段的一个重要特征，也是区域经济规划一般按照行政区域来进行的重要背景之一。

按照行政单元来管理区域经济，有着特定的历史条件：

首先，地方政府作为地方民众利益的代表，区域的社会进步和人民生活水平的提高，是其政治上的根本目标。实现这些目标，必须要以经济实力为后盾。发展经济是地方政府任何时候、任何情况和任何体制下都不能放弃的任务。其次，地方政府是地方性资源的管理者，土地、矿山、劳动力，一般都有一定的行政归属，区域经济发展离不开这些资源，所以也就离不开地方政府。资源的区域归属是区域经济运行的重要特点之一。最后，区域经济作为市场经济的重要组成部分，需要有完善的法律法规作为保障，也需要造就一种公平竞争的市场环境和市场秩序，这是各级政府进行区域管理的任务。

在区域经济规划中，我们使用什么样的区域概念呢？很显然，我们使用的是经济区域的概念，或者说是经济单元与行政单元在地域上相一致的经济区域的概念。由于行政单元是经济存在的区域系统，区域经济规划必须按照行政单元或超行政单元来进行，所以区域的划分就不再是研究区域最初是如何划分出来的，而是要对现有的区域进行类型的划分，指出本类型包括哪些行政单元。

5.2.2 区域空间类型及其划分

在空间上，区域由于其性质的不同和位置的关系，形成了区域的空间类型。

——区域空间的分类

区域自身的复杂性，使得对区域空间进行分类以便于具体指导区域发展变得十分重要，包括政策的制定、产业的选择，都会因为区域类型的不同而出现不同的特征。

(1)按照区域的不同位置分类。按照区域的不同位置，可以划分出核心区与外围区。这是按照一个国家不同区域所处的位置关系进行的区域划分。核心区指一个国家中政治、经济、文化都处于统治地位、领先地位的地区，如美国的北大西洋和五大湖地区、日本的关东地区等；那些处于被领导的地区，则是外围区。

(2)按照区域的经济发展水平分类。按照区域经济发展水平的高低，可以将区域划分为发达地区与落后地区。目前使用的最主要的指标是人均收入水平，以此代表区域的经济发展水平。

(3)按照区域的产业构成分类。按照区域的产业构成进行的区域划分，可划分为工业区与农业区等。工业区指那些以第二、第三产业为主的地区，农业区则指农业生产为主的地区，工业区与农业区的区别，在现代社会并不完全代表区域的发达与否。

——核心区与外围区

目前在我国的区域经济规划实践中，从研究区域的整体发展出发，基本上是按区域的不同位置进行的区域划分。划分区域类型是区域经济规划的前期工作之一，区域类型的划分，相当于给一个区域定性，然后使用不同的规划原则去指导不同类型区域的区域经济规划。

(1)核心区域。核心区域是我国目前发展最快的区域，集中了国家大部分的科技力量和工业企业，是国家的政治、经济、文化和对外贸易中心。核心区域聚集了全国主要的大城市，形成了长江三角洲、珠江三角洲和京津唐等大都市区。这些区域的集中发展，往往带动了附近的区域，也有可能阻滞落后地区的发展。

(2)外围区域。外围区域是以广大的西部地区为主的、以资源产业为中心的区域。这里的大城市相对东部较为稀少，中等城市不是很密集，中心城市带动全区经济发展的能力还比较低。这类区域的发展条件差，发展需大量的投资和先进的技术，这些都是外围地区本身所不能解决的。在发展初期，投资的效率一般较低，主要与基础设施和投资环境落后有直接关系，所以对外围区域的开发，往往是从基础设施的建设开始，把改变外围区域落后的发展环境作为首要的任务。

(3)过渡区域。过渡区域是界于东部大都市区和西部外围区域中间的区域，这些区域可分为三类：一是经济已有一定的基础，但仍然以农业为主体的地区；二是由于技术进步较慢、体制改革跟不上先进地区、失掉市场或资源枯竭等而开始出现生产停滞、人口外流、市政设施落后、人均收入增长较慢、失业严重的地区；三是以能源和原材料生产为主的地区。要发展这些地区，需要大量的投资，用来保证经济和社会等各方面的发展。

核心区与外围区的判断通常用人均 GDP 的标准化值为标准。计算方法如下[①]：

$$\text{某地区人均 GDP 标准化值}=\frac{\text{某地区人均 GDP}-\text{全国人均 GDP}}{\text{各省市人均 GDP 的标准差}}$$

公式中，全国的平均值和标准差均按加权平均法（以各省区市人口数加权）计算。显然，当某省区的人均GDP高于全国平均值时，标准化值为正，否则为负。核心区与外围区的判断指标值各有不同，人均GDP的标准化值大于0的省区可视为核心区。

我国的核心区、过渡区和外围区与我国目前划分的"三大地带"极为类似，或者说"三大地带"就是反映了核心—外围的关系（见表5—1）。

表 5—1　中国目前的核心—外围区与三大地带比较

三大地带	东部地区 辽宁、北京、天津、河北、山东、江苏、上海、浙江、福建、广东、广西、海南	中部地区 吉林、黑龙江、内蒙古、山西、河南、湖北、湖南、安徽、江西	西部地区 陕西、甘肃、青海、宁夏、新疆、重庆、四川、云南、贵州、西藏
核心—外围区	核心区 北京、天津、上海、江苏、浙江、福建、广东、山东	过渡区 辽宁、吉林、黑龙江、山西、河南、湖北、湖南、安徽、江西、重庆、四川、陕西、广西、海南、河北	外围区 内蒙古、云南、贵州、西藏、甘肃、青海、宁夏、新疆

规划区域也需要划分核心区与外围区。核心区是在区域经济发展中居于主导地位、经济增长快、发展质量高的地区；外围区则是指经济发展相对缓慢、发展水平比较低的地区，处于经济技术低梯度上，接受核心区的经济技术辐射而得到发展。区域空间规划应当论证核心区与外围区的关系，探讨核心区带动外围区发展的途径。

---

① 孙久文、叶裕民：《区域经济学教程》第275页，北京：中国人民大学出版社2003年版。

——发达地区与落后地区

发达地区与落后地区的划分，是根据人均 GDP 的值来确定的，同时使用其他的辅助指标，形成一个指标体系，斯蒂格里茨对发达与落后地区划分的标准如表 5－2 所示：

表 5—2 发达国家与发展中国家之间存在的某些重要区别

项目	发达国家	发展中国家
人均年收入	超过 6000 美元	低于 580 美元
生产/就业	农业部门中的劳动力不超过 1%	70%以上的劳动力在农业部门就业
城市化	不超过 3%的人口生活在农村地区	60%以上的人口生活在农村地区
人口增长率	低于 1%	通常高于 3%

资料来源：斯蒂格里茨：《经济学》（下册）第 396 页，北京：中国人民大学出版社 1997 年版。

划分发达地区与落后地区，主要是从人均的收入水平来衡量，也就是经济发展水平，同时注意到该区域内农村、农业和农业人口的比例。实际上，发达与不发达的区别，可能还要更复杂一些，涉及地区间的政治、经济、文化、社会各方面的发展水平的差距，产生这种差距的原因也有很多，包括自然条件、社会经济条件、制度因素、文化因素等多方面原因。

为了研究方便，同时也有助于对区域发展状况的更深入、正确的了解，有时我们还根据各个地区的经济发展水平进行更进一步的划分，例如划分为低收入地区、下中等收入地区、上中等收入地区和高收入地区等。1997 年世界银行的划分标准是：

低收入国家和地区：人均 GNP785 美元以下；

下中等收入国家和地区：人均 GNP786－3125 美元；

上中等收入国家和地区：人均 GNP3126－9655 美元；

高收入国家和地区：人均 GNP9656 美元以上。

中国不同收入地区的划分，由于各省市区经济发展的速度变化很大，因此宜选用动态的指标。划分方法如下：[1]

低收入地区：人均GDP低于全国人均75%的地区；

下中等收入地区：人均GDP在全国人均75%—100%的地区；

上中等收入地区：人均GDP在全国人均100%—150%的地区；

高收入地区：人均GDP在全国人均150%以上的地区。

按照这种标准分类，中国各省市区在收入划分中的归属随人均收入的变化而产生变动。

表5—3 各省市区人均GDP与全国人均GDP的比值(2007)

北京：307%	天津：244%	河北：105%	山西：89%	内蒙古：134%
辽宁：136%	吉林：102%	黑龙江：98%	上海：351%	江苏：179%
浙江：198%	安徽：64%	福建：137%	江西：67%	山东：147%
河南：85%	湖北：86%	湖南：77%	广东：175%	广西：66%
海南：77%	重庆：77%	四川：68%	贵州：37%	云南：56%
西藏：64%	陕西：77%	甘肃：55%	青海：75%	宁夏：77%
新疆：90%				

资料来源：根据2008年《中国统计年鉴》计算得到。

根据上表计算，我国按收入水平的分区是：

低收入地区：安徽、江西、广西、四川、贵州、云南、西藏、甘肃；

下中等收入地区：山西、黑龙江、河南、湖北、湖南、海南、重庆、陕西、青海、宁夏、新疆；

上中等收入地区：河北、内蒙古、辽宁、吉林、福建、山东；

高收入地区：北京、天津、上海、浙江、江苏、广东。

如果我们对照一下表5—1和表5—3，会发现高收入地区与核心区的区域范围大体上是重叠的，上中等收入地区和下中等收入地区与

① 参见胡鞍钢等：《中国地区差距报告》第28页，沈阳：辽宁人民出版社1995年版。

过渡地区大体上是重叠的，外围地区与低收入地区大体上是重叠的。这说明，核心区一般就是高收入地区，外围区则包括了所有的低收入地区。

——工业化地区与农业地区

对区域进行分析，还需要了解工业化地区与农业地区的区别，这两类地区是按照产业结构的不同来进行划分的。具体的方法有：

第一种方法：霍夫曼定理法。

工业化是区域经济结构转变的重要内容，在工业化过程中，生产资料的生产在工业生产中的比重不断上升，并超过消费资料的生产，这是工业化进程的重要特点。衡量这种变化的程度，一般用霍夫曼比例进行：

霍夫曼比例＝消费资料工业的净产值/生产资料工业的净产值

随着工业化程度的提高，霍夫曼比例不断下降：

第一阶段：	霍夫曼比例	5(±1)；
第二阶段：	霍夫曼比例	2.5(±1)；
第三阶段：	霍夫曼比例	1(±0.5)；
第四阶段：	霍夫曼比例	1以下。

一般讲，生产资料生产属于重工业，消费资料生产属于轻工业。重工业在工业生产中的比重增大是工业化过程当中的必然趋势。当工业化达到一定的程度之后，重工业的比重将大体上处于一个稳定状态。从区域的角度出发来分析轻重工业的比例，必须注意到区域经济的特殊性。由于各区域并不要求形成完整的工业体系，且各区域都有自己的区域优势，加之无限制的区域贸易的存在，在一个国家的内部将形成重工业区域与轻工业区域的区别，所以，用霍夫曼比例衡量区域经济结构的变化，有一定的局限性。但是工业化的过程，对任何区域来说，都符合霍夫曼定理的质的规定性，即当一个国家实现了农业向工业的转

移之后，在现代更表现为向高新技术产业的转移。

我国目前工业化过程中碰到的一个最敏感的问题是农村工业化问题。乡镇企业、私营企业纷纷在广大农村出现，使农村成为新的工业小区。如何评价农村工业化？如何衡量农村工业化的程度？显然不能完全用霍夫曼定理来为其定性。由于农村工业化涉及的农村人口如此之多，以致我们不能不考虑给农村工业化下定论是多么地危险，因为如果误导了农村工业化的政策，将影响几亿人的生活和出路。

实际上，我国的农村工业化是农业向工业就地转移的一种表现，也就是说属于工业化的第一阶段。这就出现了一个有趣的问题：从总体上看，我国的工业化已经达到了工业化的第三个阶段，但在区域内部，还有相当一部分地区停留在第一阶段。工业化水平的差异，已经成为城乡差异和二元结构的具体表现。

第二种方法：工业化进展程度法。

其公式如下：

工业化进展程度＝(制造业增加值/国民生产总值)×100%

日本学者井村干男设置的标准是：比值在10%以下，为工业化第一阶段；在10%—17%之间，为工业化第二阶段；比值在17%—23%之间，为工业化第三阶段；比值在23%以上，为工业化第四阶段。这个标准提出的年代较早，对于今天来讲，情况已经有了很大的变化。

5.2.3 我国落后地区基本社会经济特征分析

无论外围区、低收入地区还是农业地区，在我国都表现为落后地区。

——社会经济特征的一般表现

我国的落后地区一般的社会经济特征是：社会发展和经济发展水平处于全国的平均水平之下，社会经济结构以农业或单纯的资源型产业为主，当地居民的收入水平与发达地区相比十分低下，发展的动力不足，束缚经济社会发展的政治、经济、社会、文化和自然因素较多。

具体来说其特征表现为：

(1)经济发展落后与所处的生存环境有直接关系。如自然环境较差的深山区、干旱地区、边疆地区、土地贫瘠地区和矿山的采空区等，或者是经济结构性失调、文化教育落后、社会基础设施缺乏的地区。落后的根源既有自然的原因，也有社会和经济发展的原因。

(2)落后地区在较长时间内难以自我摆脱困境。这主要是因为落后地区自我发展的机能不完善，资本缺乏，常常容易落入贫困的恶性循环。

(3)落后地区政治、经济、社会的改革速度相对较慢，各项改革措施的作用力度往往较弱，这也决定了落后地区开发必须具备全面性和综合性。

——分布特征

从我国落后地区的分布看，主要有以下规律：

(1)西部自然环境较差的地区。如我国西南地区的石灰岩地貌地区，或者红土丘陵地区，这里土地贫瘠，耕地少，缺乏人类生存的环境条件。西北的黄土高原地区、华北的山区、沙漠地区、退化的草原地区等等，都具有这种特征。(2)文化教育相对落后的地区。如西部某些自然环境较好，但文化教育水平较低、人口中文盲较多的地区。这些地区很多人不是不具备接受现代科学技术的基本条件，就是传统观念较浓厚，缺乏现代商业文化和发展理念。这些地区的有些人，至今仍然对经商、赚钱有鄙视的看法，不愿意经过艰苦的劳作来改善生活，小富即安，盆地意识强烈。这些都造成了地区发展的落后。(3)位置偏僻且基础设施薄弱的地区。一些地区由于其位于内陆深处或交通不便的区位条件，与沿海发达地区的经济往来较少，缺乏发展现代经济的基本要素，经济发展水平停留在一个较低的层次。这类地区开发的关键，是加强基础设施建设，创造社会经济发展的最起码的条件。

——产业结构特征

产业结构单一是产业结构的主要特征。主要表现为第一产业比重高、农业战线过长。地区工业结构有趋同的态势，而且多数地区都将支撑经济腾飞的产业集中在资源型的主导产业和骨干企业上。

落后地区的产业结构处在产业结构演变的低级阶段，从其三次产业的比重看，基本上处在起飞前的准备阶段，有些地区甚至处在与传统社会相似的阶段，这也是束缚落后地区经济起飞的重要原因。按照结构变化的观点，经济发展在结构上的表现应当是生产要素从效益低的产业部门转向效益高的部门。如果落后地区的生产要素始终都集中在效益低的农业或矿业部门，则无法创造经济起飞所必备的前提条件。

从地区发展的能力上看，主要表现为两个方面的缺陷：一是地区财政入不敷出，长期靠国家财政补贴过日子；二是输出低附加值的初级产品，投资回报率低，又受到了外界市场需求变动的威胁，没有经济的自主、自立性。

——社会发展特征

(1)文化教育落后，文盲、半文盲人口比较多。我国的文盲和半文盲人口，大多分布在西南和西北地区，而落后地区缺乏教育机构以及教育水平较低，又是这些地区文化教育落后的直接原因。(2)科技力量薄弱，人才缺乏十分突出。现代社会争夺人才是一个普遍现象，社会的发展需要培养一大批有用的人才，落后地区科技力量的薄弱，表现在本身的人才较少，又缺乏吸引人才的有效机制，区外的人才不愿进来，本地的人才都打算流向沿海地区。(3)社会的发展滞后。由于上述诸多原因的综合作用，落后地区社会发展滞后是一个事实。这种落后的是多方面和全方位的，包括观念落后，思想上的保守，干部工作能力的低下，地方政府行政能力的弱化，市场发育的不完全等。

对落后地区的经济开发是通过制定区域经济规划来实现的。落后地区的开发程度低，资源丰富，发展的潜力也大，所谓的后发优势就是落后地区在现代科技的武装下，通过加速发展，在尽可能短的时间内能够赶上发达地区。后发优势就是把潜在的经济优势，变成现实的经济优势。

区域开发是变潜在优势为现实优势、发挥后发优势的具体行动。区域开发是落后地区摆脱落后状态的一种必然的过程。分类规划的目的在于分类指导。不同类型地区需要有不同的开发和发展政策与战略，分类进行的区域经济规划是制定战略与政策的基础性工作。我国各地区在经济发展过程中，总结出许多不同的发展模式，如苏南模式、温州模式、珠江三角洲模式以及西部开发模式等，都对我国的区域发展起到了指导性的作用。模式的应用关键在于分类，某个模式的应用范围，常常被限制在某个特定的区域范围，这是区域经济学的区域性特征的具体体现。

5.3 区域空间结构设计

区域空间结构设计是对规划区域的整体布局和安排。这种区域布局不同于产业布局，不是单一的要素分布，而是综合要素的整体分布，对一个区域所有土地的全盘的安排。

5.3.1 区域增长中心的确定

区域空间规划的第一步是确定这个地区的区域经济增长中心。在区域经济发展当中，由于不平衡增长模式的存在，集中投资可以产生高的投资效果，促进各类产业迅速发展，带动所在地区的发展。把投资集中在一个中心城市，特别是城市中的工业和第三产业，可以促进城市的快速增长，从而带动整个区域的发展。选择一个城市作为经济中心，要求这个城市必须具备一定条件：

(1)具有一定的人口规模和经济规模。要想成为一个地区的经济中心城市，必须有一定的人口和经济规模，城市大，吸引力就大，吸引的范围就广。城市居民的消费能力大，城市的市场也增大，带动区域内消费产业的发展的能力也大。

(2)具有先进的城市经济和服务、管理体系。经济中心城市不但要自己发展，还要带动区域经济发展，必须有先进的经济体系，能够为区域而不仅仅是城市本身的人民和经济发展服务。由于城市的工业和第三产业发展很快，通过前向和后向联系，区域内的相关产业也会随之发展起来。因此，城市经济中心的建立是抓重点带全局的发展战略。

(3)具有完善的城市基础设施。基础设施是城市经济增长的必要条件，工业和第三产业的发展对基础设施有很大的依赖性。完善的基础设施对整个区域的发展也有相当大的影响，包括区域的工业部门选择、产业的区位选择等。

在经济发展的过程当中，城市化与工业化是互相联系、互为条件的。工业在城市的发展，促进了城市化的进程，也使城市成为交通和通讯中心，并在工业生产的带动下，成为行政和金融中心，是商业繁盛之地。作为经济中心城市，必须建设良好的基础设施，包括行政管理、信息联络、交通运输、金融财政等服务设施，致力于克服存在的交通拥挤、环境污染等问题。作为经济中心城市，专业化生产是其应当追求的发展方向。任何一个城市都没有必要追求生活和消费各个方面的自给自足，要防止“大而全”和“小而全”。城市经济中心要加强与其他城市及周边地区的经济交流关系，向其他城市开放自己的市场，也充分利用其他城市的市场。通过中心城市之间的经济交流，可以使城市之间的经济增长互相协调。

区域经济增长中心并不局限于只建设一个，区域空间结构可以采取双中心或多中心的模式，也可以在主中心周围建设副中心。例如，北京市的中心区域中关村、经济开发区、CBD等已经发展比较成熟，如果经济增长的圈子能向外更快一些扩散，经济总量就能上一个新台阶。在北京周边培育一些经济的副中心，如通州、顺义、昌平、大兴等就可以达到这个目的。再如上海周围也有昆山、苏州、嘉兴等副中心。

我国长江三角洲地区的上海市、珠江三角洲地区的广州和深圳市、京津唐地区的北京市和天津市、东北地区的沈阳市等，都在扮演区域经济增长中心的角色；而对于市域和县域来说，城市中心区和县城所在地，一般都是该区域的经济增长中心。

5.3.2 中心城市与外围吸引区域的关系协调

区域空间规划的第二步是协调这个地区的区域经济增长中心与外围吸引区域的关系。一般讲，整个规划区域都应当是外围吸引区域。但是，由于经济区与行政区的边界的不统一，有时规划区域有一些部分属于其他的区域经济增长中心的吸引范围，也有时本地的区域经济增长中心吸引范围超出本行政区的范围。例如，北京市的面积只有16800平方公里，但北京城市的吸引范围应当是整个的京津冀北地区。

对一个区域来说，中心—外围关系也表现为中心城市与周边地区的关系。协调中心—外围关系的具体措施主要有：一是加快实现中心城市的现代化，即尽量运用高技术，实现工业和农业现代化生产，提高生产率和增加生产量。二是通过城乡一体化的发展经济模式，组织生产综合体，促进城乡经济有机结合，促进城市经济和技术向农村渗透和扩散，促进农村与城市的协调发展。

在所要协调的关系当中，城市区域与农村区域的关系是最重要的。

城市区域与农村区域的发展存在一定的矛盾。这些矛盾是:(1)经济空间分布的矛盾。由于工业集中在中心城市发展,造成了区域生产和经济空间分布的不平衡。因此把部分工业分散到中小城市,甚至分散到农村,正在成为一种发展的趋势。北京、上海这样的大城市,都出现了制造业郊区化的趋势,反映出经济空间分布矛盾的缓解。(2)社会经济关系上的矛盾。城市与农村在人均收入方面的差距很大,城市区域的居民生活水平高,社会服务设施齐全,在这些方面农村区域有很大的差距。解决矛盾的途径是加强对农村地区的资金投入,健全交通和信息网络,发展贸易、金融、文化等第三产业。(3)产业结构的矛盾。每个区域的生产条件都不同,因此产业结构也会不同。如果区内农业比重大,要保持农业的基础地位,就要增加对农业的投入;如果是工业区域,就必须对农业的发展制定服务城市、服务工业的目标。城市第三产业的发展一般都很快,如何加快农村地区的第三产业的发展,是目前摆在我们面前的重要任务。(4)人口迁移的矛盾。人口一般的迁移方向是从落后地区到发达地区,从农村区域到城市区域。这是人口迁移的经济动力所决定的。在经济发展过程中,工业化程度愈高,城市人口愈多,中心城市也愈发达,吸引的农村来的移民就越多。但农村人口向城市的过量和无序迁移,造成城市中严重的失业现象,也使农村地区缺乏具有一定技能的劳动力。要解决这个矛盾,必须对人口的迁移进行有力的指导和管理,并鼓励人口在城乡之间的双向流动。解决这些矛盾的办法是统筹城乡发展,加快城乡之间的要素流动,增强城市对农村的援助的力度。

5.3.3 区域发展轴、发展带的确定

区域空间规划的第三步是确定这个地区的区域经济发展轴和发展带。区域经济发展轴是指规划区域经济聚集的主要轴线,该区域的经

济增长中心应当位于这些发展轴上;发展带是指由一定的交通、通讯和能源供应线构成的带状区域,是规划区域未来发展和产业聚集的重点地区。

区域经济增长中心、主要发展轴线和发展带之间也有一个协调问题,有时需要对其相互关系进行强制性的协调,这就是对规划区域的管制协调。

管治协调的方法:根据区域空间发展要求与生态环境约束要求,重点进行产业空间组织、城镇空间发展、基础设施建设、环境保护等多要素的空间整合,提出具有针对性的控制管理内容与协调要求。管治手段应体现强制性、指导性并重。对影响区域生态环境的规划建设、重大区域基础设施的空间布局提出强制性协调要求。

例如,北京在 2004 年最新规划的空间结构中,明确提出"两轴——两带——多中心"城市空间新格局。按照这个规划,北京城市空间发展战略将发生重大转变。"两轴"是指传统中轴线和长安街的延伸,是北京城市的精髓,全面实现保护与发展,从空间布局上体现首都政治、文化、经济职能的发挥;"东部发展带"北起怀柔、密云,重点发展顺义、通州、亦庄,东南指向廊坊、天津,与区域发展的大方向相一致,应主要承接新时期的人口产业需求;"西部生态带"与北京的西部山区相联系,既是北京的生态屏障,又联系了延庆、昌平、沙河、门头沟、良乡、黄村等,应实现以生态保护为前提的调整改造,各级城镇主要发展高新技术、高教园区等环保型产业,为北京建成最适宜人类居住的城市奠定基础;"多中心"是指在市区范围内建设不同的功能区,分别承担不同的城市功能,以提高城市的服务效率和分散交通压力,如 CBD、奥运公园、中关村等多个综合服务区的设定,在市域范围内的"两带"上建设若干新城,以吸纳城市新的产业和人口,以及分流中心区的功能。为实现这一目标,北京将调整城市空间发展战略,有机疏散旧城,战略转移市域,重新整合村镇，协调区域发展，构筑以城市中心与副中心相结合、市区与多个新城相联系的新的城市形态。① 这个空间规划，将摆脱北京过去那种同心圆式的由中心城区向周边圈层扩散的“摊大饼”的城市空间发展模式，从而使北京的社会经济发展进入一个新的空间里面。（见图 5—1）

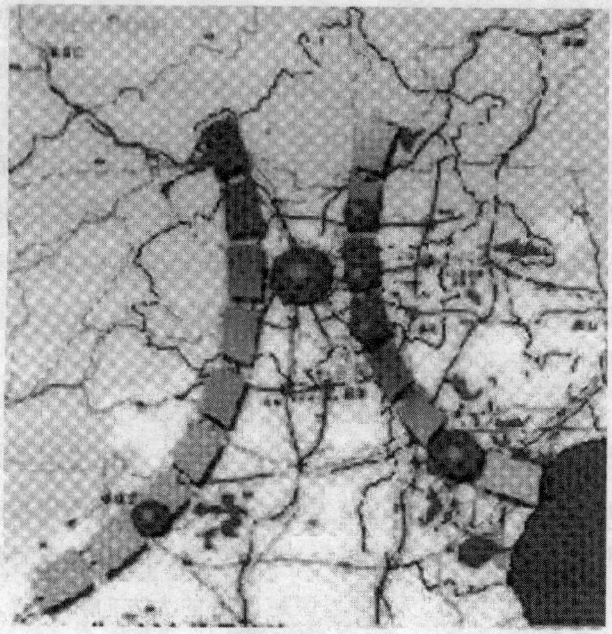

图 5—1 北京 2004 年最新规划的空间结构

5.3.4 产业园的区位选择

区域空间规划的第四步是确定这个地区的产业园的位置。区域经济增长要靠产业发展来支撑，产业发展必须有一定的空间来分布。产业园是以发展现代制造业为主体形成的产业聚集区，包括：(1)工业园

① “北京酝酿城乡大挪移”，http://www.qianlong.com，2004-02-21 17:33:01。

区。以工业开发为宗旨，以招商引资为主线，以高新技术产业带动传统产业发展的企业集群形式。(2)出口加工区。以来料加工、面向国际市场的工业园区为主体，往往具有免税的功能，与内部相互隔离。(3)专业性产业聚集区。以生产某一类或几类产品为主的、没有固定区域界限的新产业区，是生产成本很低、竞争力很强的现代工业品生产基地。(4)现代农业园区。代表现代农业发展方向的新型农业区。(见图 5—2)

图 5—2 秦皇岛经济技术开发区总体位置图

资料来源：陆大道：《区域发展及其空间结构》第 206 页，北京：科学出版社 1998 年版。

——产业园的布局要求

(1)要求靠近市场。在技术日新月异、企业竞争激烈的情况下，只有靠近市场，靠近用户，才能及时发现需要，开发新产品，加快产品更新换代，并做好售后服务工作。(2)要求优良的基础设施。水、电、气、通讯设施方便，靠近国际机场或海港，靠近高速公路，离中心城市的距离不能太远，方便职工上下班。(3)要求具有完备的第三产业支撑。要有产业发展所需要的设备、材料等上游产业和服务部门，综合配套能力强。(4)要求有聚集性。一般产业都有聚集效应，企业聚集在一起，可以在资源共享和竞争中相互利用和促进。(5)要求良好的周边环境和生活质量。任何产业的从业人员都希望在环境优美、空气清新、水质良好的地方工作，希望子女上学方便、交通便利、住房条件优越等。(5)要求有优良的投资软环境。即优惠的地方政策、优良的法律、财务、专利、工商及进出口服务。

——高新技术产业园的布局要求

高新技术产业园是由研究、开发和生产高新技术产品的大学、科研机构及企业在一定地域内组成的技术—工业综合体。包括：(1)科技园。依托大学和科研机构所形成的科技园，科研机构是开发的中心，高新技术企业处于从属的地位。(2)技术城。以技术开发为支柱，发展高新技术产品的生产为辅助，形成科研—生产的综合体。(3)高新技术产品加工区。利用高新技术，生产高新技术产品，形成高新技术产品的生产基地。

如果是建设高新技术产业园，除了上面产业园的布局要求外，还有一些特殊的要求：(1)要求靠近科研机构和大学。可就近聘请到高级科技人才，最快获得最新的科技成果，可与科研机构和大学共享先进设备和实验设施，这样能保证强大的产品研发能力，保证技术人才的提供。(2)要求有高级的企业管理人才和高素质的劳动力。因为高新技术产业竞争激烈，只有高级的企业管理人才才能正确领导企业；同时高新技术产业的生产设备先进，只有高素质、受过训练的劳动力才能胜任。(3)要求能靠近投资机构。由于高新技术产业属于资金和技术密集性产业，高产出、高风险，需要充足的风险投资。因此，不仅要能提供资金，还要能帮助企业进行管理，传授经营管理经验。(4)要求该地区具有创业精神的城市气氛。如旅游城市就不适合布局高新技术产业，因为那里的城市气氛过于轻松散漫，不适合高度紧张、竞争激烈的高科技创业精神。[①]

——产业园建设中的几个问题

目前在我国出现的开发区过多、过烂的问题，并不是产业园不能搞，而是要有一些基本的要求，如果达不到要求，就不应该上马。

(1)产业园建设的基本要求问题。首先是保护耕地的要求，在耕地总量平衡的前提下，拿出一定的土地建设产业园；其次是投资量的要求，从土地的产出效果来看，每亩地的一次性投资应当在50万—100万人民币；再次是基础设施建设的能力问题，要看这个地区的政府有没有能力建设完备的基础设施；最后是产业园的数量问题，如果现有的产业园还没有建设好，就不能建设新的产业园，产业园必须一个一个地建，按照区域经济发展的要求去建。

适应都市发展需要，推进工业向园区集中，工业园区的布局调整，要注重与轨道交通、高速公路等现代交通规划相吻合，以重点城镇为依托，促进城镇建设与工业发展良性互动。在一些大城市，郊区的企业没有必要都以当地的农副产品为基础和原料。要把小城镇的工业，当成大城市的大工业来发展。

(2)产业园的企业来源问题。我们应当引导各地区的企业向产业园合理集聚。据有关部门统计，目前我国乡镇企业的布局非常分散，约有80%设在村庄，12%设在集镇，7%在建制镇，1%在县城。这种格局的弊端是：占用土地过多，环境污染严重，农业发展受到影响；从企业角度讲，信息不灵，交通不便，基础设施投资过多，物资流转困难。如果把分散的企业相对集中到产业园，则可以发挥企业的集聚效应，克服上述

① 参见张庭伟："高科技工业开发区的选址及发展——美国经验介绍"，《城市规划》1997年第1期。

弊端。所以，要制定相应的优惠政策，鼓励社会各方面的力量，把新办的企业建在产业园。对已办的企业，可以分别情况，创造条件，逐步搬迁到产业园中来。这些企业应当是各地区产业园企业来源的主体，然后才是吸引外地的企业和外商企业。

(3)农业产业园的建设问题。产业园不是仅仅搞工业，现代农业也可以建设产业园，通过建设现代农业园区推动农业规模化生产。现代农业园区是产业园区的一种扩展形式，主要是推广先进的农业技术，加快农业现代化的进程，加快培育区域的农业主导产业，形成农业的产业化经营；较一般农业区的技术、资金密集，能够大幅度地提高农业的劳动生产率。推进农业向规模经营集中，不仅要提高人均占有耕地面积，而且要通过土地集约化经营来促进农业的规模化生产，提高组织化程度，增强竞争力。上海目前有 12 个市级现代农业园区，已建立农副产品标准化生产基地 7.3 万亩，共引进产业开发项目 306 个，已推出 20 个有影响力的农副产品品牌，吸引资金达 25.6 亿元，有力地推进了农业的规模化生产、企业化经营。

5.3.5 其他功能区的确定

区域空间规划的第五步是确定这个地区的其他功能区，包括主要农牧业区、主要旅游区、主要生态保护区等。

(1)主要农牧业区。主要农牧业区是区域内最广大的产业发展地区，涉及区域的经济发展基础，应当充分重视。要保证一定面积的土地种植粮食作物。养殖业要有明确的地域界限，要防止现代养殖业对区域土地和水源的污染。(2)主要旅游区。主要旅游区的确定要依据区域的山水风光、文化古迹的分布状况，划定具体的范围，要保证旅游区内的生态环境的质量，在任何情况下都不在旅游区建设有污染的工业企业。(3)主要生态保护区。主要生态保护区是规划区域的生态屏障，对这类地区划定之后，要交地方的立法机构立法保护，划定红线，在任何情况下，都不能突破红线进行开发建设，保护区内的产业发展必须以不破坏环境为标准。

区域空间规划应当侧重解决三个问题，以保证新型区域空间的形成。(1)快速交通体系建设问题。轨道交通网和快速道路系统是区域空间结构调整的基础，区域空间结构规划必须提出有针对性的交通发展策略。(2)控制城市发展中的无序蔓延问题。规划应防止城镇连绵区的过度开发，要划定城市之间的控制地带，严格限制控制地带的建设活动，形成集聚有序的区域空间结构形态。(3)加强区域的生态环境保护问题。生态保护和环境治理是区域空间结构规划要重点解决的问题，但大气和水质污染往往是跨区域的，所以必须由区域之间的协调来解决。

5.4 影响区域空间结构规划的因素和政策措施

区域空间结构规划是包括区域的经济、政治、社会、文化及自然条件在内的区域综合发展规划，每一个空间形式都涉及下面的全部或部分内容。

5.4.1 制定空间结构规划的影响因素

——经济领域

经济领域的内容主要包括区域的经济发展总水平、产业结构、技术条件、基础设施、市场环境等五个方面。

(1)经济发展水平。主要是指一个地区的经济总量和人均产出量，通常以地区 GDP 和人均 GDP 衡量。形成什么样的区域空间结构，受到经济发展水平的强烈制约。例如，经济发达地区可以形成增长中心、发展轴和发展带，而不发达地区可能只有增长中心，形不成发展轴和发展带。(2)产业结构。三次产业结构，涉及产业特征和工业化程度；产业功能结构，包括不同类型产业与地区的资源禀赋相吻合的程度，认识不同产业在区域发展中的作用。产业结构不同，地区产业的分布就不同，产业园的内容和分布也不一样。(3)技术条件。包括区域的科学技术水平，反映该区域的创新能力，在创造新技术、新设备、新产品方面的能力；还包括人力资源的基本素质，专业技术人员的技术水平和职工的素质、学习掌握新技术的能力等。主要也是影响产业和产业园的分布。(4)市场环境。包括市场规模，由区域收入水平和人口规模产生的对产品和劳务的需求量；市场结构，区域整体上对生产资料和消费资料的需求结构。市场环境决定区域经济增长中心的规模和水平。(5)基础设施。基础设施是指能源、交通、通讯、邮电、给排水、医疗保健等公共服务系统。基础设施构成区域经济发展的硬环境，对区域经济增长中心的规模、发展轴和发展带的规模、产业园的分布起决定性的影响。

——政治法律领域

(1)政治环境。主要是指一个国家的对外开放程度、政局的稳定性以及政府的产业政策和外资政策等，政府的产业政策是为发展地方经济、加速产业结构升级而制定的，外资政策是产业政策的引申。(2)法律制度。法律制度是保证投资者的资金投入能正常运行的重要制度因素。如果法律法规不健全，执法不严，市场的游戏规则不明确，招商引资就很难进行。(3)行政制度。行政制度主要是指如果一个国家或地区各行政部门职能明确，办事效率高，投资者就可以大大降低交易成本，提高企业运行效率。

政治法律条件对区域空间规划中的产业园的建设影响很大，是产业园能不能建设、能建多大规模的决定性要素。

——社会文化领域

社会文化因素主要由各地区的历史文化背景、社会风俗习惯、生活观念及宗教信仰等构成。文化因素的影响,是以丰厚的社会经济资源为发展经济的依托,而这种资源优势的实现又是以深厚的文化底蕴为社会基础的。所以,文化因素在区域社会经济发展中起着本质的、深层次的作用,成为一个地区经济发展的重要源泉。文化资源转变为社会经济资源,进而又转化为现实的经济优势,并在未来的区域经济发展中起到巨大和深远的作用,这应当体现在区域的空间结构规划中。

5.4.2 实施空间结构规划的政策措施

制定和实施区域空间结构规划,必须有相应的政策作保证。这些政策是:

(1)区域市场一体化政策。建设区域一体的市场体系,对区域空间结构调整的进行十分重要。所谓市场一体化政策是指规划区域内的各类市场建设、市场开放都应当执行一个标准、一种管理程序、一揽子投资计划,根据区域经济增长中心、主要发展轴线和发展带的不同位置和在区域中的地位,建设不同种类、面向不同产业和不同人群的市场。

(2)区域产业协调发展政策。区域空间结构规划的核心是产业在空间上的布局,所以要与产业的发展规划和政策结合起来,真正实现产业的合理布局。例如,北京按照新的空间规划,中心城区和两轴以发展第三产业为主,并对不同的中心区赋予不同的功能;东部发展带主要是规划发展现代制造业;西部发展带规划发展高新技术产业等。

(3)区域基础设施建设政策。对规划区域的基础设施进行统一规划和建设,是区域空间规划实现的必要保证。要依照发展轴和发展带的方向,布局主要的快速交通干线,对主要产业区进行能源和水源的重点建设,并使区域内其他地区的基础与主要发展地区相配套。

(4)区域城市化与就业政策。打破城乡分割,开放大城市、卫星城和小城镇就业的多向流动,是推进空间结构调整、农业剩余劳动力转移和城镇化的客观要求和必然趋势;确认劳动者、企业在就业和经济活动中的主体地位,积极果断推进小城镇在内的劳动力市场城乡开放,清理限制歧视农业人口流动就业、向城镇迁移的规定,把政府职能转变到服务、培训和合法权益保护上来。流动就业是城镇人口构成的一部分,城镇政府要把农民流动就业工作的重点,由管制流动转向提供就业服务、培训和权益保护上来,切实维护劳动力市场秩序,保护劳动者就业权益和公民的其他权益。

(5)区域户籍制度政策。长期以来,我国实行以商品粮供应为标准划分农业人口与非农业人口的户籍管理制度。这是造成城乡分割、城镇化严重滞后于工业化的主要原因之一。为加快城镇的发展,必须改革城乡的户籍管理制度。根据中央有关文件,从2000年起,凡在县级市市区、县人民政府驻地及县以下小城镇有合法固定住所、稳定职业或生活来源的农民,均可根据本人意愿转为城镇户口,并在子女入学、参军、就业等方面享受与城镇居民同等的待遇,不得实行歧视性政策。对在小城镇落户的农民,各地区、各部门不得收取城镇增容费或其他类似费用。对进镇落户的农民,可根据本人意愿,保留其承包土地的经营权,也允许依法有偿转让。农村集体经济组织要严格承包合同管理,防止进镇农民的耕地撂荒和非法改变用途,对进镇农户的宅基地,要适时置换出来,防止闲置浪费。

(6)保护耕地政策。在保护耕地和保障农民合法权益的前提下,妥善解决城镇建设用地。发展城镇势必要占用一定的土地,但拆除与合并自然村落又会腾出相应的土地,所以一般情况下可以做到耕地总量的动态平衡。要注意节约用地,真正做到集约用地,通过挖潜,改造旧镇区,积极开展迁村并点,土地整理,开发利用荒地和废弃地,解决小城镇的建设用地。要采取严格保护耕地的措施,防止乱占耕地。为了更有效地保护和利用土地,应把城镇的建设用地纳入土地利用总体规划和土地利用年度计划。应严格限制分散建房的宅基地审批,鼓励农民进城购房或按计划集中建房,节约的宅基地可用于城镇建设用地的总量平衡。

(7)区域性行政管理体制改革政策。区域经济的正常运转和发展壮大,需要有符合规划区域经济社会特点的行政管理体制。建立职能明确、结构合理、精干高效的政府机构和管理体制,是区域发展的必然要求。地方政府要集中精力管理公共行政和公益性事业,创造良好的投资环境和社会环境,避免包揽具体经济事务。要完善城镇的财政管理体制,理顺地区、县、乡镇的财政体制,搞好税费改革,减轻农民和企业的负担。

5.5 本章小结

本章重点是对规划区域的空间结构进行分析,目的是深入了解规划区域的空间构成,为形成分区指导的区域政策提供依据。

区域空间结构的构成要素有:(1)节点。在一定区域范围内,由经济活动内聚力的作用而产生的极化作用,使经济活动向区域的经济中心集中,这样的中心被称为点或“节点”。(2)轴线。在一定区域范围内,连接节点之间的线状经济景观,称为“轴线”,如交通线、通讯线路、能源和水资源运输线等等,都是经济轴线的组成内容。轴线一般不能够脱离节点而单独存在。(3)域面。域面是节点和轴线存在的空间基础,一般讲就是我们通常使用的区域的概念,但域面一般是作为经济活动的“底盘”而存在。

空间的三个要素的不同组合,形成多种多样的空间系统,每一个系统都会呈现出不同的特色,包括城镇系统、城市—区域系统、区域网络系统和区域空间系统。

空间要素在地域上的聚集形成的产业聚集区,可以分为以下三种类型:(1)由于企业在生产过程中相互联系,这些企业共同布局在某一个地域,形成地域产业聚集区。(2)为了共同使用基础设施,一些企业共同布局在某一个地域,形成地域产业的聚集区。(3)为了管理上的方便,一些企业共同布局在某一个地域,形成地域产业的聚集区。今天的管理,其含义已经大为扩展了。

区域类型划分有两类系统对于我们认识区域是十分重要的:类型区与系统区和行政区域与经济区域的划分。区域空间类型可以按照区域的产业构成分类、按照区域的生产性质分类和按照区域的不同位置分类,其中核心区与外围区、发达地区与落后地区和工业化地区与农业地区对于我们认识区域的性质十分重要。

区域空间结构设计的步骤是:(1)确定这个地区的区域经济增长中心,选择一个城市作为经济中心,要求这个城市必须具备一定条件。(2)协调区域经济增长中心与外围吸引区域的关系。由于经济区与行政区的边界的不统一,有时规划区域有一些部分属于其他的区域经济增长中心的吸引范围,也有时本地的区域经济增长中心吸引范围超出本行政区的范围。(3)确定这个地区的区域经济发展轴和发展带。区域经济发展轴是指规划区域经济聚集的主要轴线,该区域的经济增长中心应当位于这些发展轴上;发展带是指由一定的交通、通讯和能源供应线构成的带状区域,是规划区域未来发展和产业聚集的重点地区。

(4)确定产业园的位置。区域经济增长要靠产业发展来支撑,产业发展必须有一定的空间来分布。(5)确定地区的其他功能区,包括主要农牧业区、主要旅游区、主要生态保护区等。

制定规划的影响因素有经济发展水平、产业结构、技术条件、市场环境、基础设施、政治环境、法律制度、行政制度和社会文化等;制定和实施区域空间结构规划,必须有相应的政策作保证。

关键术语

空间结构　区域类型　区域增长中心　发展轴　发展带　产业园

思 考 题

1. 在区域分类中类型区和系统区是如何区分的?
2. 核心区、过渡区与外围区是如何划分的?
3. 发达地区与落后地区的特征分别是什么?
4. 区域空间结构的构成要素是什么?
5. 区域空间结构的表现形式是什么?
6. 区域空间结构规划包括哪些步骤?
7. 区域空间结构规划的影响因素是什么?

参阅文献

1. 魏后凯:《区位决策》,广州:广东经济出版社 1998 年版。
2. 胡鞍钢:《中国地区差距报告》,沈阳:辽宁人民出版社 1995 年版。
3. 胡序威:《区域与城市研究》,北京:科学出版社 1998 年版。
4. 周一星:《城市地理学》,北京:商务印书馆 1995 年版。
5. 同济大学主编:《城市规划原理》,北京:中国建筑工业出版社 1991 年版。
6. 陈才:《区域经济地理学》,北京:科学出版社 2001 年版。
7. 孙久文、叶裕民:《区域经济学教程》,北京:中国人民大学出版社 2003 年版。
8. [美]郭彦弘:《城市规划概论》,北京:中国建筑工业出版社 1992 年版。
9. 《城市规划译文集》,北京:中国建筑工业出版社 1992 年版。
10. [美]约翰·利维:《现代城市规划》,北京:中国人民大学出版社 2003 年版。

11. Pound, N. , Economic Geography, Jonathan Edwards,Dip. U. R. S,1981.

12. Meier,Kenneth J. , Regulation and Consumer Protection , Second Printing ,U. S. A,1995.

6. 产业发展方案设计

区域产业发展规划是区域经济规划的核心部分，主要研究产业发展的条件与环境分析，分析产业的市场竞争力，确定产业发展的目标，提出实现发展目标的途径与措施。

6.1 区域产业类型和发展的条件

6.1.1 规划产业的类型、特点和作用

区域产业发展规划一般是在规划的对象已经确定的前提下，具体制定产业未来发展的目标与途径。产业选择是区域经济发展战略规划应当重点考虑的事情，从地区发展的角度来看，注意各类规划的连续性是十分重要的。

对于规划的对象，需要明确：

——产业的类型

规划产业属于哪类产业，基本上能够左右规划的进程。第一产业的发展规划，是农业发展的规划，注重土地等农业资源的开发和利用、农业产品的发展规模和地区布局等；第二产业的发展规划比较复杂，涉及采掘工业、原材料工业和制造业等，要根据不同工业门类的发展规律，进行具体的规划，而建筑业更有自己的发展特点；第三产业规划的门类更多，也更复杂，需要具体分析规划。但无论哪类产业的规划，其

基本的规划程序是一样的。

从产业功能结构来划分产业的类型，确定规划的产业属于哪种类型，往往是从今后政策扶持的角度来考虑问题。对主导产业的政策支持力度大，资金投入量大，考虑到其对区域经济的带动作用，规划的内容一般都十分详尽，常常由地方政府或地方综合经济部门来操作；辅助部门和基础部门的规划，更多是由地方的主管部门来主持。

——产业的特点

产业的特点因产业的类型不同而有很大的区别。产业特点对规划的影响在于，不同的产业需要不同的内外发展环境，要求相匹配的资源、资金和劳动力。这些特点有：

(1)产业的组织特点。不同类型的产业，其产权结构和与之相适应的组织形式是不同的。产权结构在我国与某类产业中企业的平均规模有很大关系。例如，钢铁、汽车、电讯、铁路、航空等产业，由于每一个企业的平均规模较大，其产业的产权和组织形式比较适合国有或大型的股份制公司的组织形式；而陶瓷、五金、印刷、日用小百货和公路运输等产业，更适应个体经营或民营企业的组织形式。

(2)产业的聚集特点。产业的聚集是与专业化相一致的，专业化的水平又与一个地区的经济发展水平、基础设施的配套水平和产业的组织形式有直接的关系。一般来讲，聚集是区域经济发展到一定程度之后的必然要求，是企业降低生产成本、提高市场竞争力的有效途径。

(3)产业的市场开发特点。我们的企业都要面对市场，但不同的产业面对市场的方式方法有一定的区别。直接面对消费者的生产性行业，要求对市场信息的灵敏反馈，对消费者偏好的正确把握；生产矿产品、原材料和中间产品的行业，更多是在企业之间打交道，企业之间的生产网络就更重要；服务性的行业则应当更多地把握当地的收入水平、基础性产业的发展现状等。

(4)产业的成长特点。规划产业具有什么样的成长规律,对我们在规划中采取什么样的发展途径有很大的影响。对于有些地区来讲,产业规划要从产业的形成开始。现代的产业形成主要有两个途径:对现有分散的小型企业进行整合,逐步发展成为一个产业,或是进行大规模的定向投资,在一个地方培育起一个新的产业。产业形成的标志是:具备一定的规模、拥有专门的生产设备、拥有专业的生产和销售人员、承担一定的社会功能。

对有些地区来说,规划的产业可能是已经形成的产业,那么规划的任务是产业的扩张问题。产业的扩张是由产业的规模扩大和产出品的增长来反映的。在经过一个时期之后,产业进入成熟时期,规划时应注意产业成熟期的特点,在经历了一个快速增长的时期之后,产业的发展就应当进入平稳增长的时期,规划应当预见到这个时期增长方式的转变和可能碰到的相应的问题。此外,产业规划还应考虑到可能的产业衰退,并就防止产业衰退提出意见。

——产业规划的作用

产业规划的背景与发展战略规划的背景是一样的,主要考虑国内外目前的形势,结合产业的特点进行分析。例如,目前在我国发展新材料产业成为国家重点扶持的产业门类,根据"十六大"关于抓紧制定与实施国家中长期发展规划的精神,相关部委正全面着手制定相应的战略发展规划,国家西部大开发战略已进入新的发展阶段,发展新材料产业成为西部大开发的重要行动之一。

产业规划的作用是从产业发展对地区经济发展的功能和贡献来考虑的。它包括以下几个方面:

(1)规划产业对区域经济发展战略调整的作用。从现有的产业与当地资源的关系来分析这个作用。在我国西部一些地区,基本上是依赖当地的煤炭资源和建立在煤炭资源之上的电力资源来发展原材料工业，因此，转变立足现有资源的传统产业，发展高附加值和高技术含量的、有未来竞争潜力的新材料产业已迫在眉睫。

(2)规划产业对区域产业结构战略性调整的作用。从技术创新的角度来分析这个作用。利用先进适用技术可以改造传统产业和一般性加工业，培育壮大支柱产业，提高产业素质，增强竞争力，推动产业升级。如果规划的是工业部门，规划产业的发展，将提升第二产业在GDP中所占的份额，带动第三产业的发展。同时，工业发展不仅意味着人口的集中，而且带来生产的集中。在这些生产企业集中的地区，将出现对于生产性服务需求(比如咨询业、金融业、经纪与代理行业、计算机信息行业)的大幅增长。这种需求将构成第三产业进一步发展的推动力。

(3)规划产业与转变产业增长方式的关系。规划产业发展要以市场为导向，调整经济结构，培育新的经济增长点。对企业开发新产品、开拓新市场、提高技术水平、参与市场竞争有很大的推动作用。

6.1.2 规划产业发展的条件

对规划产业发展的环境与优势，要从资源、发展条件和科技条件等方面进行分析。

——规划产业发展的资源条件

规划产业的资源条件分析应当比较具体，不仅涉及与本产业相关的自然和环境资源，并且要从与周边地区的比较来认识其优势。我们大致可以将规划产业对资源的依赖程度分为四类：

第一类：重度依赖自然资源的产业。这类产业包括各种资源的采掘业和多数原材料产业，它们的区位选择基本上是以自然资源条件为导向的。采掘业依赖资源产地是毫无疑问的，原材料产业与能源资源与非金属矿产的储量丰富与否也息息相关。我国西部地区发展原材料产业有明显的优势，原因就在于资源丰富且开采的程度低，发展的潜力大。以材料和新材料产业为例，与其发展相关的矿产资源有煤、石油、天然气、石膏、白云岩、石灰岩、硅石、铁、铜、镁、铝等。

第二类：轻度依赖自然资源的产业。这类产业包括钢铁、化工、石油加工等重化工业，也包括若干农产品加工产业，它们的区位选择要考虑多种要素，如运输、劳动力、环境等，而不仅仅是资源条件。这类产业与能源资源和矿产资源的储量丰富与否也有很大相关性，但它们对市场的依赖程度更高，在运输产品与运输原料之间的比较来看，运输原料更经济。所以，这类产业需要有国内的原料基地，但原料地与生产地之间是可以在空间上脱节的。我国西部地区发展原料基地有明显的优势，但目前主要的重化工业基地还是在东部。

第三类：基本不依赖自然资源的产业。以制造业为代表的这类产业，它们的发展不依赖资源条件，而与原材料产业分不开。如纺织、机械、汽车、食品等，以及建筑业，都具有这样的性质。这些产业的发展需要有人力资源和科技条件作保证，需要充足的资金供给，需要产业之间的联系和方便的运输条件、获取信息的渠道。

第四类：完全不依赖自然资源的产业。所有的第三产业、主要的高新技术产业等，都有这种性质。所谓不依赖自然资源，并不等于不消耗自然资源，而仅仅是其区位影响很低。其中高新技术产业严重依赖人力资源和智力资源，使其发展也不可能有很大的自由度，而必须在区位上进行严格的选择。也就是说，并不是所有的地方都能够发展高新技术产业。

——规划产业的现有基础

规划产业目前发展的基本情况，包括规模、构成、地位等。有些产业可能已具有相当规模，成为支柱产业；有些产业可能还很小、很分散，但可能很有发展的潜力；还有些产业可能是属于淘汰的产业。

在具体的分析当中，我们应当注意该产业在本区的国民经济和工业经济中所占的比重，分析该产业的企业规模结构，规模以上的企业有多少家，占工业企业总数的比重，工业产值数，占规划区域工业总产值的比重，年销售收入和占规划区域工业总销售收入的比重，出口创汇规划区域出口额的比重等。特别应当引起注意的是，一些基于当地优势发展条件基础上的产业，应当考虑其在全国的位置，如果在全国处于领先的地位，就要考虑以该产业为中心建设产业链条，使之最后形成支柱产业群。例如，宁夏的金属钽、铌及其制品、金属镁、电解铝、煤基碳化硅、煤质活性炭、石灰氮、双氰胺、钢丝绳等有地区特色的主要原材料产业在全国乃至世界已有一定地位，是其主导产业选择应优先考虑的产业。

——规划产业发展的基础设施条件

对产业发展来说，基础设施条件主要是交通、能源、供水和其他辅助条件。交通包括比较完善的铁路、公路、航空综合交通运输体系，能源包括供电、供气等；某些产业可能还需要一些特殊的生产条件，如有些产业的发展对温度、湿度的要求，有些产业的发展对良好环境的要求等，都要给予关注。近年来我国的能源、交通与通讯设施日益完善，东部、中部和西部地区在信息、技术、市场和人才方面有了更多的交流与合作，具有了在更大范围内发展各类产业的基础与条件。

——规划产业的发展软环境

软环境涉及的内容很多，可归纳为下面几点：

(1)地方政府的政策和法治环境。软环境条件主要包括政策和法治环境、政府机构的办事效率和服务水平等。对区域经济影响较大的政策是：地方税收、土地政策、地方收费以及用工、行业管理、审批、进出口等政策。包括地方政府颁布实施的一系列投资优惠政策、鼓励外商投资的政策、土地使用优惠政策等。

(2)国家的相关产业政策。国家政策支持是软环境条件的重要组成部分。对我国西部地区的开发来说,《国务院关于实施西部大开发若干政策措施的通知》明确了国家对西部地区予以重点支持的措施内容,国家发改委和国家科技部也相继出台了加快发展西部地区优势产业的政策措施,这都为产业的健康发展提供了有力的政策支持。

(3)当地的人文基础。规划产业所在地区的人文基础,指该地区人们的文化水平、思想观念、文明程度等。某些地区文化发达,人们的开放意识强,能够与外来的投资者共同进行经济建设,共享经济发展的成果,有些地区则存在盲目的地方保护和盲目的排外思想,这些都影响到产业发展的快慢和对外部资金的吸引。

6.2 区域比较优势与主导产业选择

6.2.1 比较优势的衡量指标

根据比较利益理论的原则,采取区位商方法来衡量产业发展的比较优势。区位商是空间分析中用以计量所考察的多种对象相对分布的方法,同时将分析结论体现为一个相对份额指标值,即区位商值。

指标定义为:

$$LQ_{ij}=\frac{L_{ij}/\sum_{j}L_{ij}}{\sum_{i}L_{ij}/\sum_{i}\sum_{j}L_{ij}}$$

式中 i——第 i 个地区

j——第 j 个行业

L_{ij}——第 i 个地区、第 j 个行业的产出指标

LQ_{ij}——表示 i 地区 j 行业的区位商

区位商的另一种表示形式是：

$$LQ_{ij}=\frac{L_{ij}/\sum_{i}L_{ij}}{\sum_{j}L_{ij}/\sum_{i}\sum_{j}L_{ij}}$$

第一种形式的区位商(LQ_{ij})表示的是 i 地区 j 行业在本地区总产出中的份额与全国 j 行业占整个国民经济产出份额之比。其含义是假定各地区产出结构与全国相同，意味着这是一个自给自足的经济；而当各地区产出结构与全国产出结构存在差异时，意味着地区间存在着地域分工和产品贸易。具体说来，就是：

当 $LQ_{ij}>1$ 时，意味着 i 地区的 j 行业供给能力能够满足本区需求而有余，可对外提供产品(大于 1 的部分意味着对区外市场的占领部分)；当 $LQ_{ij}<1$ 时，意味着 i 地区的 j 行业供给能力不能满足本区的需求，需要由区外调入；当 $LQ_{ij}=1$ 时，意味着 i 地区的 j 行业供给能力恰好能够满足本区需求。

第二种形式的区位商表示的是 i 地区 j 行业占全国同业的比重与 i 地区经济总量占全国经济总量的比重之比。含义是如果 i 地区的 j 行业占全国同业的比重相对大于本地区总量占全国总量的比重，意味着 i 地区的 j 行业具有优势地位。两种区位商公式本质上是一致的。[①]

6.2.2 比较优势的类型

在具体进行区域的产业发展优势分析时，我们主要从以下几个方面去进行选择：

——资源优势

资源优势是通过对资源的数量和质量的区域间的比较分析，认识

① 程选主编:《我国地区比较优势研究》第 19 页，北京：中国计划出版社 2001 年版。

到某个区域具有比其他区域更丰富、开发条件更好的资源富藏，并可以通过对资源的开发，形成优势的资源产业。资源优势是最容易认识和最容易利用的比较优势之一，原因是一般性的资源开发，在技术上相对成熟，开发的方式方法比较容易掌握，加上资源产品一般在市场上的销路都很好，所以一些地区进行区域经济规划时，首先想到的一般都是资源产业。但是，资源优势具有局限性，仅仅依靠资源来发展经济是不可取的。

——产业优势

产业优势是指区域的某类产业与其他地区的同类产业相比，生产的成本较低、产品的质量较好和占有的市场份额较大，在这三个方面都具有优势。如果单纯进行生产成本的比较，只要符合本地生产的某类产品的成本加上运到销售市场的运费，小于市场当地生产的同类产品的生产成本的条件，就表明该地区的该产业具有比较优势。如果进行综合的比较，仍然可以用区位商的指标，只要对指标的含义稍加更改：产业优势的区位商，某地区向全国输出的某类产品的价值比上该地区向全国输出的产品的总价值，与全国市场中该产品的输入总价值比上全国市场的总规模之比，大于1，表示有优势，小于1，表示没有优势。

——环境优势

由于环境对人类经济生活的影响越来越大，拥有良好的环境，也能够形成经济发展的优势。环境优势是指一个地区拥有良好的自然环境和良好的人文环境，从而吸引更多的企业来此落户。良好的自然环境指废弃物的排放限制在一定的标准之内，空气新鲜，林木和草地的覆盖率高，人们感觉到的舒适度高。良好的人文环境指该地区浓郁的文化氛围、高的政府办事效率和良好的当地人的生活习惯等。由于智力资源的载体是人本身，人们倾向于选择环境良好的区域生活，所以，环境优势常常成为吸引高新技术产业、旅游业等新兴产业的主要条件。

6.2.3 地区主导产业的选择

以区域比较优势为基础，在比较优势基础上产生的产业部门，一般都能够成为主导产业，主导部门的产生是比较优势作用的结果。所有的生产部门在地区经济中都起重要作用，但只有主导部门才能在地区经济中起主宰作用，能带动整个地区经济的发展。

——地区主导产业的选择标准

一个产业部门要成为区域经济发展中的主导产业，至少应当具备四个条件：

(1)应当有很高的区位商。区位商是衡量专业化程度的主要指标之一，由于主导产业决定一个地区在全国的地位，决定地区经济发展的速度和规模，决定整个区域经济发展和产业结构的合理性，因此，主导产业应当是一个地区有代表性的、专业化的生产部门，其区位商应当大于1。一个城市的主导产业的区位商，应当比一个区域高，因为城市更具有外向性，而区域具有更强的综合性。

(2)在地区工业总产值中占有很大的比重。主导产业作为支柱产业，必须有较高的产值比重，有些较明显的支柱产业，常常占到一个区域工业产值的三分之一。地域范围越小，产业的产值比重可能就越大，专业化生产可能就越强。如果5%的比重就可以成为全国的主导产业，那么省级区域的主导产业比重就要在10%左右，县级区域的主导产业比重就应当在15%—20%之间，有些区域可能要超过20%。

(3)要有比较大的产业关联度。主导产业重要的任务是带动区内工业部门的全面发展，而不仅仅是本身的发展，所以应当是产业关联度高的产业。例如，汽车工业的产业关联度很高，数十个行业的数千种产品与汽车工业的发展相关联。汽车工业发展起来后，将为这些行业提供很大的产品市场。因此，世界上许多国家将汽车工业作为主导产业。

(4)要有较高的产业规模经济。主导产业如果同时又是地区的支柱产业,该产业的发展,在空间上将会引起聚集现象,形成地区的经济增长极。支柱产业的规模,一般都应比较大,一是单项设备的规模要大,二是联合企业的规模要大,只有这样,才能以支柱产业为中心,聚集起一批企业来。所以,主导产业一般也要求其有较高的产业规模经济。

——主导产业选择的方法

在区域经济规划中如何选择主导产业?这是一个技术性很强的问题。一般讲,主导产业是在较长时间内支撑、带动区域经济发展的产业,因而必须是有发展前途的,代表区域发展方向的产业。选择的方法是:

(1)根据本区域所处经济发展阶段选择主导产业。处于工业化初期阶段的地区,主导产业一般具有劳动、资金密集型特性,可以在轻工业领域和基础性的重工业领域选择;处于工业化中期阶段的地区,主导产业一般具有资金、技术密集型特性,可以在重工业中的深加工工业领域选择;处于工业化后期阶段的地区,主导产业具有技术密集型及服务型特性,可以在技术密集型产业、高技术产业及新兴服务业中选择。

(2)根据产业发展的阶段来选择主导产业。根据产业生命循环理论,任何产业在某一地区的发展中都规律性地经过科研创新期、发展期、成熟期和衰退期,主导产业要在科研创新期和发展期的产业中选择,其中处于科研创新期的产业可以作为潜在主导产业来加以培育。

(3)根据区域市场的发育情况来选择主导产业。主导产业生产的产品应该是全国或区域市场上占有率很高的产品,而且能够不断扩大市场范围。要考虑本区域的市场,也要考虑全国和国际市场,要根据市场的变化来调整主导产业。要做到这点,必须对产业发展有科学的预测,对各类市场有充分的把握。

(4)根据产业技术经济联系的密切程度来选择主导产业。那么如何判断一个产业与其他产业技术经济联系的密切程度呢？通常用产业的影响力系数和感应度系数来判断。影响力系数是指某一部门增加一个单位最终使用时，对国民经济各部门所产生的生产需求波及程度，其计算公式为①：

$$F_j = \frac{\sum_{i=1}^{n} b_{ij}}{\frac{1}{n}\sum_{j=1}^{n}\sum_{i=1}^{n} b_{ij}} \qquad j = 1,2,\cdots,n$$

式中，b_{ij} 为完全消耗系数；$\sum_{i=1}^{n} b_{ij}$ 为列昂惕夫逆矩阵的第 j 列之和；$\frac{1}{n}\sum_{j=1}^{n}\sum_{i=1}^{n} b_{ij}$ 为列昂惕夫逆矩阵的列和的平均值。

当影响力系数 $F_j > 1$ 时，表示第 j 部门的生产对其他部门所产生的波及影响程度超过各部门影响力的平均水平，反之亦然。影响力系数越大，该部门发展对其他部门的拉动作用也越大。

感应度系数是指国民经济各部门每增加一个单位最终使用时，某一部门由此而受到的需求感应程度，也就是需要该部门为其他部门生产而提供的产出量。感应度系数 E_i 的计算公式为：

$$E_i = \frac{\sum_{j=1}^{n} b_{ij}}{\frac{1}{n}\sum_{i=1}^{n}\sum_{j=1}^{n} b_{ij}} \qquad i = 1,2,\cdots,n$$

式中，b_{ij} 为完全消耗系数；$\sum_{j=1}^{n} b_{ij}$ 为列昂惕夫逆矩阵的第 i 行之和；$\frac{1}{n}\sum_{i=1}^{n}\sum_{j=1}^{n} b_{ij}$ 为列昂惕夫逆矩阵的行和的平均值。

---

① 孙久文、叶裕民：《区域经济学教程》第 96 页，北京：中国人民大学出版社 2003 年版。

当感应度系数 $E_i>1$ 时，表示第 i 部门所受到的感应程度高于各部门感应度的平均水平，反之亦然。一般而言，影响力系数大的产业比较容易带动其他上游产业的发展，而感应度系数高的产业则易受其他部门发展的拉动而得到发展。

6.2.4 主导产业的升级

在区域经济发展中，主导产业是获取地区经济利益的重点产业。主导产业发展的规模和水平在一定程度上决定着整个区域经济发展的规模与水平，因此，正确选择并努力发展主导产业是每个地区经济发展中的重大问题。一个地区的主导产业要实现升级，应该通过下列途径实现：[①]

——选择先进的技术武装主导产业

在同一产业内部，通过技术进步实现产品结构的升级，或通过制度创新实现生产组织方式的重大进步，使原有主导产业大大提高劳动生产率，重新焕发出巨大的生命力和活力。另一方面，同一产业内的制度创新、技术进步以及生产组织方式的重大进步也可以实现产业结构的升级。

一个地区主导产业的发展是否成功，关键在于其技术水平和产品竞争力。作为主导产业的产品至少在全国应该是一流的，不论经济效益指标还是技术指标都应该是属于最好的，只有用最先进的技术来武装的主导产业才能够在市场竞争中立于不败之地。很难想象技术水平低、成本高、质量差、需要依赖政府保护才能得以生存的产业能够很好地支撑区域经济发展。

---

① 参见孙久文、叶裕民：《区域经济学教程》第 98 页，北京：中国人民大学出版社 2003 年版。

——培育大型企业集团作为地区主导产业发展的载体

地区主导产业必须是在市场中富有竞争力的产业,主导产业要得到良好的发展,需要及时获得国内外同行业的最新信息,需要不断地实现创新和产品换代,需要多方面跨区域的经济技术合作。所有这一切,一般的中小企业难以胜任,只有资金雄厚、技术先进的大型企业集团才能够及时掌握国际国内技术动态,投入足够的资金进行研究与开发,从而为主导产业发展提供条件。

——以全新的、更高技术层次的产业来替代原有产业成为新的主导产业

一般而言,新主导产业是根据工业化进程中产业结构演进的基本框架逐步形成的,比如以工业替代农业,以重工业替代轻工业,以深加工工业替代原材料工业,以技术密集型的产业替代资金密集型产业,以第三产业替代第二产业等等。这些新的主导产业一旦形成,必然通过产业间的经济技术联系带动一批更先进的、技术水平更高的相关产业的发展,从而促进区域整体产业结构的升级。主导产业既然是代表区域发展方向的产业,那么区域经济的发展必然要求主导产业逐步升级,要求扩散、压缩已有的技术层次较低的主导产业,扶持发展新的较高技术层次的主导产业。当新兴主导产业还不成熟,还缺乏市场竞争力时,需要政府予以大力扶持,以免下一轮产业结构升级受阻。

6.3 区域产业结构

产业结构规划是产业规划的重要组成部分。区域经济发展离不开区域产业结构的转变,制定区域经济规划必须对区域产业结构有清楚的认识。当区域经济从一个较低的阶段向一个较高的阶段发展时,产业结构的演进是发展的主要动力,事实上,我们的规划,有相当一部分是对区域的经济或产业结构进行规划。

6.3.1 区域产业结构的概念

国民经济结构的三次产业划分,目前已被广泛地接受,区域经济和区域经济规划的研究,同样采用这个划分。英国经济学家科林·克拉克将全部产业部门归并为三类:

第一产业:取自于自然界的自然物的生产;

第二产业:加工于自然物的有形财富的生产;

第三产业:繁衍于自然物之上的无形财富的生产。

由于国民生产总值的增加,劳动力首先由第一产业向第二产业移动。当人均收入继续提高,第二产业的边际收益开始下降时,劳动力开始向第三产业移动。最后形成大量的劳动力分布于第三产业上的特征。

劳动力之所以能够在产业之间移动,是由于产业之间存在着相对收入的差异。克拉克认为,这种相对收入的差异促使劳动力向能够获取更高收入的产业部门转移。然而,在人均收入较低而人口众多的发展中国家,除了收入差异的影响,劳动力的产业部门转移还受其他因素的影响。在我国,由于第一产业当中滞留有大量的劳动力,其中有相当部分处于相对过剩的状态,所以农业劳动力向第二、三产业的转移,很大程度上取决于第二、三产业的规模和能够提供多少就业岗位。第二产业当中一部分劳动力向第三产业转移,也并不因为第二产业总劳动生产率低于第三产业,而是受到第二产业部门的市场平均成本和平均劳动投入水平的影响。我们实际上正在把第三产业当作一个劳动力的蓄水池,将第二产业多余劳动力注入第三产业。因为第二产业与第一产业的收入水平相差过大,不可能让多余劳动力回流,第三产业与第二产业的收入差异相对小些,所以流向第三产业比较容易。

劳动力的各产业中的分布，是衡量地区产业结构的重要标准，也是经济结构转变的重要标准，随着经济的高级化，劳动力在第一产业中的比重越来越小，而在第三产业中的比重越来越大。

一般发展中国家，都普遍存在着农业产值在国民生产总值中比重下降的趋势。这是由于农产品的需求弹性低，人均收入的增加并不意味着对农产品需求的增加，恩格尔系数与人均收入增加是向相反的方向变化。但一般情况，农业劳动力数量下降的速度，落后于农业产值在国民收入相对比重下降的速度。

第二产业在国民生产总值中比重的上升，是由于投资的报酬递增现象引起的。第二产业变化的特征，是其在国民生产总值的比重不断上升而就业人数相对变动不大。这表明当工业化达到一定程度之后，第二产业不可能大量吸收劳动力就业。第三产业具有很强的吸纳劳动力的能力，但第三产业的劳动生产率提高并不快。目前，人们普遍用经济结构的服务比程度，来衡量产业结构高级化的程度，而一般发达国家，服务业的比重都已超过50％。

6.3.2 影响区域产业结构转变的发展环境

区域经济结构转变，需要有适当的内部和外部环境。一般经济环境的状况，有两种可能：其一是良好的内外环境，在这种状况下，为了今后长远的发展，主动去转变经济结构，但此时常常要牺牲一些当时看来还比较赢利的产业部门，可能会牺牲一定的增长速度；其二是不好的内外环境，在这种状况下，经济结构的转变成为克服困难的惟一出路。我们目前所面临的结构转变，是在第二种情况下发生的，因此需要克服的困难就相当多。

——区域产业结构转变的外部环境

区域产业结构转变的外部环境，包括国际的经济大环境、对外贸易的状况和吸引外资的情况等等。

我国自1978年改革开放以来,各地区的对外贸易和引进外资都有相当程度的增长。其中东部沿海的经济发展通过对外贸易和吸引外资直接与国际经济发展相关,中西部地区则通过对沿海地区的经济关系,间接与国际经济发展相关。世界经济的一体化,已经渗透进我国的每一个地区。

我们用外贸依存度来衡量地区对外贸的直接依存情况,同时反映国际经济环境对地区经济发展的影响程度。计算的公式为:

外贸依存度=(进出口总额/国内生产总值)×100%

我们把我国各地区分为三类。第一类是外贸依存度比较高的地区,外贸依存度在20%以上,进出口总额在100亿美元以上。例如,广东省达到2254.6亿美元,占全国进出口总额的三分之一以上;第二类地区是外贸依存度在20%以下,进出口总额在10亿—100亿美元之间的省区,在我国以中西部地区为主;第三类地区是外贸依存度20%以下,进出口总额10亿美元以下,基本上都是西部资源型经济的各省区。

——区域产业结构转变的内部环境

区域产业结构转变的内部环境同外部环境一样,对结构转变同样重要。我们目前面临的内部环境有利有弊:有利之处是体制改革逐步深入,各区域发展潜力增强,投资能力增强;不利之处是经济发展的深层次矛盾很难解决。

扩大内需有两个层次。一个层次是扩大对生产资料的需求,使生产资料的生产企业活起来,劳动者的收入增加,对消费品的需求增加。这是可以通过基础设施投资直接来启动的。但是,扩大内需的最根本目的,是扩大最终消费的规模,这是扩大内需的第二个层次。扩大基础设施投资是为扩大最终消费提供一种环境和动力,并希望以此来刺激最终消费。同时我们还须注意到,最终消费的扩大还受到人们的消费倾向影响，亦即心理作用的影响。所以，政策引导是十分必要的，可以防止人们的消费信息受影响。

扩大内需从产业部门上看，能源、原材料产品和一部分重工业产品是重点。因为基础设施建设项目首先扩大这部分需求。通过部分项目的实施，根据乘数原理，其带动作用将扩展到对最终产品的消费要求。扩大内需从受益地区来看，将以中西部和北方重工业区受益最大，其原因在于这些地区能源、原材料工业的比重较大，并且大部分是国家的重点项目。由于东南沿海各省区都属于外贸拉动型的增长，长期以来是带动全国经济增长的主要区域，扩大内需对东南沿海地区来说受益不如内地。一旦外贸增长减缓，扩大内需又受益不大，国家经济增长的重点区域就必须作相应的调整，求得一种新的区域发展的构架。

6.3.3 区域产业结构规划

对于结构转变，我们采用钱纳里的定义：结构转变是随人均收入增长而发生的需求、贸易、生产和要素使用结构的全面变化。在这里，我们把规划的重点放在生产和要素使用的结构规划上。

——区域经济发展阶段的划分理论

按照发展经济学的观点，经济发展具有明显的阶段性，在不同的发展阶段，区域经济结构有着不同的特征：(1)不同阶段需要的资源条件不同，发展的特点不同；(2)不同阶段的主要产业不同，形成的产业结构不同；(3)不同阶段的技术水平不同，选择的技术部门不同；(4)不同阶段发展的重点不同，要素投入和配置的方向也不同；(5)不同阶段产业发展的环境不同，相应的体制制度也必须不断变化。

美国经济学家钱纳里对 34 个准工业国的经济发展进行实证研究，提出任何国家和地区的经济发展都会规律性地经过六个阶段，从任何一个发展阶段向更高一个阶段的跃迁都是通过产业结构转化来推动的。因此,产业结构的变动和升级是划分区域经济发展阶段的基本依据。

(1)传统社会阶段。产业结构以农业为主,绝大部分人口从事农业,没有或极少有现代化工业,生产力水平很低。传统社会发展水平低,基础设施、技术水平都比较落后。

(2)工业化初期阶段。产业结构由以落后农业为主的传统结构逐步向以现代工业为主的工业化结构转变,工业中则以食品、烟草、采掘、建材等初级产品的生产为主。

(3)工业化中期阶段。制造业内部由轻型工业的迅速增长转向重型工业的迅速增长,非农业劳动力开始占主体,第三产业开始迅速发展,这就是所谓的重化工业阶段。工业化中期阶段是区域经济发展由传统社会向现代社会发展的关键性阶段。

(4)工业化后期阶段。在第一、二产业协调发展的同时,第三产业开始由平稳增长转入持续的高速增长,成为区域经济增长的主要力量。第二、第三、第四阶段合称为工业化阶段,是一个地区由传统社会向现代社会过渡的阶段。

(5)后工业化社会阶段。制造业内部结构由资本密集型产业为主导向以技术密集型产业为主导转换,同时生活方式现代化,高档耐用消费品在广大群众中推广普及。

(6)现代化社会阶段。第三产业开始分化,智能密集型和知识密集型产业开始从服务业中分离出来,并占主导地位;人们消费的欲望呈现出多样性和多变性,追求个性。

区域经济规划的主要内容与区域发展的阶段密切相关。一个区域处于社会发展的不同阶段,具有不同的产业结构,产业结构的升级必然带来区域发展阶段的跃迁,所以处于不同发展阶段的区域,其区域经济规划的内容的丰富程度是不一样的:包括发展产业的差别、增长速度的差别、发展机制的差别等。另一方面，各阶段不是截然分开的，处于特定发展阶段的区域同时具有前一阶段和后一阶段产业结构所具备的某些特征。特别是当区域发展处于过渡时期时，产业结构的演变和升级很快，这时必须加强研究其发展方向和变化速度，把握时机，把资本投向即将获得高速发展的新产业，此时的规划应当能够及时反映这种变化。

区域经济规划要根据区域发展的阶段、水平和所处的环境进行，对区域经济发展阶段的分析，是区域经济规划的重要程序之一，需要建立一套切合实际的分析方法和分析工具。

——区域产业结构规划的前提条件

资源、资本、劳动力、技术、市场容量、投资环境以及经济体制的现实的空间组合，形成了现实的区域经济结构，各种因素的每一个变动，都会影响到经济结构的变动。如果国家在一定时期各要素的总量是一定的话，那么各要素在地区间的分配和地区利用这些要素的效率将对区域经济结构的变化起到决定性的影响。当然，在这个总量当中，已经有相当大的部分随着国家与地方关系的变化固定在一定的地区，所以地方本身的发展潜力和要素的拥有量对经济结构的转变意义更大，也就是说，区域产业结构转变的要素投入是区域产业结构转变的前提条件。资本和劳动的投入是我们要分析的两个主要的要素。通过对资本和劳动投入对区域经济增长贡献份额的分析，了解各个区域各种要素在经济增长中到底起多大的作用，从而分析在结构转变的过程中，不同的区域要素投入的重点应放在什么地方。

——区域产业结构转变的现状和特点

区域经济结构和现状分析，是阐述结构转变的前提。现状分析的目的是寻找出结构的特点，从这些特点出发，了解现有结构的优劣之处，进一步判定现有结构能否促进经济的发展，或者在哪些方面进行调整，才能促进经济的发展。

现状是未来转变的基础，充分了解现在，才能充分理解未来。从落后的传统结构向先进的现代经济结构转换的过程，本身就是一场革命。如果能够从现状分析当中找到当前结构问题的症结，并对症下药解决结构问题，就可以克服经济困难，获得更快的增长。

——区域产业结构规划要点

区域经济结构要向更高的一个层次上升，提高部门的生产率，是结构转变的基本目标。但是，经济发展中可供选择的部门是多种多样的，对任何区域来说，不可能全部发展，而只可能选择其中的一部分，甚至是一小部分。产业选择对于结构转变是十分重要的，通过选择能够确定区域对发展产业的取舍，选择的依据就是比较优势。

(1)三次产业的比例。地区三次产业的比例是与地区经济发展的阶段相联系的。在我国目前阶段，第一产业的产值比重与第一产业的劳动力在全部劳动力中的比重一样，都处于不断下降之中；第二产业的产值比重逐步提高，占用劳动力比重上升缓慢；第三产业的产值比重及占用劳动力比重都处于上升状态，特别是在沿海经济较为发达的地区。

在区域经济发展当中，三次产业的发展是相互关联的。第一和第二产业是第三产业发展的基础。第二产业在 GDP 总额中的比重的增加，应当促使第三产业同比例增加，劳动力向这两个产业转移。所以，产业结构规划，是设计一个与地区经济发展相适应的各产业的比例关系。

(2)产业类型和部门的比例。同样三次产业，但不同地区选择的产业类型和部门是不相同的。发达地区和不发达地区的比较优势显然是不一样的，发达地区由于具有资本和技术优势，选择的产业应当是资本和技术密集型的，落后地区由于资本和技术缺乏，选择的产业应当是劳动密集型的。但是，一般落后地区都选择开发自然资源并输出原材料这条道路，使其产业结构当中的主要部分是资源型产业。而在各种产业类型中，应当发展的产业部门也不一样，所以还要有一个合理的产业部门结构。

(3)投入的生产要素的比例。在结构确定之后，区域产业发展的要素分配也就基本确定了。将一个区域的资本、资源、劳动力等，按照需要投入到规划的产业部门中去。但是，如果比较优势发生了变化，对于一个区域来说，生产率高的部门已经从一组部门转到另一组部门，那么区域内要素资源的部门转移，也应当改换新的方向。区域经济结构规划，说到底，就是全社会拥有的要素资源，特别是新增加的要素资源在各产业部门之间的分配，以及新的分配所形成的产业结构对其他方面的影响，尤其是产生的经济增长的效果。

6.4 区域产业发展的市场竞争力分析

区域产业竞争力分析对区域经济规划来说，是使选择的区域发展产业能够在市场上有较大的竞争力，带动区域经济的快速、健康发展。

6.4.1 产业竞争力的构成与分析方法

——产业竞争力的构成

根据美国学者波特关于产业竞争力的著名的“钻石理论”，(见图6—1)产业竞争力由四部分构成：

第一，要素条件。

产业的竞争力首先是由生产的基本要素方面的情况所决定的，这些基本要素包括：土地、劳动力、资本和人力资源。依赖于基本要素当中土地、劳动力、资本的初级产品生产和依赖于基本要素中的人力资源的高新技术产品生产，在市场上的竞争力有很大的差别。

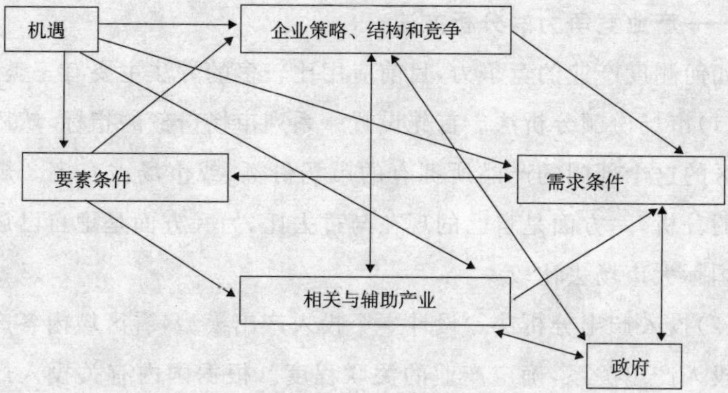

图 6—1 波特的“钻石理论”模型

第二,需求条件。

国内外市场的需求容量是产业竞争力形成的外部条件,包括市场需求的产品构成、市场需求的增长状况和对产品品质要求的需求变化等。对企业的发展来说,关键是能否适应这种市场的变化,并根据市场的需求变化来调整企业的发展方向。

第三,相关产业和辅助产业的状况。

产业之间在生产上是互相联系的。任何一个产业与相关产业和辅助产业之间都存在着前向联系、后向联系和旁侧联系。产业发展上的共荣共存的关系,使那些产业之间联系广泛的产业发展速度加快,竞争力提高。例如,一家生产最终产品的企业,可能有数十或上百家相关产业和辅助产业的企业,通过零部件的生产形成一个统一体。

第四,企业的策略、结构和竞争。

企业是产业的形成基础,企业的竞争力之和构成产业的竞争力。某类产业中的企业组织、管理、发展战略和产品战略,直接影响企业产品的生产成本,进而影响产品的市场占有率,然后影响整个产业的竞争力。

——产业竞争力的分析方法

如何测度产业的竞争力，目前应用比较多的方法主要有三类：

(1)市场份额分析法。首先设置一系列市场份额的指标，然后分析本地区的这个部门的产品所拥有的市场份额，或市场占有率。规划时需要的分析，一方面是自己的现在与过去比，另一方面是把自己放到全国或国际大市场去比较。

(2)投入产出分析法。设计一个投入产出模型，看区域内各产业之间的投入产出关系，确定产业的关联程度。根据国内有关投入产出专家的研究，区域的产业关联程度与产业竞争力是强相关的，即区域的产业关联程度越高，产业竞争力越强，反之亦然。

(3)数学模型分析法。根据影响产业竞争力的各类要素的情况，按照产业发展的总体目标来构建一个区域产业发展的竞争力模型。模型的目标函数就是产业的发展目标，包括产值目标、产量目标和成本目标等；约束条件包括：国内市场占有率、竞争优势系数、产销率因子、增加值率因子、生产率因子和专门化率等。

——产业竞争力的分析指标

具体分析一个产业的竞争力，还要选择分析的指标。这些指标有：

(1)生产的效率指标。其中最重要的是生产的产品成本、产品的市场价格和全要素生产率。产品的生产成本是衡量竞争力的最基础的指标，它是由生产中投入的固定费用和可变费用共同组成的，如劳动力的费用、原材料费用和能源费用等；产品的市场价格是由市场的需求决定的，供给与需求有一个均衡点。但是，相同的产品的市场价格可能相差很大，这要看产品的质量、品牌等的作用。高质量的产品有竞争力，低质量的产品也有竞争力，关键要看市场的定位。全要素生产率是决定一个产业或企业竞争力的关键的要素，包括人力资源投入的效率、资本投入的效率和科技投入的效率等。当然，全要素生产率也包括产业结构调整的效率和产业组织的效率等。

(2)区域贸易指标。与产业竞争力有关的区域贸易指标主要是贸易专业化系数(TSC)。[①]

计算公式为:$TSC=\frac{输出-输入}{输出+输入}$

当 TSC 为 1 时,为完全的输出专业化生产,TSC 为 −1 时,为完全进口型。

如果我们分析某地 A 产业的竞争力,计算公式为:

TSC= {(某地 A 产品向国内其他地区的输出额+某地 A 产品的出口额)−(某地 A 产品从国内其他地区的输入额+某地 A 产品的进口额)}/{(某地 A 产品向国内其他地区的输出额+某地 A 产品的出口额)+(某地 A 产品从国内其他地区的输入额+某地 A 产品的进口额)}

计算结果越趋近于 1,表明某地的该产品的竞争力越强。

(3)市场营销指标。地区某产业的市场竞争力除了产业和企业本身的因素影响外,在市场上的营销方式,也有很大的作用。市场营销指标主要由三个方面的指标构成:

品牌和商标。品牌是产品特质的识别标志,它使高质量产品与一般性产品区别开来。品牌是产业和企业竞争力的一种标志,市场竞争越激烈,品牌的效应就越显著;商标是品牌的符号,是品牌外在的表现形式。

广告费用。广告所要塑造的是企业的产品形象和引起公众对该产品注意力的程度,广告是产品品牌树立的主要途径之一。"酒香不怕巷子深"的时代早已经过去,再好的产品也必须"广而告之"。广告费用是量化广告宣传和产品注意力程度的主要指标。

① 参见吴照云等:《欠发达地区产业竞争力分析》第 67—68 页,北京:经济管理出版社 2001 年版。

分销渠道。不同的分销渠道和促销手段都影响产品的市场占有率，进而影响产品的竞争力。有时某些产品在生产成本和产品质量等方面可能与本产业内其他企业的产品有差距，在市场上竞争，就靠销售手段的先进。

6.4.2 产业竞争力规划的内容

根据产业竞争力分析的方法，下面具体阐述产业竞争力规划的主要内容。

(1)产业发展条件的区域对比分析。区域的产业发展条件对规划产业的发展十分重要，但发展的条件好坏只有通过对比才能够确定。首先是自己与自己比，现在比过去哪些地方有改进，今后将比现在在哪些方面继续改进；其次是与周边地区相比，看看本地在大区域内的发展如何；最后是在全国范围内的对比，寻找自己地区的地位。区域对比有利于在大范围内比较本地发展的技术、人才、资金与市场等各种资源要素，看看自己的竞争力到底如何。在一般情况下，本地发展了，常常认为条件改善了，竞争力就增强了。但是，如果其他区域的条件改善更快，条件更好，本区域实际上还可能落后了。

例如，我国中部和西部地区在改革开放后的发展并不慢，但东部的发展更快，所以区域差距反而拉大了。从“十五”期间的平均年增长速度看，宁夏为11.03％，重庆为10.87％，甘肃为10.75％，贵州为10.18％，其他地区平均为9％—10％之间；而东部地区，天津为14.01％，广东为13.26％，山东为13.16％，浙江为13.05％，江苏为12.93％，上海也保持了11.89％的速度。人均收入也逐渐拉开，城镇居民的可支配收入，西部地区大约相当于东部的60％—70％。

这种数据的对比关系，导致了中部和西部地区产业生产水平的下降，技术水平相对落后。1998年与1978年相比，西部各省市区工业产值占全国的比重都下降了，下降幅度最小的是云南，为0.04个百分点，幅度最大的是陕西，为1.18个百分点。从全国来看的优势工业行业的地区分布，西部的四川有5个，云南有4个，陕西有2个，贵州、内蒙、新疆、甘肃有1个，重庆、青海、宁夏有0个，而同期广东有33个，山东有32个，江苏有29个，上海和浙江有27个①。差距是显而易见的。

(2)规划产业发展领域的区域优势分析。规划地区规划产业的竞争力的强弱，要看在一个较大的区域内本产业领域的发展情况。如果在这个领域内，规划区域的某一个部门优势明显，那么就应当依靠这个优势，形成强大的产业竞争力。部门优势的构成，包括资源优势、科研优势和现有产业基础发展的相对竞争优势。

以西部地区为例，区域优劣势分析如表6—1和表6—2所示：

表6—1 区域产业发展的机会与威胁解剖分析框架

关键产业行业领域	机会	可采取的行动	威胁	可采取的措施
工业	●中国加入WTO，工业走上国际市场 ●西部大开发政策倾斜 ●东部沿海地区结构升级产业转移 ●国家对中小企业、民营企业发展的重视	●推动技术进步，改造提升传统产业 ●提高招商引资实效、扩大外贸出口，拓展新的发展空间 ●取消对非公有制经济的歧视性政策，大力发展非公有制经济	●中国入世后，国内众多行业面临国外大企业与先进技术的挑战 ●国企改革任重道远 ●工业行业引资面临周边地市激烈竞争 ●技术含量和附加值低 ●企业分散、规模小，未形成产业集群效应	●与国际接轨，加大科技投入，增强地区竞争力 ●提高开放水平，拓展发展空间 ●加快企业对国际规则、惯例、标准的熟悉和掌握 ●推进产业集群建设

① 中国社会科学院工业经济所：《中国工业发展报告》(2000)第296页，北京：经济管理出版社2001年版。

农业	●中国入世给农业发展带来新机遇 ●西部大开发为西部农业优势地区的发展带来新契机 ●国家政策重视“三农”问题和农民增收问题 ●国际、国内崇尚生态农业、无公害农业	●用好“绿箱”政策，加大农业投资力度 ●以市场为导向，加速结构调整，发展名特优农业 ●按规模化、集约化思想经营农业 ●发展生态农业、持续农业，建设现代农村 ●推动农业对外开放	●中国入世后，大宗农产品市场面临国外优质进口农产品挑战 ●面临来自外区域的激烈竞争 ●人口增长快，农民增收困难 ●农村剩余劳动力多 ●农村贫困问题，扶贫工程任务艰巨	●大力发展特色农业 ●大力扶持龙头企业，提高农产品精加工水平，延长农业产业链条 ●发展城乡关联产业，推进农业产业化 ●统筹城乡经济发展
第三产业	●经济全球化，国际劳动密集型产业大批向发展中国家转移 ●西部大开发 ●信息化速度加快，知识经济对经济增长贡献率高	●以市场化、产业化、社会化为导向，大力发展服务业 ●加快发展连锁经营等先进营销方式 ●构建辐射面广、布局合理的商品流通体系	●部分产业发展过剩，市场需求不足 ●民营经济发展受到忽视，并有政策限制和歧视 ●劳动力数量多但素质偏低 ●投资软硬环境欠佳	●积极发展物流配送、市场中介服务，促进产业互动和经济良性发展 ●培育住房、旅游、汽车、教育等消费热点 ●给足政策，充分发展民营企业 ●优化投资软硬环境
基本结论	发展机遇与挑战并存，抓住各产业、行业的每一个机遇和迎接每一个挑战，这是区域经济发展战略规划制定过程中所必须考虑的外部条件和基础。			

资料来源：根据文余源博士绘制的分析图改编。

在我国西北地区各省区中，陕西省在电子信息材料产品、生物医用制品、特种建筑新材料产品、有色金属制品、新型能源产品、新材料成套技术及装备、特种光电子产品、光通信基础器件及集成模块、光电测量分析仪器及设备、高性能钼金属材料及其制品等新材料产业方面的优势很大；青海在镁冶炼及深加工方面，是强有力的潜在发展区域；内蒙古在稀有金属和稀土元素的提炼加工上优势明显；宁夏在钽、铌、铍等稀有金属材料领域的领先地位，以及镁冶炼和无烟煤方面的资源优势，已经形成了以钽、铌、铍等稀有金属、镁冶炼、煤基活性炭为代表的新材料产业格局；甘肃省在常规的有色金属的生产方面有优势；新疆在以石

表 6—2 区域经济发展优势与劣势解剖分析框架

关键产业行业领域	优势	保持和利用的方法	劣势	克服和弱化的措施
工业	●资源丰富 ●地理位置优越 ●交通运输条件好 ●工业有一定特色与优势	●加大投入力度，培育新的支柱与重点产业 ●以信息化带动工业化，探索新型工业化道路	●主导产业不明 ●产业集聚度低 ●总体经济效益不高 ●研发能力低 ●电力、交通制约 ●就业、再就业压力大	●加大技术改造投入，提升工业结构 ●大力发展劳动密集型产业、多种所有制经济，增加就业渠道 ●创新投融资体制，拓宽民间投资领域
农业	●自然条件优越，气候温和，雨量充沛，适宜多种农作物 ●畜牧业集约化、农业产业化优势	●突出发展无公害农业、加快竹产业发展 ●抓优质高效农业，突出区域化布局和规模化经营 ●大力发展特色农业	●农业结构不合理 ●农业产业化龙头企业少、规模小、层次低 ●农业产前、产中、产后服务体系不完善 ●农村劳动力过剩，劳动力技能偏低	●加快农村产业结构调整，加速农业产业化经营 ●落实助农增收措施 ●促进农村劳动力合理转移 ●加快城镇化步伐 ●严格控制人口增长，提高人口素质
第三产业	●专业化市场格局基本形成 ●个体、私营经济迅速发展 ●城市特色商业群初步形成 ●铁路、公路交通、通信等服务设施条件较好	●发展连锁经营 ●发展现代物流配送 ●强化与周边地区的分工合作	●市场化、产业化、社会化程度低 ●传统服务业经营方式粗放、零散，企业规模小，管理落后 ●对外开放水平不高	●制定商业网点布局 ●健全企业管理机制，引进科学管理手段和规范 ●积极拓展对外发展空间，提高经济外向性水平
基本结论	从区域经济发展的资源与能力来看，各产业、行业都拥有自己的优势和劣势。根据国内外发展形势，针对不同产业、行业领域与现实或潜在竞争(合作)者相比较所表现的态势差异，可以提出保持和利用优势的方法以及克服和弱化劣势的措施，为经济发展战略规划提供基本依据。			

资料来源：根据文余源博士绘制的分析图改编。

油为原料的材料产业的发展方面有很大优势。所以，西北地区在材料行业结构上，基本各有侧重。

(3)规划产业的市场需求分析。在市场经济条件下,地区工业化的推进和产业的发展,最终要靠其产品(或劳务)市场的不断扩大来拉动。而市场份额的扩大又依赖于其适应市场需要的产品生产规模的不断扩张和市场竞争力的不断增强。在新的经济社会环境下,一个地区如何培育地区产业竞争优势和推动某些具有优势的产业的发展,提高其市场竞争力是一个极为关键的问题。

规划产业的市场需求分析,是通过我们对某类产业产品的国内外市场需求情况,预测该产业未来的前景,同时评估规划区域的该产业在市场上的占有率,这是衡量区域的规划产业是否有发展前途和发展潜力的重要指标。对于市场的预测方法很多,我们可以通过技术上的可行性研究,选一种或几种方法来进行。

(4)规划产业的科技竞争力分析。从区域的科研基础和技术创新能力来衡量科技条件,包括政府投入的科研机构、独立的重点实验室、以大学为依托的重点实验室和企业的科研机构等。考察的重点是科研机构在规划产业的科技领域的科技成果,这些成果代表了产业的科技水平。

(5)规划产业的主要行业竞争力分析。规划产业如果是由若干行业组成的,我们还需要对主要的行业及其生产的主要产品的竞争力进行分析,如果几个主要行业的规模都已居国内同行业前列,在国际国内占有重要的地位,具有一定的产业优势,那么我们可以认为这个产业是有竞争力的。

6.5 产业规划的方案设计

产业规划的方案应当包括产业发展的宏观设计、产业发展门类方案(产业发展指南)和产业分布空间布局方案等方面的内容。

6.5.1 宏观设计

——基本原则

虽然区域产业的门类很多，产业发展的特点也不尽相同，但我们进行区域产业发展规划，有一些基本的原则是通用的。这些原则是：

(1)整体规划，统筹发展，分阶段实施。区域产业规划，应当充分考虑地区国民经济和社会发展的主要任务和有关单个产业的发展方案，充分考虑有关地区的经济发展战略目标，充分考虑国家的有关政策，充分考虑国内外规划产业的发展动态，结合地区经济发展的实际情况，制定不同时期的目标、任务和实施措施。

(2)市场导向与政策引导相结合。以市场为导向，紧密跟踪国内外先进的技术，紧紧抓住市场需求，发展适合市场需求、竞争力强的产品和技术，着力抓好一批科技含量高、市场需求大、经济效益好的项目，以研究与开发为先导，以占领市场为目的，对于市场发展前景好的项目和企业，应该在政策上予以适当的倾斜和扶持，引导和推动企业尽快做大做强。

(3)产业基础与比较优势相结合。发展规划产业要立足于现有的产业基础，更要对产业发展的环境进行更深层次的分析，深入了解产业发展的区位优势及相对比较优势，优先发展特色产业和优势产业，对特色领域和优势领域内的先进、关键性技术，要集成各种科技资源进行重点突破，以避免产业趋同，提升区域的核心竞争能力。

(4)突出重点与带动区域发展相结合。结合规划地区的产业基础与发展条件，着力通过重大技术创新及高新技术发展来改造和提升传统产业项目，加大技术链接与产业带动，尽快形成产业群体及集聚效应，延伸产业链条。规划发展产业必须以战略的眼光，进行长远的规划，在发展规划产业过程中，必须坚持环境保护与经济发展并行的方针,加强环境治理与监管力度,杜绝以牺牲环境为代价来换取短期经济发展的行为,走可持续发展的新型工业化道路。

——规划思路

在上述原则的指导之下,对不同的规划产业,应当有不同的发展思路,在不同地区发展同样的产业,也要有不同的思路。例如,目前由于国际产业转移的影响,我国已经成为国际制造业发展的首选之地。国内各地区都准备发展现代制造业,但发展的思路不应当都一样。

东部沿海地区,以三大都市圈为中心,直接引进国外先进的技术,有选择地发展科技含量高的产业部门,以国际市场为引导,突出产业特色,提升制造业的层次,形成产业龙头。出口产业是其中的重要产业。中部地区应当把握发展的机遇,在传统制造业的现代化改造上下大工夫,发展钢铁、纺织、机械、化工等重工业产业,并大力发展农产品加工业。以国内市场为导向,以业已形成的产业优势为基础,填补东部产业结构升级留下的发展空间,加快发展速度。西部地区要以西部大开发为契机,发挥区位和资源优势,集中精力,强力推进,重点支持有比较优势、有地方特色、有带动作用的产业的发展,形成若干个特色优势明显的产业群,实现资源优势向产业优势进而向经济优势的转化。

——发展战略

产业规划中的发展战略,是指发展思路确定之后,选择什么发展途径。例如,我们选择发展现代制造业,面临的战略途径可能有若干选择,规划区域到底选择哪个途径,需要具体分析。

(1)以开发优势资源为基础,发展上游产业的带动战略。对于具有丰富的发展产业所需的资源、通过开发这些优势资源能够形成优势产业的地区,形成自己的产业特色,是一个长期的发展方针。冶金、化工、建材、煤炭、电力、机械制造、冶金、陶瓷、化工、建材、食品加工等门类,都是可以进行选择的部门。

(2)以技术开发和企业孵化为基础,发展高新技术产业的带动战略。对于技术条件比较好的地区,发展技术含量较高的产业,对区域的产业结构升级有重大的带动意义。由于其相对技术含量高,市场竞争激烈,所以要求创新性强,科研成果转化、产品市场推广是关键,建立产业研发和孵化基地是进行市场竞争的必由之路。计算机等电子产业、微电子产业、生物制药产业、通讯产品制造产业等,都属于此类。

(3)以现有优势产品生产为基础,发展主导产业的带动战略。在有些地区,已经形成了主导产业群,这类地区产业的发展,要求集中人力财力对现有产业进行重点建设,并促进主导产业的产业链的延长,以主导产业带动相关产业。

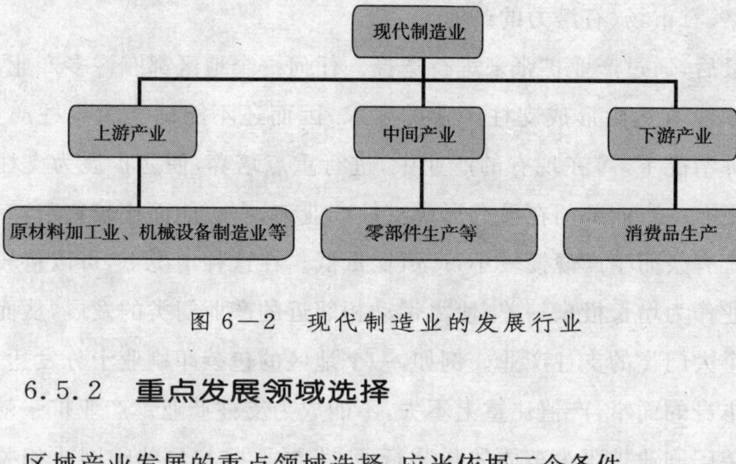

图 6—2 现代制造业的发展行业

6.5.2 重点发展领域选择

区域产业发展的重点领域选择,应当依据三个条件:

首先,根据地区的自然资源情况进行选择。如果一个地区具有某一种或几种优势的自然资源,就具备了发展某种资源产业的基本条件,依据优势资源发展的加工工业,基础牢固,潜力巨大,并且具有一定的比较优势,可以作为专业化的产业,将产品输出到区外。从资源综合利用的角度出发,有一种主要的加工工业,同时还可以发展多种综合利用资源的工业,使产业的横向关联程度增加,带动一批产业发展起来。例如，中国依靠察尔汗盐湖的钾盐资源发展起来的格尔木市的钾肥工业，依靠攀西铁矿发展起来的攀枝花钢铁工业，依靠丰富煤炭资源发展起来的山西能源工业等等，都属此类。

其次，根据地区的市场情况来进行选择。目前市场的发展在世界许多地区都日渐成熟，各类专业或综合的批发与零售市场已遍布城乡。根据市场来选择发展产业，可根据本区和邻近地区市场销售情况，选择出销售量居前几名的产品，根据本区的情况，经过技术、资金和资源等条件的对比，确定 1—2 种商品的生产为将来本区的重点发展产业。由于市场本身是衡量产业发展的重要标志，产品在市场上销售情况如何，反映产业生产的综合状况。从市场中选择出来的产业，一般都是产品有销路、有市场、有潜力的产业。

最后，通过产业扩张来进行选择。任何一个地区都有许多产业，但可能都没有达到形成支柱产业的要求，因而还不能确立为支柱产业。在这种情况下，可在现有的产业中，进行重点培养，使之扩展为支柱产业。现有的产业部门在没有形成支柱产业前，有可能面比较狭窄，专业化生产有余而生产规模较小，产值比重低。在这种情况下，可以将较窄的产业作为增长极来培养，使之带动相邻近的产业门类的发展，从而形成一个大门类的支柱产业。例如，一个地区的包装印刷业十分发达，但由于本身的面窄，产值比重上不去，不能成为支柱产业。产业扩张就是将包装印刷业扩张为整体的包装行业，发展那些与包装印刷业相关的包装材料生产和包装服务业等等，形成一个完整的包装行业，成为当地的支柱产业。

这样，我们的选择标准是：(1)已经形成一定产业规模并具有竞争优势的行业；(2)有利于产业结构升级和传统产业提升的行业；(3)具有资源比较优势的行业；(4)产业关联度较高、易于形成产业链、有利于提高行业集中度和产业整体竞争力的行业；(5)技术研发水平处于领先地位的行业。

6.5.3 产业布局

在区域的产业选择完成之后，我们规划关注的焦点是产业的布局问题。任何好的产业选择，都要落实到一定的地域空间，这样就必须制定合理的、科学的产业布局方案。（见图 6—3）

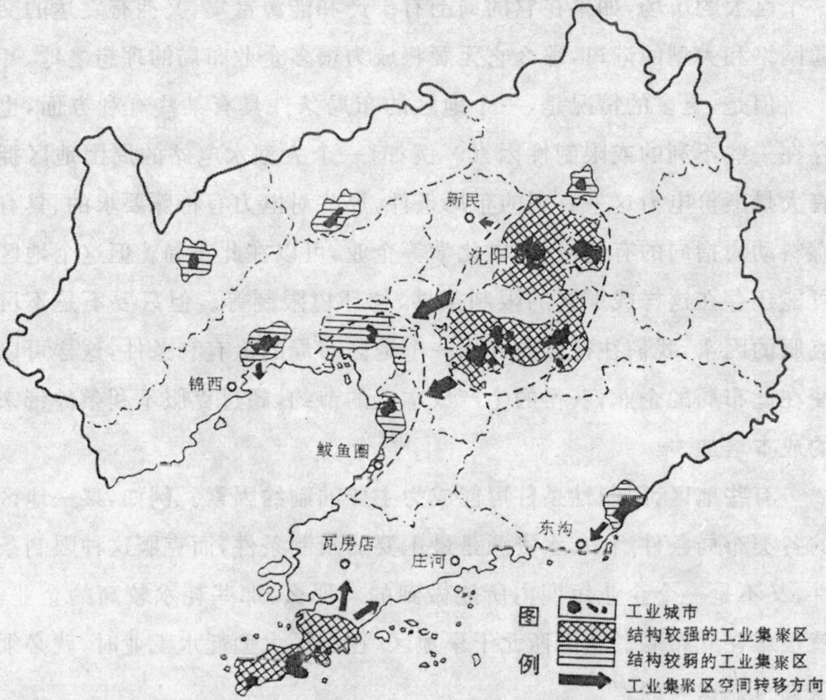

图 6—3 辽宁省工业城市集聚区及其空间结构调整方向

资料来源：陆大道：《区域发展及其空间结构》第 179 页，北京：科学出版社 1998 年版。

——产业布局指向

在产业发展机制共同作用下的产业布局，往往反映出倾向于某一类地域的特征，我们将其称为布局指向。产业布局指向给出了一个产业布局的趋向，地区对产业的吸引，是将产业引到一个具体的地点，有些地区发展生产的条件比较优越，资源集中，环境容量大，供电、供水及交通等基础设施均较好，这样的地区，可能对多种产业的布局来说，都是理想的地点。特别是这个地点如果能够集市场与原燃料地于一身，那么各类指向型企业都可能向此地集中。例如，一个大城市，本身就是一个巨大的市场，如果在它的周围有矿产和能源富集，又拥有发达的交通网络和大型的港口，那么它无疑将成为很多企业布局的理想之地。

但是，更多的情况是，一个地区的布局条件具有某些有利方面，也存在一些不利的或限制性因素。例如，一个大型水电站的周围地区拥有大量廉价电力这一有利的布局条件，那些对电力有特殊要求的、具有燃料动力指向的有色冶金、电化学等企业，可以在此布局。但这个地区可能还存在这样或那样的限制条件，如环境限制等。但只要不是不可克服的因素，我们往往倾向利用一个地区布局的最有利条件，这样可以使在此布局的企业，获得的生产成本上的节约，超过克服不利条件带来的成本增加。

有些地区，限制性条件可能成为主要的制约因素。例如，某一地区的各类布局条件当中，水资源是最主要的限制条件，而克服这种限制条件，又不是一个企业短期内所能做到的。那么，那些耗水较高的企业，就很难在此布局。我国西北干旱地区，在布局大型耗水工业时，就必须认真考虑这一因素。

——根据产业布局指向制定布局方案

规划产业在空间上的布局方案，应当依据产业的布局指向来制定。产业布局指向通常有以下几种类型：

(1)燃料、动力指向。这类部门包括：火电站，铝、镁、铜等有色金属冶炼，电冶合金，稀有金属生产，合成橡胶以及石油化工等。另外，重型机械制造、水泥、玻璃、造纸业等在有些情况下也属于燃料、动力指向型产业。在这类部门中,燃料、动力的耗费在生产成本中占有很高的比重,一般在35%—60%。能源的供应量、价格和潜在的保证程度是决定布局的重要因素。

(2)原料地指向。这类部门包括:采掘工业部门,原料用量大或可运性小的部门。如原料开采、化纤、人造树脂、塑料、水力发电、钢铁、建材、森林工业、机械制造(部分),以及轻纺工业的制糖、罐头、肉类加工、水产加工和茶业、棉花、毛皮等的粗加工工业。原料地指向型产业大多是物耗高的产业部门,一般要考虑资源的数量、质量和开采的年限,还要考虑运输的能力等。

(3)消费地指向。主要包括为当地消费服务的部门,以及产品易腐变质、不耐用、不易储存的部门。如重型机械、大型机械和特种机械的制造,建筑构件制造,面包、糖果以及各类副食品生产部门。布局的要点是考虑产品本身的特性、产品就近销售的比重以及消费地所能够提供的产业间的协作规模。第三产业的布局是消费地指向的。

(4)劳动力指向。在这一类部门中,劳动力费用的支出在产品成本构成中占有很大的比重,超过其他费用项目的支出。如仪器制造、纺织、缝纫、制鞋、制药、塑料制品以及工艺美术品等。劳动密集型产业的布局,往往考虑地区劳动力的供应情况。

(5)交通运输枢纽指向。由于交通运输枢纽兼有原、燃料地和消费地指向的优点,因此,对布局条件要求不甚严格的那些部门,其布局指向将移向交通运输枢纽。另外,产品耐运性较强、运费在产品成本中所占比重很高的部门,也属于此列。

(6)无差异指向。主要是那些布局指向不很明显的部门。其特点是各个地区基本上都具备发展条件,原料、燃料与制成品的运费大体相当,布局在任何一个地区,其经济效益和社会效益也基本相似的部门。

(7)技术指向。由于距离因素对产业布局的影响减弱,新材料和新能源广泛使用,许多高新技术产业的原料是广布原料,产品是在全世界销售,劳动力也是可以流动的,因此,传统的指向性减弱。例如,网络业和电子商业等在内的信息技术革命将决定全球未来的发展方向,整个世界被网络联结为一个整体,信息高速公路使世界的距离缩短。在这种情况下,高新技术产业部门更多是倾向于技术密集的地区,对技术发展的条件、高等学校的数量和高水平研究机构数量等条件的要求比较高。

产业布局规划要求明确产业分布的具体位置,以及主要企业的分布位置,并且在规划图上具体标出来。

6.5.4 政策支持与措施建议

为使规划产业健康发展,需要提出针对性强的政策措施,作为实现规划的基本保证。

(1)产业发展政策。为达到推动规划的产业领域发展的目的,应建议地方制定该产业优先发展的行业名单和限制发展的行业名单,并制定近期选定的重点扶持领域。

(2)产业技术政策。要充分利用区内外的技术资源,加速技术成果产业化,推动规划产业的技术进步。瞄准国际先进水平,资助区内外的科研机构解决规划产业发展中的关键性的、共性的、基础性的重大技术问题,为规划产业的发展提供技术支持。为此应建议地方政府设立专项基金,鼓励、资助企业增加研发投入,进行技术改造,鼓励企业引进国内外的先进技术,鼓励跨国公司对规划产业投资,建议制定规划产业鼓励发展的新技术目录。

(3)产业组织政策。对于享有自主知识产权、在国内外有较强的竞争力、具备一定的生产规模和市场占有率的重点龙头企业,应建议地方政府提供各方面的扶持，优先为其新项目安排政策性贷款，为企业申请自治区和国家的各种优惠政策和支持，优先安排债券发行和股票上市；鼓励企业开拓国际市场、开展国际合作和交流，鼓励企业进行跨地区和跨国兼并等。力争近期确保若干重点企业具有一定的国际竞争力。

(4)产业结构升级政策。行业结构、产品结构、技术结构转换是规划产业发展的中心环节。结构转换能力是一个国家或地区通过确定必要的行业政策和经济机制适时适宜地推动其行业结构、产品结构以及技术结构向适应该行业主流发展趋势和市场要求方向发展的能力，是区域产业结构高级化演进的重要组成部分。如果不能适时追随世界上新的市场发展趋势而相应地调整行业结构、产品结构以及技术结构，不但影响区域产业结构整体合理化调整，也必将最终影响区域国民经济的发展进程。

6.6 县域经济发展中的产业选择问题

上面我们探讨了一般性的区域经济发展战略规划问题。这里我们需要特别强调的是：区域经济发展战略规划中的特殊形式——县域规划，在区域经济规划中具有特殊的意义。

县域经济发展战略，重点倾向于产业的发展和产业结构的调整。我们可以从三次产业的发展角度，进行发展战略规划的制定。下面我们以山东省中部地区的一个县为例，阐述县域产业规划中的备选产业部门的选择问题。

——机械电器工业

(1)泵类

泵类的生产技术简单，市场需求量大，比较适合乡镇企业来发展。泵类生产应适应国家产业政策和市场需求的变化，向机电一体化、高扬程、大流量、高速比方向发展，同时要大力研制开发高附加值、进口替代产品。提高包括清水泵、矿用泵、化工用泵、特种泵、高速泵等市场前景较好的产品的生产能力；研制开发新领域内的泵类产品有：供水类高扬程泵、大型电站锅炉用大流量泵，工业用增压泵、高速泵、微型泵、消防泵、球形泵、空调泵等特殊用泵。以国内外市场需求为导向，扩大生产能力，开发机电一体化产品；进一步应逐步改进生产工艺，采用不锈钢拉伸或冲压加工等国际先进技术，提高泵的生产效率。

(2)电机和减速机

电机行业中普通交流电机、直流电机也是适合中小企业生产的行业。在有些县区已经形成了一定的生产能力。这类县区要充分发挥现有生产能力，重点提高技术含量，开发节材节能电机和防爆电机。摩托车电机很有发展前途，要提高质量和技术含量，在军工产品市场上站稳脚跟。防爆电机应高度重视生产许可证这一无形资产，减速机作为重要的配套产品，应朝着全钢、硬齿面、无级变速的方向发展。

(3)电器和汽车配件

低压电器应以节能电器以及调速电源、接触调压器、防爆开关的生产为主，提高高压防爆产品的生产能力。开发油田、石化、电厂、大型煤矿等需要的成套电器装备；开发高压开关、真空开关、高压变频调速装置、柱式稳压器等市场急需产品。汽车配件重点扶持汽车板簧、高强度螺栓、制动装置和汽缸套、汽车电器等的生产，同时要靠上国内外汽车大公司、集团，为其搞好配套与协作，带动汽车箱体、网架、制动装置、汽缸套、方向机、汽车锥齿轮、汽车后桥、挂车圈等汽车配件的全面发展。

(4)化工、建材机械和矿山、环保设备

化工机械应以中型化肥炉为主攻方向，提高技术含量；建材机械应以回转窑改造、机立窑和大吨位压力机为重点，开发大吨位数控压力机、液压机等；矿山设备以粉碎机、球磨机为主攻方向，开发气流粉碎机、超细度粉碎机、离心分离设备;环保设备应以冶金用的除尘设备、电厂用的电除尘设备、罗茨风机和燃油锅炉,特别是应用广泛的硝烟脱硫除尘设备等为开发重点。

——化纤纺织服装工业

(1)化纤行业

扩大涤纶长丝的生产能力,开发技术含量高的化纤丝、高聚合物磷系涤纶阻燃剂和阻燃纤维以及以远红外线为主的保健长丝,开发生产丙纶、涤纶高科技系列产品。

(2)服装行业

以规划地区的大型服装企业集团为龙头,带动全区服装行业发展。应改进生产工艺、提高加工水平,并加大宣传力度,力争成为市、省内名牌产品,加大牛仔、西装、衬衣的生产规模,并开发生产运动衣、针织内衣、休闲时装等产品。逐步改变以来料加工为主,只收加工费的状况。

(3)纺织行业

发挥县域化纤原料的优势,发展面料制造业。一是在开发区建设纺织工业园,用本区的化纤原料加工各种面料。二是购置和使用喷水织机,以便对原料深加工。三是鼓励和支持县、镇、村、个体、私营企业发展纺织业。

(4)地毯行业

组建地毯集团,扩大生产规模,利用市场及技术优势,开发相关产品生产,扩大针钩床罩、餐桌台布等产品的生产和出口。

——传统产业

(1)陶瓷琉璃工业

在盘活存量的基础上,注重提高产品档次和质量,加大技术含量高、附加值高、能耗低产品的生产比重,扩大国内外市场的占有率。改造提升的陶瓷产品应以高附加值产品为龙头带动整个陶瓷产品结构的调整。对优质名牌拳头产品、出口产品、高技术、高附加值产品，采取支持和扶植政策。对一般民用日用陶瓷应在维持现有总量的同时，主要是提高质量，增加群众喜爱的、适用的花色品种。扩大建筑陶瓷、美术陶瓷和特种陶瓷的生产规模。

(2)冶金、建材、耐火材料工业

抓住机遇，瞄准国内外市场，调整产品结构，中低档产品的生产应减少数量，提高质量，逐步扩大高档产品的生产规模。扩大熔性高技术含量的耐火材料生产规模，加大硅砖新产品的研制开发，以高质量的产品占领市场。开发多品种、特殊用途的新型耐火材料，促使耐火材料工业向高附加值、低污染的方向发展。冶金行业要发挥其资源和技术优势，扩大线材生产规模，增加品种、规格。关停部分规模小、污染大、效益低的铸钢生产厂家。通过技术改造，增产降耗，提高圆钢、生铁的质量。水泥及其制品行业应稳定现有水泥厂的生产规模，发展525＃以上的高标号水泥，研制开发特种水泥，根据市场需求，适当扩大特种水泥的生产规模。玻璃要突出优质浮法玻璃的深加工，积极开发汽车用玻璃产品。

——新型产业

(1)化学工业

利用本地资源，大力发展石化和基本化工原料产品、精细化工产品、无机化工产品、橡塑产品、农用化学品和高科技含量的医药制品。

化工行业。稳定化工基本原料产品、无机化工产品和农用化工品的生产，重点抓好酞青蓝、硫酸、石蜡、油漆、选矿剂、氧化铁红、钡盐和片碱等骨干产品的生产。塑料和塑胶制品行业。以塑料生产的骨干企业为龙头，在抓好现有产品生产的基础上，开发生产新型适用的工程塑料、农用塑料、民用塑料和高科技的降解塑料。突出发展纸质快餐盒，并扩大生产规模，尽快占领快餐盒市场。塑胶制品应搞好全胶鞋、足球鞋的生产，扩大对美、日、韩等国家的出口，稳定彩色童用鞋的生产，并不断开发新产品。

(2)电子工业

在稳定传统电子元器件生产的基础上，产品结构由低层次向高层次发展，企业由小而散向规模化、集团化发展。重点发展集成电路、新型元器件、计算机和通信设备，增强为经济和社会发展提供信息化系统和装备的能力。抓好数字程控交换机、移动通讯、光纤通信等设备的开发和生产，并可适当发展消费类电子产品；以填补国内外空白产品为基础，以国内外市场需求为导向，研制开发电子医疗仪器、石化分析仪器、交通测试仪器、电子监控系统、电子专用设备和汽车用电子控制系统等产品，提高生产规模和工艺装备水平以及改进外观设计和提升产品档次。

——农业

稳定粮食种植面积，扩大经济作物种植面积。大力发展蔬菜、黄烟、桔梗等高效经济作物；抓好规模养殖和市场体系建设，重点扶植一批养殖专业户、专业村。采用先进养殖技术，开发优质高效饲料，形成畜产品生产、加工、销售产业链条的良性循环机制。充分利用现有水面，开发红鳟鱼养殖和网箱养鱼；林果业要完成荒山补植造林增加封山育林面积，对全区所有防护林、未成林造林地、疏林地、灌木林，全面封山育林。稳定经济林面积，巩固和改造现有经济林，其中优质果品的面积应当有大的增加。

6.7 本章小结

区域产业发展规划一般是在规划的对象已经确定的前提下，具体制定产业未来发展的目标与途径。

规划产业属于哪类产业，基本上能够左右规划的进程。产业的特点因产业的类型不同而有很大的区别。产业规划的作用是从产业发展对地区经济发展的功能和贡献来考虑的，包括其对区域经济发展战略调整的作用和对区域产业结构战略性调整的作用。

选择产业的基础是分析区域的比较优势。在具体进行区域的产业发展优势分析时，我们主要关注的是资源优势、产业优势和环境优势。以区域比较优势为基础，在比较优势基础上产生的产业部门，一般都能够成为主导产业，主导部门的产生是比较优势作用的结果。所有的生产部门在地区经济中都起重要作用，但只有主导部门才能在地区经济中起主宰作用，能带动整个地区经济的发展。

我们在研究三次产业的关系时，还要注意产业的功能结构，正确处理主导产业与非主导产业之间的关系。

区域产业竞争力分析对区域经济规划来说，是使选择的区域发展产业能够在市场上有较大的竞争力，带动区域经济的快速、健康发展。分析的方法是：(1)市场份额分析法；(2)投入产出分析法；(3)数学模型分析法。

产业规划的方案应当包括产业发展门类和产业分布空间布局等方面的内容。产业规划的宏观设计原则包括：(1)整体规划，统筹发展，分阶段实施；(2)市场导向与政策引导相结合；(3)产业基础与比较优势相结合；(4)突出重点与带动区域发展相结合。规划内容有发展战略、区域产业发展的重点领域选择和产业布局。

产业选择标准是：(1)已经形成一定产业规模并具有竞争优势的行业；(2)有利于产业结构升级和传统产业提升的行业；(3)具有资源比较优势的行业；(4)产业关联度较高、易于形成产业链、有利于提高行业集中度和产业整体竞争力的行业；(5)技术研发水平处于领先地位的行业。

在区域的产业选择完成之后,我们规划关注的焦点是产业的布局问题。任何好的产业选择,都要落实到一定的地域空间,这样就必须制定合理的、科学的产业布局方案。

为使规划产业健康发展,需要提出针对性强的政策措施,作为实现规划的基本保证。包括产业发展政策、产业技术政策、产业组织政策和产业结构升级政策。

关键术语

产业发展规划　产业类型　产业比较优势　产业竞争力　产业规划方案

思 考 题

1. 在产业规划中,规划产业的类型、特点和作用有哪些?
2. 规划产业发展的条件是什么?
3. 什么是比较优势的衡量指标?
4. 比较优势的类型有几个?
5. 区域产业结构转变的基本内涵是什么?
6. 什么是产业功能结构?
7. 产业竞争力是如何构成的? 分析方法有哪些?
8. 产业竞争力分析应用哪些指标?
9. 产业竞争力分析的内容是什么?
10. 产业规划的方案包括哪些内容?
11. 什么是产业布局的指向?

参阅文献

1. 中国人民大学区域经济所:《产业布局学原理》, 北京:中国人民大学出版社 1997 年版。

2. 刘再兴主编:《中国区域经济:数量分析与对比研究》,北京:中国物价出版社 1993 年版。

3. 孙久文:《中国区域经济实证研究》, 北京:中国轻工业出版社 1999 年版。

4. 魏后凯:《21 世纪中西部工业发展战略》,郑州:河南人民出版社 2000 年版。

5. 臧旭恒:《产业经济学》, 北京:经济科学出版社 2002 年版。

6. 林兆木、邵方主编:《跨世纪的发展思路研究》，北京:中国计划出版社 1995 年版。

7. 吴殿廷:《区域经济发展研究》,长春:吉林科学技术出版社 2001 年版。

8. 黄继忠:《区域内经济不平衡增长论》，北京:经济管理出版社 2001 年版。

9. 张长生主编:《经济发展战略比较研究》,广州:广东经济出版社 1998 年版。

10. 杜平主编:《西土取金——西部大开发的政策背景与商业机遇》,北京:中国言实出版社 2000 年版。

11. 费洪平、戴公兴:《经济开发区产业规划与管理》，北京:科学出版社 2002 年版。

12. 中共云南省委办公厅、省政府研究室:《云南支柱产业论》,昆明:云南人民出版社 1997 年版。

13. 王章辉:《欧美农村劳动力的转移与城市化》,北京:社会科学文献出版社 1999 年版。

7. 城镇体系规划

区域城镇体系是指在一个区域范围内，经济社会联系密切的一组城镇群，它们具有不同的等级、不同的规模、不同的职能，在布局上有一定的规律可循。区域城镇体系的规划是城市规划的扩展和延伸，是区域经济规划中重要的、不可或缺的内容。

7.1 区域城镇体系的特征和形成条件

7.1.1 区域城镇体系的特征

城镇是区域发展的基本要素。城镇体系是区域经济规划中空间规划的核心内容之一，需要在规划中进行系统的设计。我们从区域经济规划的角度认识的区域城镇体系的特征有：

——关联与聚集性

城镇体系的关联与聚集的特性，是指城镇之间职能分工上的相互关联。任何一个经济区域内部的各城镇之间，都依据区域的经济内容不同，有着合理的分工和密切的经济社会联系，每个城镇都有自己主导或支柱的产业部门，通过社会分工与其他城镇建立密切的经济联系。关联性是城镇体系最主要的特性之一。

城镇的聚集性是城镇体系在布局上的特点，指城镇在地域空间上的相互关系。城镇体系当中涵盖了城镇群、城市带和都市圈等城镇的聚集形式。城市群是由若干个在地域上相互接近的同类城市的发展与聚集所形成的，一般地域面积都较大，如山东半岛城市群、辽中南城市群等；城市带是指若干城市沿一条带状的交通线分布的聚集形式，一般在空间上延续很长但相对较狭窄，如济南—青岛城市带、洛阳—郑州—开封城市带等；都市圈是城市聚集的高级形式，是以一个大型城市为中心、吸纳了一批有实力的中小城市形成的城市的组团，我国目前已经形成了首都圈、长江三角洲、珠江三角洲等三个大的都市圈，在我国的经济发展中起着增长中心的作用。

——整体与层次性

城镇体系是由城镇、交通网络和基本区域构成的统一的整体，各个城镇之间由发达的交通通讯网络进行联结。我们可以用框图来表示城镇体系的系统构成：

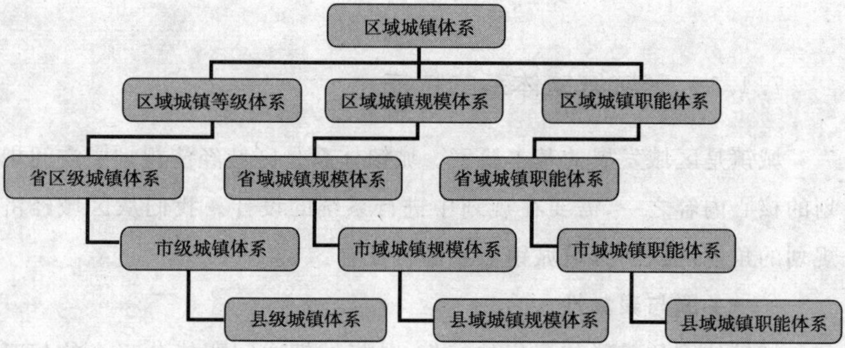

图 7—1 区域城镇体系的层次性

城镇体系形成之后，每一个城镇、每一条交通通讯线路都构成城镇体系中的有机组成部分，形成为一个整体，这是城镇体系整体的特性。

城镇体系的层次性是系统性的具体化，包括区域行政层次、城市规模层次和城市职能层次三个方面。行政层次由规划区域的行政级别构成，通过行政管理的机构，规范层级的内容，包括不同级别城市的数量结构;规模层次是指大中小城市的规模构成,包括不同规模城市的数量结构;职能层次是指两类城市的数量构成,即综合性城市和单一职能城市。

——动态与变化性

区域城镇体系是一个动态变化的系统,是在不断发生变化的系统。由于城市化速度的加快,城市人口的增加,城市本身的规模在发生变化,城市的数量也在发生变化,原有的城市之间的各种关系就逐渐被打破,形成新的关系。例如,我国的城市人口占全国人口的比例,从1980年的不到20%,上升到目前的45%,城市总人口增长了三倍。城市数量达到655个(2007),建制镇更达到19249个。城市的地位也在发生变化,如深圳的兴起,改变了广州在珠江三角洲的一家独大的地位,北京的发展使天津在华北的经济中心的地位受到挑战。所以,区域城镇体系的动态变化是一个客观存在的过程,是不可避免的。

区域经济规划中的城镇体系的设计,要求我们对现有的城镇体系的现状能够充分认识,了解其发展变化的方向,预测出未来动态变化的趋势。当然,规划本身对城镇体系的变化也具有引导和取向性的作用,即在认识到城镇体系的发展大趋势后,采取一定的措施,加快发展的速度。

7.1.2 区域城镇体系的形成条件

——区位条件

一个区域的城镇体系的形成,首先取决于当地的区位条件。决定城镇体系的区位条件与决定企业选择的区位条件所不同的是,决定企业选择的区位条件关键是经济地理位置,而运输是其中的主导要素;决定城镇体系的区位条件除了经济地理位置,还有该区域的面积和区域的海陆位置。

如下图所示:

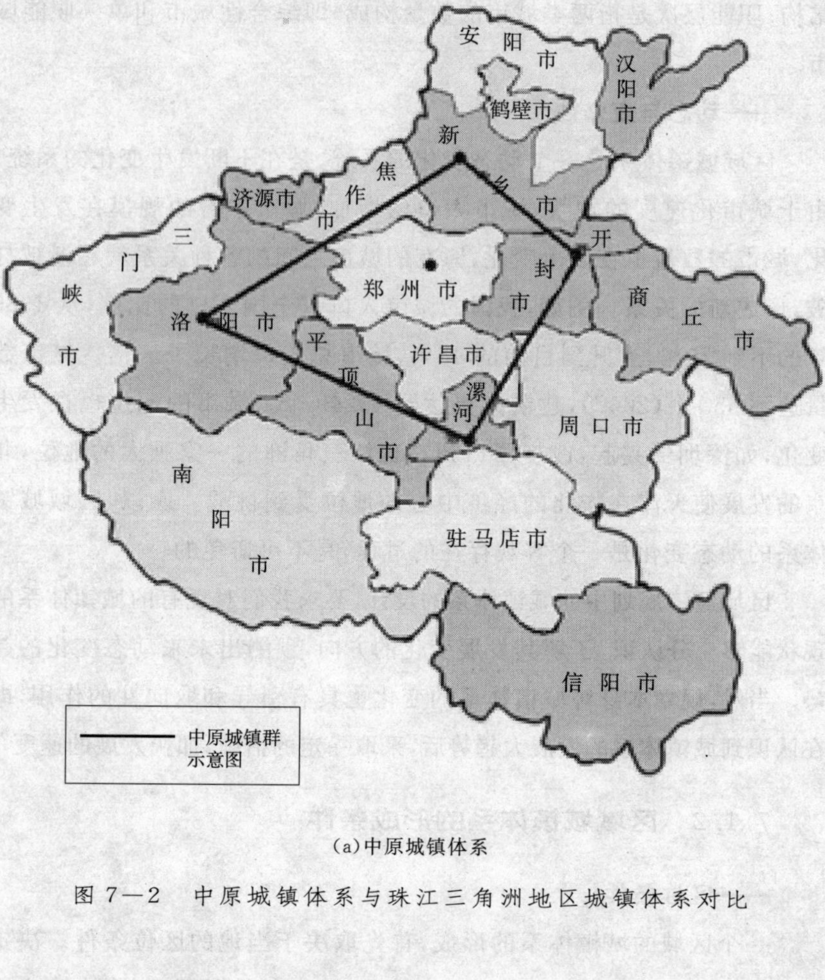

(a)中原城镇体系

图 7—2　中原城镇体系与珠江三角洲地区城镇体系对比

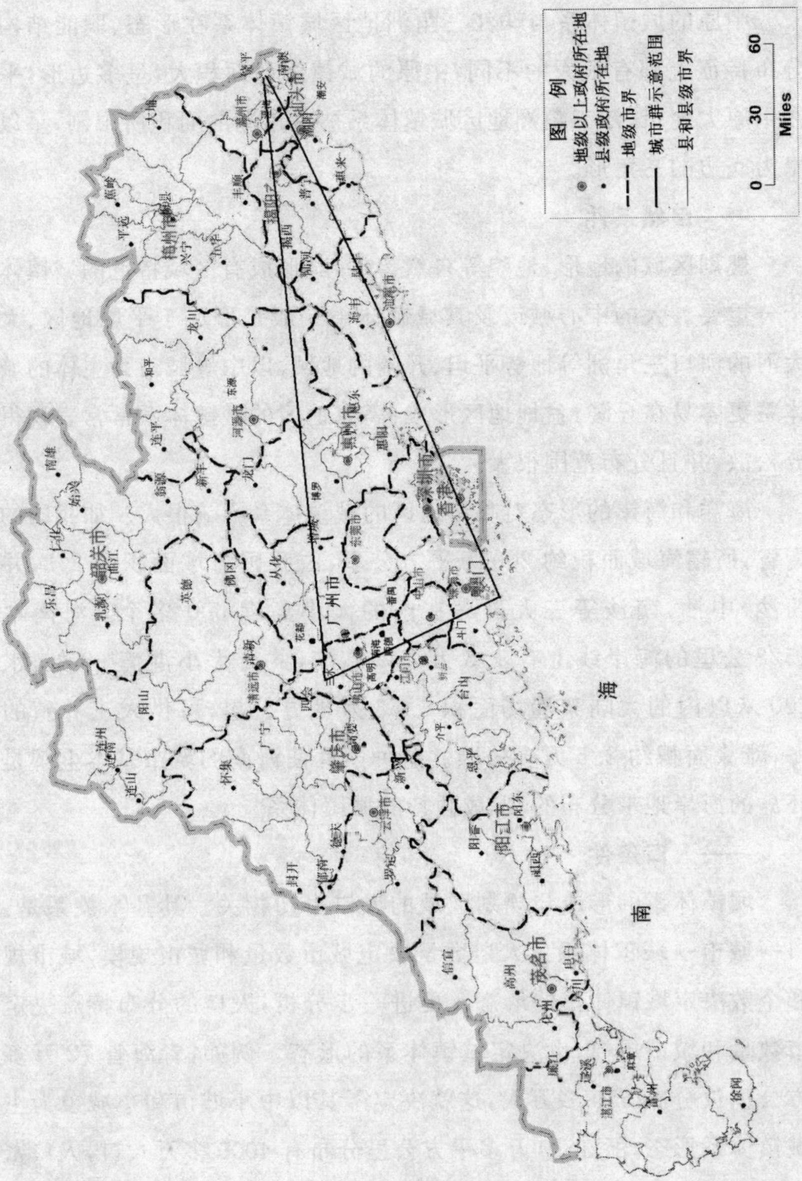
图 例
地级以上政府所在地
县级政府所在地
地级市界
城市群示意范围
县和县级市界
0 30 60
Miles
广州市
深圳市
香港
澳门
韶关市
梅州市
汕头市
阳江市
茂名市
肇庆市
南
海

中原的城镇体系与珠江三角洲地区城镇体系在形态、职能结构和分布特征上都有很大的不同，中原的城镇体系面积大，呈多边形，平铺在中原大地；珠江三角洲地区城镇体系被三角洲的面积所限制，呈以海岸为底边的三角形。

——自然条件

规划区域的地形、地貌等自然条件，对形成有区域特色的城镇体系十分重要。大的中心城市及其城镇体系一般是形成于平原地区、大江大河的河口三角洲等地势平坦、开阔的地域；以中等城市为主体的城镇体系更容易在丘陵、盆地地区形成；高原地区的城镇体系常常表现得十分松散，并且分布范围很大。

海洋和海岸的形态对临海地区的城镇体系影响很大。如我国的海南省，所辖海域面积约 200 万平方公里，占我国海域面积的 2/3，并有西沙、中沙、南沙等三大群岛在内的大小岛礁 600 多个。海南本岛 1528 公里的海岸线上有 1.5 万公顷港湾，共有大小港湾 68 处，水深 200 米以内的大陆架渔场面积 6.56 万平方公里，可供人工养殖的浅海、滩涂面积约 2.5 万多公顷。这种条件使海南的城市基本上都是在环岛的海岸地带分布的，形成独特的城镇体系。

——人口条件

城镇体系的形成与规划区域的人口密切相关。其基本关系是：人口→城市→城镇体系。人口数量决定城市数量和城市规模，城市规模和个数决定城镇体系的形态。更进一步分析，人口的分布特点决定城市数量和城市规模，也决定城镇体系的形态。例如，青海省 72 万多平方公里仅分布 550 多万人，这就决定了其以中小城市和小城镇为主的城镇体系形态，浙江 10 万多平方公里分布有 4000 多万人口，人口密集使城市分布也十分密集，大、中、小城市协调发展对当地的城镇体系建设就十分重要，其城镇体系是以杭州、宁波和温州三个城市为中心的形态。再如，安徽与江苏的人口分布都很密集，但江苏的城市人口比重大，城市发达，城市的规模大，城镇体系完善；安徽则城市人口比重小，城镇体系中仍然是以农业区域的商贸城市为主体。

——经济发展条件

区域经济发展的条件，是区域城市化道路的决定因素，也是城镇体系形成的决定因素。有什么样的产业结构，就有什么样的城镇体系。我们知道，形成现代城市的决定性原因是第二、三产业的发展，而这些产业中的部门特点和构成部门的企业特点都不尽相同，以这些产业和企业为基础的城市形态和城镇体系当然也不同。

例如，海南省的经济特点是农业资源优势逐渐转化为热带高效农业的产业优势，旅游业发展迅速，已成为海南经济的支柱产业。这种经济特征的微观基础——企业，其规模都不大，需要的城市支持也不是很大，所以，该区域的城镇体系是中小城市主导型的；辽宁省是我国的重工业基地，钢铁、煤炭、化工、机械等企业，规模都很大，有的一个企业的职工和家属就有十几万或几十万人，需要的城市支持也必定很大。辽宁目前百万人以上的大城市有沈阳、大连、鞍山、抚顺等，并有 5—6 个接近百万人门槛的大城市。

——基础设施条件

城镇体系的形成还有赖于规划区域的基础设施条件。其中铁路、公路、港口、航空和邮电通讯、能源供应、水资源供应等对城镇体系的影响最大。一般讲，大城市的基础设施条件都要好些，而且城市的规模与城市的基础设施条件有一个互相适应、不断调整和发展的过程。

城镇体系本身是一个网络形态的体系，城市本身是节点，运输与通讯线路是线，区域是域面。从区域经济规划的角度来说，我们要规划每一个城镇，也要规划城镇之间的连接线。加强城镇体系内部各城镇之间的联系，要加大运网的投资。一个成熟的城镇体系，除了传统的运输线路外，还应当有发达的高速公路网和快速铁路网，并使城际联系如同城内联系一样便捷。能源和水资源问题的解决，更适合从大的区域出发，从一个完整的城镇体系出发，这样比单个城市的解决方案更经济、更能发挥效益。

7.2 城市化与城镇体系发展战略

区域经济规划中的城镇体系规划，仍然要遵循我们一贯的程序，就是首先确定发展的战略和指导思想。

7.2.1 战略思想

结合目前国家经济发展的宏观背景，城镇体系规划战略思想的确定，应当从以下几点出发：

第一，从加快城市化进程出发确立战略思想。

城市化过程作为社会发展的必然趋势，有利于转移农村人口和优化城乡经济结构，为经济发展提供广阔的市场和持久的动力。要紧紧围绕经济社会发展的战略目标，不失时机地加快城市化进程。要逐步改变城市和乡村社会的二元经济格局，缩小城乡间的差距，实现城乡区域协调发展。城镇更好地为农业产业化发展服务，乡村居民点集约化建设，同样享受到21世纪现代物质文化设施服务。这将使城乡产业结构全面重组改造，降低城乡经济运作的各项成本，真正实现城乡的统筹发展。

第二，从推动经济发展和社会进步出发确立战略思想。

根据各地区区位条件、资源特点、产业结构和发展潜力，合理确定城镇布局和功能定位；加速发展中心城市，扩大规模，形成对经济社会发展的强有力的辐射、带动和集聚作用；在这个前提下确立的发展战略，要大力发展规划合理、规模适度、功能完善、环境优美、具有集聚人口和繁荣经济作用的各类城市，高起点规划、高标准建设和高水平管理好城市。

第三，从加强中心城市作用出发确立战略思想。

中心城市对区域经济的带动作用目前已经被区域的经济发展所证明。提高规模效应和“极核”作用，积极培育能够发挥区域性枢纽作用和产业优势的中心城市，应当是城镇体系规划的中心任务之一。在加强中心城市作用的同时，还要加强小城市及县城镇的建设，使其成为各区域经济的中心，带动城、镇、乡村社会经济全面发展。要集约发展小城镇，提高城镇质量，扩大二、三产业规模，吸纳农业剩余劳动力在小城镇就业，吸引乡镇企业向小城镇集聚，规模经营，从而适应农业集约化经营和乡镇企业实现现代化的需要。

第四，从区域协作和区域统筹出发确立战略思想。

规划区域的城镇体系建设，要依据当地的资源优势和区位条件，与周围区域形成合理分工协作关系，统筹大区域的市场和科技创新力量，将各项产业的发展与国内外市场需求紧密结合，提高自己的市场竞争力，大力发展外向型经济。

总之，城镇体系规划是希望建设一个环境优美、经济发达、科技领先的城镇体系；要求达到环境质量高、基础设施质量高、城镇生活质量高的特色，形成城镇布局合理、职能分工明确、结构有序、协调发展的城镇体系。

7.2.2 战略目标

城镇体系规划的战略目标由两个部分构成：

——城市化水平目标

(1)近期目标。5 年为限，城市化水平以本区域现有的水平为基准，以全国平均水平为比照的标准。城市化水平的目标是与城市的发展紧密结合在一起的，近期目标的实现，要求规划区域加速二、三产业集聚发展，增加二、三产业就业岗位；加速农业产业化发展，分离出的二、三产业及农业剩余劳动力向小城镇集聚，加速城市化发展。

(2)中期目标。10 年为限，城市化水平以全国平均先进水平为比照的标准。例如，海南省在 2000 年的规划中提出，要在 2010 年城市化水平赶上全国平均水平，即 2010 年城市化水平达 40%左右，与届时全国的平均城市化水平基本持平；到 2015 年达到 45%，接近沿海地区的平均水平。城市化水平年均增长一个百分点。

(3)远期目标。20 年为限，城市化水平以国际先进水平为比照的标准。在未来 20 年间，我国要积极促使城市化加速发展，使城市化水平年均增加 1—1.5 个百分点，2020 年城市化水平达到 50%—55%左右，达到中等发达国家的平均水平。

——城镇发展目标

城镇发展目标由以下四个方面构成：

(1)人居环境目标

人居环境目标即各项发展以保护自然环境为基础，与环境的承载能力相协调；城镇每户居民拥有功能比较齐全的住宅，供水、能源、交通、环保等住区的基础设施比较完善；城镇空闲土地全部种花种草，农村住区环境清洁、优美，实现城乡的绿化、美化和净化；形成布局合理、生态景观和谐优美的人居环境。

(2)经济发展目标

经济发展目标即城市的生产和消费的目标，提高资源的再生和综合利用水平，建立发达的城市产业体系，提高主要城市的主导产业在区域经济中的比重。农业基本实现产业化，工业实现现代化，第三产业成为城市经济的重要支柱，建立以可持续发展为特征的新的生产结构和运行机制。

(3)社会发展目标

社会发展目标主要指采取行政、立法、经济、科技等手段,促使城镇社会的发展和现代化。全社会形成自觉的发展意识和现代化的价值观,使生活质量、国民健康与社会进步、经济发展相适应;在物质生产和社会生活中,形成一种新观念、新经济、新秩序和新文化的创造过程。

(4)城镇环境质量目标

主要是与城市环境质量有关的一些指标构成的目标体系,有主要城市空气质量标准,主要城镇噪声达标率标准,使用清洁能源标准,城市用水质量标准,解决城市生活垃圾(无害化处理率)标准,城市污水和机动车尾气治理标准,实现主要城镇、旅游区的绿化、美化、净化标准等。

7.2.3 发展途径

城镇体系规划的实现途径与区域经济发展的途径基本上是一致的,在具体的操作过程中,需要确立一些基本的原则。

——按照区域发展的模式来培育城镇体系

根据规划区域的经济特色和大环境的要求,主要城镇按网络、点轴或增长极发展,在发展模式上要与所在的区域相一致。例如,首都圈地区、长江三角洲地区和珠江三角洲地区基本上是网络发展的模式,山东、海南、河南等地区基本上是点轴发展的模式,西部人口较少的省区基本是增长极的模式。我们规划的区域到底位于哪个区域,就要按照该区域的模式去发展城镇体系。

——培育支柱产业及发展新的经济增长点来支撑城镇体系

培育城市支柱产业及新的经济增长点,实现传统产业向现代制造业和高科技产业的转化,是完善城镇体系建设的物质基础。要创造进入知识经济的条件,发展利用本地资源、科技含量高的现代制造工业,利用现代技术、生态工程逐步改造传统工业,引入具有强大市场竞争力的高科技产业,支撑城镇体系发展。

——加快特色产业的发展来完善城镇体系发展

小城市和小城镇的发展,需要特色产业的支撑。要依据不同区域,选择真正具有优势的特色产业。农业区域的小城市和小城镇的发展,要加速农业产业化发展,提高特色农业的产品附加值;旅游区域的小城市和小城镇的发展,要加强旅游及其相关产业建设,加强区际旅游网络接待体系建设。在旅游区城镇要配置完善城镇旅游服务相关产业,提高旅游产业综合效益。沿海地区的小城市和小城镇的发展,要发展海洋产业,建设具有海洋经济特色的沿海城市。资源开发区域的小城市和小城镇的发展,要结合区域资源的开发情况,建设具有资源经济特色的矿业城镇。

——多渠道吸引资金加快城镇体系发展

抓住经济全球化中产业梯度转移和国内市场竞争的机遇,多渠道吸引资金用于城镇体系建设;城市建设的资金来源是多方面的,有国家投资、城市资源开发、企事业单位投资、社会个人集资,以及利用银行贷款进行建设等。其中土地资源是城市建设的重要资金来源,应当认真用好,为此必须进一步改善投资环境,在政策、法规、制度、基础设施条件等多方面提高城市的吸引力。但是,城市土地开发要适度,要有可持续发展的观念,开发速度不应当太快,政府手中要掌握一定的后备土地,本届政府要为后面的政府留有一定的发展空间。

7.2.4 区域城镇体系规划的基本内容

区域城镇体系规划内容主要包含以下几个方面:

(1)城镇体系发展条件分析。包括对规划区域城镇发展的资源条件、城镇体系发展的社会经济条件的分析；

(2)城镇体系发展现状分析。包括规划区域开发建设简史、各城镇的发展、行政区划的变化、城镇现状概况、分市县的城镇现状、城镇体系发育过程中呈现出的特点与不足、城市建设与布局中存在的问题。

(3)城镇体系发展战略。规划区域城镇体系发展的宏观政策环境、国际经济环境、国内经济环境、城镇体系发展战略的指导思想、城镇体系发展的总体目标，包括城市化水平目标、生态环境目标、经济发展目标、城镇用地目标、城镇发展布局目标、城镇基础设施和社会服务设施建设目标。

(4)城镇化水平预测。规划区域城镇化水平预测的背景依据、总人口发展预测、城镇化水平预测、城镇化水平规划方案、规划方案的可行性分析。

(5)城镇体系等级结构规划。规划区域城镇体系等级现状、城镇等级结构的特点、城镇等级规模结构形成的原因、城镇体系等级结构规划方案。

(6)城镇体系职能结构规划。规划区域城镇的类型、城镇体系职能结构规划方案、综合型城市、交通港口城市、工矿型城镇、加工—商贸型城市、旅游城市等的发展规划。

(7)城镇体系布局规划。规划区域城镇体系布局现状、城镇体系布局的影响因素、城镇体系布局规划的主导思想、城镇体系布局规划方案。

(8)城镇土地利用总量平衡结构规划。规划区域土地资源利用结构、建设用地现状、土地利用总体规划的城镇用地控制指标、城镇土地利用总量平衡结构规划。

(9)城镇区域基础设施总体布局规划。规划区域交通基础设施布局规划、通讯与信息网设施建设布局规划、能源基础设施布局规划、水利和城市供水设施建设规划、环境保护设施建设规划、城市灾害预防设施规划、社会服务设施建设布局规划。

(10)实施城镇体系规划的有关政策措施。

7.3 人口发展与城市化水平预测

区域城镇体系的具体设计,是在对发展条件进行分析之后,从规划区域的人口发展和城市化水平预测为中心开始着手进行。

7.3.1 人口预测

——劳动平衡法

(1)户籍人口预测:

公式选择:

$$P=P_1/1-(\beta+\gamma)$$

式中:P——规划期末城镇人口规模

P_1——规划期末基本人口

β——服务人口的百分比

γ——被抚养人口的百分比

指标的选取及参数的计算:

基本人口的计算。基本人口是指从事第一产业和第二产业的职工人数。我们首先要统计规划区社会从业人员的总数,然后分析其结构,即第一产业从业人数、第二产业(包括工业和建筑业)从业人数和第三产业从业人数的比例。从发展趋势来看,第一产业从业人员呈现逐年下降的趋势,尤其是随着我国经济发展和科技水平的提高,农业劳动生产力也将提高,第一产业从业人员减少不可避免。工业从业人员增长是目前阶段的必然出现的情况,农业劳动力转出之后,将有相当一部分参加到工业，特别是地方性的工业中去；建筑业从业人员增长也是比较合理的。第三产业人口的比重也应当有比较大的增加。

(2)流动人口预测。首先要统计目前规划区流动人口的数量，然后计算 GDP 年均增长率，并计算出 GDP 年均增长率与流动人口的相关关系，然后预测 2005 年、2010 年和 2020 年规划区域的 GDP 的值，最后根据 GDP 和流动人口的关系计算出 2005 年、2010 年和 2020 年规划区域流动人口分别的数量。

——平均增长率法

(1)户籍人口预测：平均增长率是指代表规划区域人口发展特点的人口增长率的平均数。以此作为规划区域人口的增长速度。

公式的选取。

$$P=P_1(1+r)^n$$

P——规划期末人口

P_1——基期人口

r——年均人口增长率

n——规划年限

$$r=\frac{\sum_{n=1}^{8} r_n}{8}$$

r_1-r_8 分别是选取的 8 个镇的人口增长率。

一般讲，规划区域中心城区的城市化水平高于周边各县，尤其是各自城关镇的城市化水平基本处于同一水平。选取规划区域的各中心城镇(例如选取 8 个镇)作为样本资料，它们的人口增长速度在很大程度上可以说明规划区域城市人口的增长速度。要选取历史资料来分析其增长的趋势，年度的选取可以多些。根据这些年的数据可以计算出各中心城镇的年均增长率，然后 8 个镇的数值取平均，得出规划区域城区人口的年均增长率。然后预测规划年的人口。

(2)流动人口预测。首先要统计目前规划区各中心城镇的流动人口的数量,计算出 GDP 年均增长率与各中心城镇流动人口的相关关系,最后根据 GDP 和各中心城镇流动人口的关系计算出 2005 年、2010 年和 2020 年规划区域各中心城镇流动人口分别的数量。将各中心城镇的流动人口的数量加总,就是规划区域流动人口的总数。

——时间序列法

预测公式为:

$$Y=Y_0(1+X)^N$$

Y——预测期总人口

Y_0——基期总人口

X——从基期到预测期年均人口增长率

N——从基期到预测期年数

根据规划地区历史时期的人口增长情况,计算出规划区域的人口自然增长率,然后计算出预测年的规划区域的总人口。我们需要注意中心城区中心地位的强化和整个规划区域经济的发展,尤其是暂住人口的增加,并对根据人口自然增长率预测的人口数进行调整。

7.3.2　城市化水平预测

对规划区域的城市化水平进行预测,包括以下几个方面的内容:

(1)城市化的概念。城市化是一个复杂的社会经济动态演变过程。从主要特征看,城市化是人口非农业活动在规模不同的城市和建制镇地域环境集中的过程和非城镇景观转化为城镇景观的过程;从社会学角度看,城市化是农村社区向城镇社区转化中人的行为方式和生活方式变化的过程和结果;从人口学角度看,城市化是在社会经济发展过程中人口不断向城镇地区迁移集中的过程;总之,城市化是人口结构、产业结构、生产方式、生活方式转换升级的过程。

(2)城市化速度。国内外城市化发展的大量历史数据表明，在城市化水平达到50%以前，每年平均增长0.5个百分点，是城市化的正常速度。中国在1988—1998年的十年间，城市化年均增长速度为0.46个百分点。

(3)城市化水平统计口径。城市化水平常以城镇人口占总人口的比重来表示。市人口统计口径为设区的市的区人口和不设区的市所辖的街道人口；镇人口统计口径为不设区的市所辖镇的居民委员会人口和县辖镇的居民委员会人口。根据“人地对应”的原则，城镇人口为居住在城镇建成区内的总人口，包括非农业户籍人口、从事二、三产业的农业户籍人口和居住一年以上的暂住人口三部分。

区域城市化水平＝(非农业户籍人口数＋从事二、三产业的农业户籍人口数＋居住一年以上的暂住人口数)/常住总人口数

(4)预测方法及结果选择。城镇体系规划研究和预测规划区域范围的城市化水平，主要研究区域社会经济发展水平下的城镇人口发展总规模的水平，为整个地域的经济发展和城镇建设布局提供依据。根据对规划区域社会经济发展规划研究及城镇发展态势分析，结合定性和定量分析模型计算，分析城市化的途径和动力，可以选择剩余劳动力转移模型法、城市化水平增长率趋势预测模型法、回归优选模型法、灰色预测模型法、劳动力弹性系数(城市化与经济发展关系)模型法、逻辑斯缔趋势预测模型法、综合比较法等进行城市化水平预测。

(5)城市化预测取值。预测的方案可能有好几个，要比较其优劣。需要进行预测情况的综合比较分析，参考国内平均水平、其他地区城市化的水平和国际先进水平来最后确定。例如，某市2000年城市化水平为25.96%，随着经济的加速发展，城市化水平也将迅速提高，根据该市“十五规划”的数据，今后五年城市化水平每年要增长1—2个百分点。因此分三种情况进行推测，分别是城市化水平每年提高1、1.5、2

个百分点。根据以上三个速度进行推测得到2005年的城市化水平分别为31%、33%和36%，将以上三个数据平均，得到33.3%，就是该市2005年的城市化水平，同理可以计算2010年和2020年城市化水平分别为41%和56%。

7.4 城镇体系规划方案设计

区域的城镇体系规划方案包括等级规模结构规划、职能结构规划、空间结构规划和土地利用总量平衡结构规划等。

7.4.1 城镇体系等级规模结构规划

城镇体系等级规模结构是指规划区域内不同规模的城镇组成的等级构成，从大到小依次为超大城市、特大城市、大城市、中等城市、小城市和建制镇等。

——城镇体系规模结构理论模型

城镇体系的规模结构在理论上可以划分为三类：顺序——规模分布法则、城市首位度和城市金字塔模型。

(1)顺序——规模分布模型。顺序——规模分布模型可由以下公式来说明：

$$P_i \times R_i = K$$

式中，P_i 为一个区域内按人口排序第 i 个城镇的人口数，R_i 为第 i 个城镇的排序位次，K 为常数。

也就是说，某一城镇的人口规模与排列位序的乘积不变。

对于顺序——规模分布规律，更简洁的计算公式是：

$$P_r = P_1 / R$$

式中，P_r 是指区域内人口规模排序中第 r 位的城镇的人口数，P_1

是指区域内第 1 位城镇的人口数，R 是 P_r 城镇的排列位序。

按照顺序——规模分布规律，在最典型的城镇体系中，城镇的规模顺序与人口规模的乘积是一个常数。一般而言，只要城镇体系符合城镇的数量随着城镇规模的增加而减少这一基本要求，就可以认为该城镇体系属于顺序——规模分布型。

在顺序——规模型分布的城镇体系中，最大城市通常具有重要的意义。一般而言，如果最大城市规模大，在全国城市体系中处于较高的地位，那么这个城镇体系发展水平一般也比较高。

(2)城市首位度。城市首位度是马克·杰菲逊(M. Jefferson)在 1939 年对国家城市规模分布规律的一种概括。他提出这一法则是基于观察到一种普遍存在的现象，即一个国家的"首位城市"总要比这个国家的第二位城市大得异乎寻常。不仅如此，这个城市还体现了整个国家和民族的智能与情感，在国家中发挥着异乎寻常的作用。他把这种在规模上与第二位城市保持巨大差距，吸引全国城市人口的很大部分，在国家政治、经济、社会、文化生活中占据明显优势的城市定义为首位城市(primate city)。杰菲逊认为，一个国家在它的城市发展早期，无论什么原因而产生的一个规模最大的城市，都有着一种强大的自身继续发展的动力，它作为经济社会的中心而出现，把有力量的个人和活动吸引到这里，逐渐变成一个国家、一个民族的象征，在很多情况下，就成为首都。对于一个区域来说，首位城市的作用也同样十分明显，一般都会成为这个地区的政治、经济、社会、文化中心。

(3)城市金字塔模型。城市金字塔模型是指把一个国家或者地区的城市按照大小分成等级，就有一种普遍存在的规律性现象，即城市规模越大的等级，城市的数量越少，而规模越小的城市等级，城市数量越多。把这种城市数量随着规模等级而变动的关系用图表示出来，形成城市规模等级金字塔。(见图 7—3)

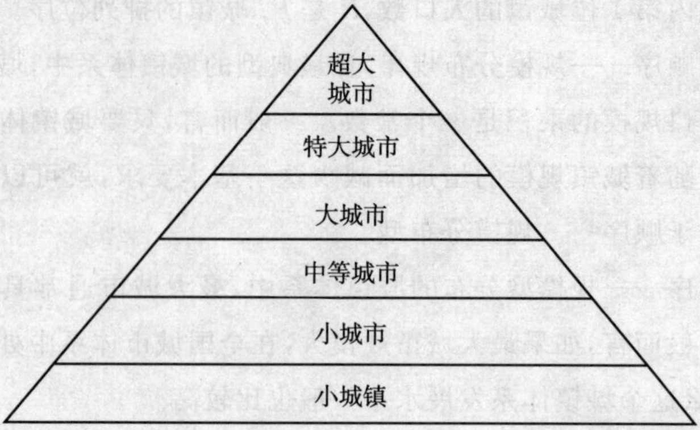

图 7—3　城市规模的金字塔

例如，按照我国目前的城市分类，我国 2007 年建制镇为 19249 个，20 万人口以下的小城市为 267 个，20 万—50 万人口的中等城市为 151 个，50 万—100 万人的大城市为 118 个，100 万—200 万人口的特大城市为 83 个，200 万人口以上的超大城市共为 36 个。这个城市金字塔模型从上到下为 1∶2.31∶3.28∶4.19∶7.42∶534.69。

——城市规模等级结构规划

(1)城市规模分级。目前我国的城市规模分级标准是 20 年前提出来的，规定小城镇在 5 万人以下，5 万—20 万人为小城市，20 万—50 万人口为中等城市，50 万—100 万人口为大城市，超过 100 万的为特大城市，也有人把 200 万人以上的城市称为超大城市。这种划分在城市化的历史发展过程中曾起到过重要的作用，但是随着世界经济一体化的加快发展以及我国加入世贸组织的完成，原来的城市规模划分存在的问题日益凸现。我们参考世界银行综合的世界主要国家地区的城市化状况，提出城市规模分级的建议是：小城镇在 5 万人以下，5 万—20 万人为小城市，20 万—100 万人口为中等城市(可分为 2—3 个级别)，100

万—300 万人口为大城市，300 万—1000 万的为特大城市，1000 万人以上为超大城市。

(2)等级结构规划。等级结构规划主要是安排规划区域的不同规模等级城市的数量、每个城市的人口数和它们之间的等级关系。

中心城市的确定。我们一般首先规划区域的中心城市，按国内一般大中小城市运行效益比较，其中大城市运行效益最高，具有典型的规模经济效益递增的特点，所以确定哪座城市作为中心城市，是第一步的工作。例如，海南省的城镇体系规划，首先把海口市作为中心城市来对待。在规划期内，将琼山市府城区作为“大海口市”城市组团的一部分，合并统计的“大海口市”的 GDP 产值将达到 400 亿元以上，并在规划期进入到百万人口以上的大城市行列。

大、中城市规划。巩固区域内的中等城市，并将其中条件好、发展快的中等城市在规划期内发展为大城市，促进区域内的小城市加快发展为中等城市，增加中等城市的数量。对于处于城镇体系发育初期的地区，各片区中心城市的实力较弱，对周边地区带动作用较小。加快各片区中等城市的形成，可以带动各片区的经济加快发展。例如，海南省的城镇体系规划，规划期内首先促进南、东、西各片区中心的三亚市、琼海市、儋州市加快发展为 20 万人以上的中等城市，陆续扶持东方市等进入中等城市行列等。

小城市和县城镇规划。巩固发展小城市和县城镇，是城镇体系规划的基础性工作。一般处于城镇体系发育初期的区域，小城市的经济实力相对较弱，经济辐射作用不够突出，需要巩固、提高实力。在规划期内，应努力强化其二、三产业发展，提高其城市聚集效益，强化城市功能的扩散效应。

小城镇规划。一般规划区域的小城镇数量多，人口规模和镇区建设规模相差很大。应当加强基础设施、生活设施和市场设施建设，吸引就业人口，加强产业基础的建设，加强与周边区域的经济联系。

城镇体系等级结构规划的结果，一般是形成一个规划图表，并辅以文字的解释。

——城镇体系等级结构规划表

城镇体系等级结构规划表是规划的最后结果，表 7－1 是 2010 年的海南省城镇体系等级结构规划。

表 7—1　2010 年海南省城镇体系等级结构

级别	城市类别 人口规模	个数	城镇名称	市镇总人口 （万人）
一	大城市	1	海口（含琼山）市	90
二	中等城市	2	三亚、儋州	60
三	小城市	7	琼海、万宁、东方、文昌、通什、洋浦、澄迈	80
四	县城镇 和重点镇	50	现属琼山市：灵山、桂林洋、云龙、红旗、大致坡 现属文昌市：潭牛、会文、蓬莱、东郊 现属琼海市：博鳌、长坡、中原、大路 现属万宁市：和乐、龙滚、大茂、兴隆 现属陵水县：陵城、新村 现属三亚市：田独、藤桥、天涯、南新 现属乐东县：九所、黄流 现属儋州市：白马井、西联、八一、兰洋 现属临高县：新盈、调楼 现属澄迈县：永发、美亭、马村 现属屯昌县：屯昌、枫木 现属昌江县：太坡、石碌、叉河 现属白沙县：牙叉、帮溪 现属东方市：感城、抱板 现属通什市：毛阳、南圣 现属保亭县：保城、新政 现属琼中县：营根、乌石 现属定安县：定城、龙塘	80
五	其他建制镇	135	名单略	50

资料来源：孙久文、陈玮："海南省城镇体系规划研究报告"（2000）。

7.4.2 城镇体系职能结构规划

城镇体系职能结构是指区域内各城市的职能构成及其在区域发展中所起到的作用。城镇职能是城镇的经济、社会和文化等因素的集合，由于要素的不同组合，形成城镇为区域服务的职能特点。包括在工业、商业、交通通讯、文化教育、科研、行政和旅游等方面的作用。合理的城镇体系，应当是各类职能的城镇的合理组合。

——城镇职能类型划分

对城镇体系职能的分类，目前有三种分类的方法：

(1)描述性城镇职能类型划分。以英国学者奥隆索分类法为代表的描述性城镇职能类型划分，从城市的性质出发，抓住城市的最基本特征，进行简单而通俗的定性划分。如下表所示：

表 7—2 描述性城镇职能分类法

体系类型	城镇类型
行政城市	首都、税收城市
文化城市	大学城市、艺术中心城市、宗教中心城市
防御城市	要塞城市、驻军城市、海防城市
生产城市	加工业城市
交通运输城市	运输城市、贸易城市
娱乐城市	疗养胜地城市、度假城市、旅游观光城市

资料来源：张敦富主编：《区域经济学原理》第 65 页，北京：中国轻工业出版社 1998 年版。

这种分类法强调城镇职能的专门化，突出一项职能，缺少综合功能的分析，也缺少量化的概念。

(2)统计法城镇职能类型划分。为了能够准确地确定城市的主导职能，人们借助统计学的分析方法，利用统计资料，用各行业的就业人数占城市就业总人数的比例作为主要的标识，并根据职能专门化相似程度进行分类。最有代表性的是日本的学者土井喜久一和美国学者哈里斯。哈里斯的统计法城镇职能类型划分如下表：

表 7—3 哈里斯统计法划分的美国城镇职能体系

城镇体系	类型号	总量(个)	比重(%)
加工工业城市	M'	118	19.50
制造业城市	M	140	23.14
综合型城市	D	130	21.49
零售商业城市	R	104	17.19
交通运输业城市	T	32	5.29
批发商业城市	W	27	4.46
娱乐休闲城市	X	22	3.64
教育城市	E	17	2.81
矿业城市	S	14	2.31
行政城市	P	1	0.17
总计		605	100.00

资料来源：张敦富主编：《区域经济学原理》第 66 页，北京：中国轻工业出版社 1998 年版。（美国 1950 年资料）

（3）多变量城镇职能类型划分。随着现代城市的发展和影响因素

表 7—4 成俊庸多变量城镇职能体系

城市体系	城市名称
综合性大城市	汉城
大城市、工业城市	釜山、仁川、浦项、大丘、水原、大田、光州、群山、马山、蔚山
汉城近郊城市	城南、议政府、安养、富川
综合职能城市	春川、全州、青州、晋州、安东、镇海、木浦
停滞型城市	原州、丽水、江陵、庆州、天安、三千浦
孤立型城市	济州

资料来源：张敦富主编：《区域经济学原理》第 67 页，北京：中国轻工业出版社 1998 年版。

的多样化、复杂化，以及城镇体系研究手段的更新，出现了多变量分类方法，研究的变量涉及经济、政治、人口、就业、收入等各个方面。例如，1977 年韩国的成俊庸提出的韩国多变量城镇职能分类，共计算了 5 组 34 个变量。（见上表 7—4）

我国国土面积广大，人口众多，到 2007 年有 655 个设市的城市，19249 个建制镇，60000 多个集镇，城镇的类型也多种多样。所以，应当以省级为单位，制定当地的城镇职能类型方案，真正做到“因地制宜”。

——城镇体系职能结构现状分析

在进行未来的规划之前，应先对目前的区域城镇职能进行分析。在我国各区域中，城镇职能包括：

(1)综合性中心城市。综合性中心城市一般都位于自然条件优越、交通便利、工业发达、人口众多的区域，具有行政中心、经济中心、科技和教育中心的职能。我国东部地区人口密集，综合性中心城市数量较多，吸引范围大小有较大的差别。西部地区面积广大，中心城市数量相对要少些，所以中心城市的辐射面都比较大。越往西部推进，这种状况越明显。按照综合性中心城市功能作用的范围，又可以划分为：全国性中心城市、大区性中心城市、省区性中心城市等。

(2)工业—矿业城市。从新中国 50 年的历史来看，工业发展和资源开发是分不开的。在这种机制的作用下，形成了资源开发—加工制造业相结合的工业体系。这种工业体系，造就了一批新的工矿业城市。包括：由煤矿开发而形成的城市，由钢铁工业发展而发展起来的城市，由铝、铜和其他有色金属加工而发展起来的城市，由石油和天然气开发而发展起来的城市等。此外，规模略小的工业—矿业城市已经是星罗棋布，成为我国城镇体系的重要支点。

(3)交通—工业城市。我国面积广大，交通运输对区域发展的作用很大。在主要的交通枢纽地区，伴随当地工业的集中，往往会形成交通—工业型城市或城镇，成为物资集散和转运中心。如铁路交叉口、公路交汇处、河港、铁路—河港枢纽等形成了这样的城市。

(4)工业—商业贸易型城市。工业为发展的主导产业，带动的商业贸易的发展，形成工业—商业贸易型城市。这类城市一般都有交通枢纽的区位优势，发展大工业、区域贸易和出口贸易等。

(5)农业—商贸型城市。这类城市或城镇的产业特色是主要以农副产品加工业为主的第二产业及产品商贸为主的第三产业。此类城镇数量众多，规模均较小，具有城市化发育初期的特征，主要为周边乡村地区的农副产品集散地和服务中心。包括由集市贸易小集镇发展起来的建制镇和由行政功能聚集一部分非农业人口，同时也聚集了一定量的农副产品加工工业的行政管理机构所在地。

(6)旅游城市。由于拥有丰富的旅游资源，大力发展旅游业及其相关产业，引起经济发展和人口聚集，形成旅游城市。我国自然环境多种多样，历史遗迹纵贯古今，民族风俗丰富多彩，发展旅游业的条件得天独厚，旅游城市也是分布广泛。例如，敦煌市，位于河西走廊的西缘，因发现敦煌石窟和大量的古代经卷而闻名，每年吸引大量海内外游客，已经是一座中等城市；延安市，位于陕北黄土高原，曾是抗战时期的中共中央驻地，随着陕北铁路的通车和陕北天然气的开发，发展速度正在加快；都江堰市，名垂千古的都江堰水利工程已经被联合国教科文组织确认为世界文化遗产，自然景观与人文景观的完美结合，使都江堰从乡间小城变为著名旅游城市；大理市，苍山洱海的秀丽风光和绚丽多彩的民族风貌令人们心驰神往，自广大铁路通车后，已经成为旅游热点，城市建设发展也很快。

(7)边境口岸贸易城市。在我国内陆地区，对外开放和对外贸易成为一批边境口岸城市的主要发展动力，广西、云南、新疆、西藏、内蒙、黑龙江、吉林、辽宁等地区，都形成了一批边境口岸城市。如新疆面对蒙古的哈密市老爷庙公路口岸，面对哈萨克斯坦的博乐市阿拉山口铁路口岸，面对吉尔吉斯斯坦的伊宁市霍尔果斯公路口岸，面对巴基斯坦的塔什库尔干县红其拉甫公路口岸等；云南面对缅甸的瑞丽市瑞丽公路口岸和畹町镇畹町公路口岸，面对老挝、缅甸的景洪市景洪公路口岸，面对越南的河口县河口铁路口岸等。

——城镇体系职能结构规划

城镇体系职能结构规划是与各城市产业结构规划相联系的。规划的原则是发挥综合中心型大城市的区域极核作用，带动次级中心城市发展；注意发挥各类城市的产业优势，强化主导产业对相关产业群的带动作用，实现城市专业功能作用区域化以及国际化。

对各类城市产业发展的实施要点为：

(1)综合中心型城市：发挥产业门类齐全的优势，积极引进高新技术和专业人才，提高产业产品的市场竞争力，发展信息产业与国内外市场紧密衔接，特别要重视科研教育基地建设，发展实用型专业研究、高新技术产业及技术交流转让，增强城市凝聚力和辐射能力。

(2)工业主导型城市：发挥资源优势和产业优势，形成工业专业化生产，开发企业信息流，与国内外市场紧密衔接，抓住市场机遇，加快现代制造业的发展。

(3)商业主导型城市：充分发挥交通枢纽作用，开拓专业化、信息化商贸流通渠道，建立各类商贸市场，向规模经营方向发展。

(4)旅游主导型城市：旅游城镇的产业发展是以旅游为主导的产业群体。旅游业本身包括旅游饭店业、旅游交通业、旅游餐饮业、旅游娱乐业、旅游商业、旅行社业等，相应带动许多为旅游服务的行业(如农副产品加工业、建筑业、水电能源供应、轻工业等行业)发展。要以旅游产业和文化产业为主导，配以相关无污染的产业，建设文明城镇，完善旅游接待服务功能。

(5)农贸市场型城市：为数众多。发展农业产业化和农产品深加工业及其服务体系，推动农贸市场型专业城镇发展。

城镇体系职能结构规划的结果，一般也是形成一个规划图表，并辅以文字的解释。

——城镇体系职能结构规划表

城镇体系职能结构规划表是规划的最后结果，下表是 2000—2020 年的海南省城镇体系职能结构规划。

表 7—5 2000—2020 年海南省主要城市的主要职能定位

城市名称	职能定位
海口	全省政治经济文化中心，东南亚重要商贸港口流通中心。
三亚	琼南经济中心，国际性旅游度假基地。
儋州	琼西经济中心，省高等教育科研基地和交通枢纽。
琼海	琼东经济中心，交通枢纽、轻工业及特色产品商贸中心。
通什	琼中具有特色民族风情的旅游基地。
东方	全省重要工业中心，琼西港口工业基地。
文昌	琼东沿海以轻工业、旅游业为主的商贸流通中心。
万宁	琼东南沿海以特色农产品加工业、旅游业为主的商贸流通中心。
洋浦	全省重要工业中心和国家级开发区，琼西港口工业基地。
陵水	琼东部沿海农副产品生产加工流通中心和旅游基地。

资料来源：孙久文、陈玮："海南省城镇体系规划研究报告"(2000)。

7.4.3 城镇体系空间结构规划

城镇体系的空间结构是指城镇的地域分布状态。城镇体系的空间分布，是在区域经济发展的大背景下，由人口、政治、文化、社会、经济、科技、环境、资源和历史等因素综合作用的结果。这种分布状态一旦形成，将影响到区域的城乡结构、土地利用结构、建筑景观、社会生态和居民的生活方式。[①]

——规划的原则

城镇体系空间结构规划的原则是：

(1)与规划区的社会经济和城市化发展阶段相适应，满足城镇体系发育的空间聚集客观要求，顺应市场经济的客观规律；(2)依托区域经济主流向的交通走廊，促进城镇发展空间轴带和网络节点形成规模效益；(3)按照地域分工特点，促进不同区域经济社会发展空间及产业分工的优化组织和生产力合理布局；(4)按城市—区域的内在联系合理组织城市经济区，发挥各级城镇的区域中心作用，促进城乡经济协调发展。

——空间布局

(1)以大城市为中心的增长极的布局模式。促进区域经济增长的最有效手段，是把区域有限的资源集中使用到主导部门的发展上来，通过对主导部门的投入，激活产业链条，扩大区域市场需求，带动相关部门的发展。但是，主导部门的发展不可能是凭空造就的，必须落实到一定的地点，这个点就是我们要规划的中心城市。以中心城市带动规划中的城镇群体发展，形成规模有序、有机联系的空间布局结构。城镇空间布局特征是依托有区域特色的产业带、城镇圈或城镇群。目前这类布局模式有一个中心的形式、双中心形式和多中心形式等。

(2)城市发展轴的布局模式。这个模式是增长极模式的扩展。由于增长极数量的增多，增长极之间也出现了相互联结的交通线，这样，两个增长极及其中间的交通线就具有了相当于增长极的功能，理论上称为发展轴。一般的发展轴是两个大的中心城市带动交通线上的若干中小城市的发展。发展轴两头的中心城市带动城镇群发展，要与基础

① 张敦富主编：《区域经济学原理》第 75 页，北京：中国轻工业出版社 1998 年版。

设施建设紧密结合，形成以城镇为依托，功能齐全、设施一流、带动国民经济全面发展的城市化快速发展地区。特别是沿海港口工业城镇群发展，要合理开发利用深水良港，根据货物种类、流量流向统筹布局，合理安排开发时序，避免重复建设。

(3)城市网络布局模式。发展轴还有一种演化的结果，就是由若干个发展轴联合在一起，形成你中有我、我中有你的局面，从而形成增长的网络。这种网络式的城市体系布局模式，是促进增长网络的形成，使极化效应产生的聚集规模经济在更大的范围内表现出来，而不是仅仅从一个点上表现出来，对于网络所在的区域来说，意味着增长结果的分散化和增长极点的分散化，而对于更大区域来说，则将整个网络区域视为一个巨大增长极，所以其极化的效应可能更强，对区域经济的影响也可能更大。

网络布局有利于形成巨大凝聚力和辐射力，进而带动规划区域经济的发展。网络城镇群内各城镇规划为职能分工明确、作用互补的有机整体；各组团内配置相对完备的各项设施和协调的产业结构，使居民居住和就业就地平衡，减少大量的远距离交通出行。各城镇间以农田绿地分割，维护良好的生态环境，形成区域“点、线、面”相结合的绿地系统。

城镇体系规划与城市规划的结合，是未来城市规划的发展方向。那种只关注和规划城市地区的单一的城市规划，在目前的发展形势下，是不能解决区域发展的问题的，必须把城市的发展放到大的区域的发展中来，才能使城市发展增加动力，扩大吸引范围。正因为如此，城镇体系规划的重要性越来越明显。

——规划图

城镇体系的空间结构规划的结果，应当用地图(或图集)来精确地表示出来。(见图7—4)

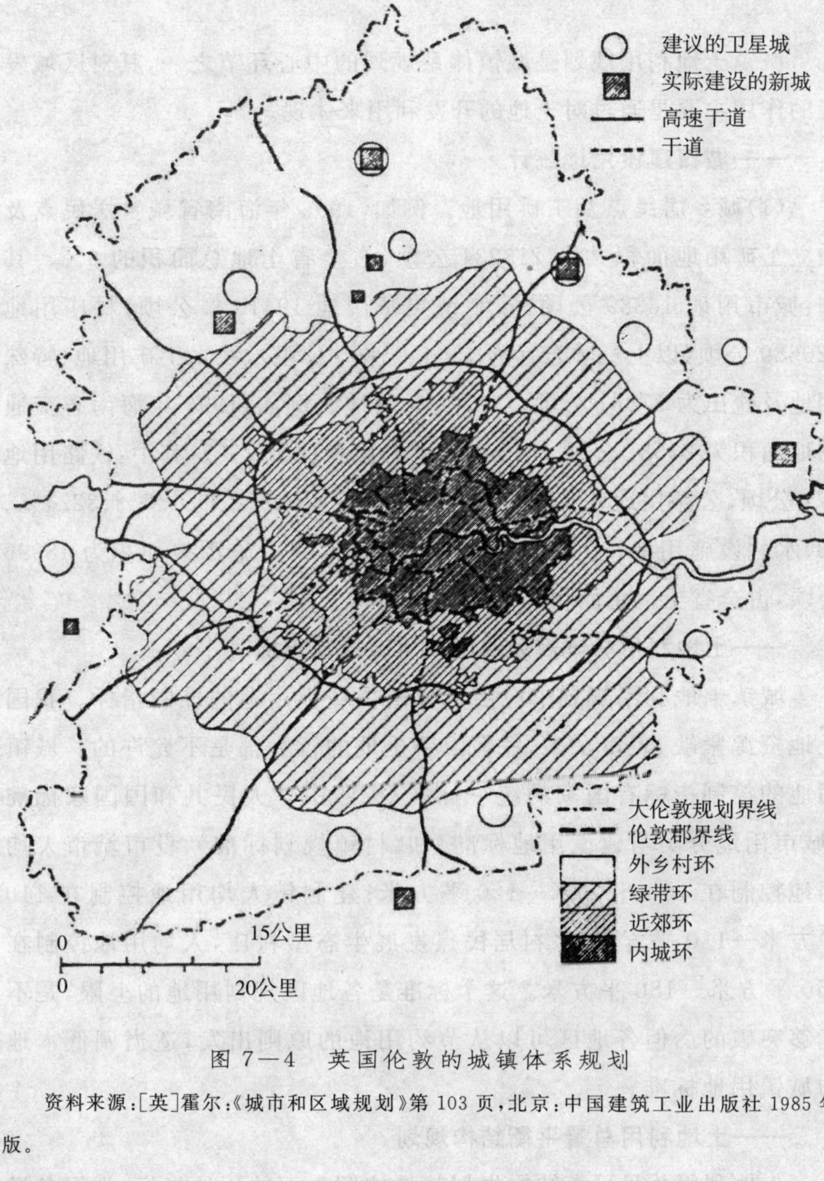

图 7—4 英国伦敦的城镇体系规划

资料来源:[英]霍尔:《城市和区域规划》第 103 页,北京:中国建筑工业出版社 1985 年版。

7.4.4 城镇土地利用总量平衡结构规划

城镇土地利用规划是城镇体系规划的中心环节之一，其对区域发展的作用主要是通过对土地的开发利用来体现。

——城镇建设用地统计

(1)城乡居民点及工矿用地。例如，1996 年海南省城乡居民点及独立工矿用地面积共为 213234 公顷，占全省土地总面积的 6%。其中：城市用地 16389 公顷，建制镇集镇用地 19410.5 公顷，村庄用地 120689 公顷(以上三项合计为 1564.9 平方公里)，独立工矿用地、特殊用地及盐田为 57031 公顷。(2)交通用地。例如，1996 年海南省交通用地面积为 25581 公顷，占全省土地总面积的 0.7%。其中：铁路用地 371 公顷，公路用地 8277 公顷，分别占交通用地面积的 1.5%、32.4%。(3)水利设施用地。例如，1996 年海南省水利设施用地面积为 18996 公顷，占全省土地总面积的 0.5%。

——土地利用总体规划的城镇用地控制指标

城镇土地利用规划中应当十分重视城镇用地的控制指标。我国土地资源紧缺，人口众多，任何浪费土地的行为都是不允许的。城镇用地的控制指标有国家的统一标准，按照中华人民共和国国家标准《城市用地分类与建设用地标准》和《村镇规划标准》，设市城市人均用地控制在 100 平方米—120 平方米；建制镇人均用地控制在 110 平方米—130 平方米；乡村居民点发展生态型村庄，人均用地控制在 150 平方米—180 平方米。这个标准是各地区规划用地的上限，是不能够突破的。但各地区可以从节约用地的原则出发，适当调低本地的城镇用地标准。

——土地利用总量平衡结构规划

土地利用总量平衡结构规划就是按照上面的用地指标，根据各城市的发展需要和人口聚集的速度，合理地在全区域范围内分配用地指标，落实到每一个城市。规划需要注意的要点是：

(1)加强城镇土地集约利用、切实保护耕地。城镇土地集约利用，即通过对城市用地的调整、优化配置和对单位面积土地合理增加资本投入，来提高单位面积土地的利用效率及效益，达到节约用地、满足社会环境发展的需求。各类建设用地应当充分挖掘潜力，尽可能利用现有建设用地和废弃地，切实提高行业用地产出率。严格控制新增建设项目用地规模，特别是严格控制建设占用耕地。

(2)大幅度压缩开发区用地。我国自改革开放以来，各地建设了许多各类开发区。有些开发区发挥了很大的作用，也有相当一批开发区没有发挥作用，大量占用土地。针对现存各类开发区的问题，必须从控制用地的原则出发，进行调整。各类开发区必须纳入城镇规划与土地管理部门的统一管理，严格执行土地管理的有关规定；对于不具备开发条件，或一直不能开发建设的开发区，坚决予以撤销；对于与城市相邻的或在城市、城镇之中的开发区，必须与该城市统一规划、协调发展，作为该城市的有机组成部分；对于已具雏形的开发区，具备城镇发展条件的要按照城镇规划管理。要加强土地集约利用，优选建设项目及招商引资，作好建设工程可行性研究。

(3)集约发展小城镇。规划期应当以重点镇的发展为中心，吸纳迁并来的乡镇企业和村落人口，提高用地聚集效益。在推进城市化的过程中，将部分农村人口向城市、城镇迁移，提高城市基础设施的共享利用率，将城市和村镇用地组团式集约发展，逐步实现国家标准对小城镇和村镇用地的人均控制指标。

——城镇土地利用与土地利用总量平衡结构规划表

城镇土地利用与土地利用总量平衡结构规划表是规划的最后结果，下表是海南省的例子。

表 7—6　城镇土地利用与土地利用总量平衡结构规划

编号	分类	现状(1998 年)			规划(2010 年)		
		面积(公顷)	人口(万人)	人均用地(平方米)	面积(公顷)	人口(万人)	人均用地(平方米)
1	城镇村及工矿用地	213234			215907		
1.1	城市建设用地	21270	182	117	26700	230	116
1.2	建制镇建设用地	21861	103	212	20525	132	150
1.3	乡村居民点用地	117584	468	251	92835	516	180
1.4	独立工矿区用地	35419			45557		
1.5	其他	17100			30290		
2	农业用地	2742547			2922214		
2.1	耕地	762068			753401		
2.2	园地	515199			666667		
2.3	林地	1445144			1468813		
2.4	牧草地	20136			33333		
3	区域交通用地	25581			36792		
4	水域	144668			187206		
4.1	水面	125672			164934		
4.2	水利设施用地	18996			22272		
5	未利用土地	409339			173250		
合计	土地总面积	3535369	753	4696	3535369	877	4029

资料来源:孙久文、陈玮:“海南省城镇体系规划研究报告”(2000)。

7.5　本章小结

城镇体系是区域经济规划中空间规划的核心内容之一,需要在规划中进行系统的设计。区域城镇体系的特征有:关联与聚集性、整体与层次性和动态与变化性。一个区域的城镇体系的形成,首先取决于当地的区位条件;规划区域的地形、地貌等自然条件,对形成有区域特色的城镇体系十分重要;城镇体系的形成与规划区域的人口密切相关;区域经济发展的条件，是区域城市化道路的决定因素，也是城镇体系形成的决定因素；城镇体系的形成还有赖于规划区域的基础设施条件。

城镇体系规划仍然要遵循我们一贯的程序，就是首先确定发展的战略和指导思想。城镇体系规划的战略目标由两个部分构成：(1)城市化水平目标；(2)城镇环境目标。规划的发展策略是：(1)按照区域发展的模式来培育城镇体系；(2)培育支柱产业及发展新的经济增长点来支撑城镇体系；(3)加快特色产业的发展来完善城镇体系发展；(4)多渠道吸引资金加快城镇体系发展。

城镇体系规模结构是指规划区域内不同规模的城镇组成的等级构成，从大到小依次为超大城市、特大城市、大城市、中等城市、小城市和建制镇等。城镇体系的规模结构在理论上可以划分为三类：顺序——规模分布法则、城市首位度和城市金字塔模型。

城镇体系职能结构是指区域内各城市的职能构成及其在区域发展中所起到的作用。城镇职能是城镇的经济、社会和文化等因素的集合，由于要素的不同组合，形成城镇为区域服务的职能的特点。包括在工业、商业、交通通讯、文化教育、科研、行政和旅游等方面的作用。合理的城镇体系，应当是各类职能的城镇的合理组合。在我国各区域中，城镇职能包括：(1)综合性中心城市；(2)工业一矿业城市；(3)交通一工业城市；(4)工业一商业贸易型城市；(5)农业一商贸型城市；(6)旅游城市；(7)边境口岸贸易城市。城镇体系职能结构规划是与各城市产业结构规划相联系的。规划的原则是发挥综合中心型大城市的区域极核作用，带动次级中心城市发展；注意发挥各类城市的产业优势，强化主导产业对相关产业群的带动作用，实现城市专业功能作用区域化以及国际化。

城镇体系的空间结构是指城镇的地域分布状态。城镇体系的空间分布，是在区域经济发展的大背景下，由人口、政治、文化、社会、经济、科技、环境、资源和历史等因素综合作用的结果。这种分布状态一旦形成，将影响到区域的城乡结构、土地利用结构、建筑景观、社会生态和居民的生活方式。城镇土地利用规划是城镇体系规划的中心环节之一，其对区域发展的作用主要是通过对土地的开发利用来体现。

关键术语

城镇体系　城镇规模结构　城镇职能结构　城镇布局　城镇土地总量平衡

思 考 题

1. 区域城镇体系的特征有哪些？
2. 区域城镇体系的形成条件是什么？
3. 城市化和城镇体系发展战略包含哪些内容？
4. 城镇体系规划的战略思想是什么？
5. 城市化水平目标是如何确定的？
6. 试列出区域城镇体系规划的内容目录。
7. 城镇体系等级规模结构规划的内容是什么？
8. 城镇体系职能结构规划的内容是什么？
9. 城镇体系空间结构规划的内容是什么？
10. 土地利用总体规划的城镇用地控制指标是什么？

参阅文献

1. 张敦富：《区域经济学原理》，北京：中国轻工业出版社 1998 年版。
2. 叶裕民：《中国城市化之路》，北京：商务印书馆 2001 年版。
3. 李丽萍：《城市人居环境》，北京：中国轻工业出版社 2001 年版。
4. 胡兆量：《中国区域发展导论》，北京：北京大学出版社 1999 年版。
5. 郭鸿懋、江曼琦等：《城市空间经济》，北京：经济科学出版社 2002 年版。
6. 王桂新：《中国人口分布与区域经济发展》，上海：华东师范大学出版社 1997 年版。
7. [荷]尼茨坎普：《区域和城市经济学手册》，北京：经济科学出版社 2002 年版。
8. 胡序威：《区域与城市研究》，北京：科学出版社 1998 年版。
9. 周一星：《城市地理学》，北京：商务印书馆 1995 年版。

10. 王春光:《中国城市化之路》,昆明:云南人民出版社 1997 年版。

11. 朱宝树:《从离土到离乡》,上海:华东师范大学出版社 1996 年版。

12. 刘景华:《城市转型与英国的勃兴》,北京:中国纺织出版社 1994 年版。

13. 王 颖:《新集体主义:乡村社会的再组织》,北京:经济管理出版社 1996 年版。

14. 王 旭:《城市社会的变迁》,北京:中国社会科学出版社 1998 年版。

15. 朱庆芳:《世界大城市社会指标比较》,北京:中国城市出版社 1997 年版。

16. 美国加州大学伯克利分校:《现代城市管理(1、2、3)》,北京:中央广播电视大学出版社 1997 年版。

17. 刘家强:《中国人口城市化》,成都:西南财经大学出版社 1997 年版。

18. 王嗣均:《中国城市化区域发展问题研究》,北京:高等教育出版社 1996 年版。

19. 郑弘毅:《农村城市化研究》,南京:南京大学出版社 1998 年版。

20. 刘传江:《中国城市化的制度安排与创新》,武汉:武汉大学出版社 1999 年版。

21. [美]西蒙兹:《大地景观——环境规划指南》,北京:中国建筑工业出版社 1990 年版。

22. [美]约翰·利维:《现代城市规划》,北京:中国人民大学出版社 2003 年版。

8. 社会基础产业配置

社会基础产业是区域经济发展的支撑系统，社会生产过程和生活过程都离不开社会基础产业，社会基础产业的发展水平对于区域经济的发展有着十分重要的影响。所以，区域经济规划当中社会基础产业的配置，是规划方案的重要环节。

8.1 社会基础产业配置的原则

8.1.1 社会基础产业的概念

——社会基础产业的范围

社会基础产业是指用于保证区域经济运行的社会服务产业和基础设施产业，其组成是：

(1)区域交通、通讯系统。由区域交通、通讯体系和城市交通、通讯体系构成，包括国家和区域的快速公路网络、铁路运输网、内河航道网、航空设施，以及通讯、网络等设施的建设。

(2)区域公用设施系统。由能源、水资源、环境保护等方面系统构成，如农林水利建设，包括大江大河防洪水利工程、重点海堤加固工程、长江黄河中上游水土保持工程等。

(3)区域社会基础系统。由文化、科技、教育、医疗卫生、体育和社区服务等系统构成。如经济适用房建设、安居工程等。

——社会基础产业的特点

与其他产业的发展相比，社会基础产业在投资、生产、运营和消费上都有自己的特征[①]：

(1)社会基础产业的建设工程规模巨大，需耗费巨额投资。社会基础产业是区域经济正常运行的物质基础，大部分社会基础产业建设规模巨大，造价高昂，需要耗费巨额投资。比如，20 世纪 90 年代中期，我国平原区铁路造价为 1000 万元/公里，高速公路造价 2000 万－3000 万元/公里，城市地铁造价 7 亿－8 亿元/公里。我国的长江三峡水利枢纽，动态投资为 2039 亿元。南水北调工程东线 340 亿元，中线 900 亿元，西线更高达 3000 多亿元。

由于社会基础产业建设规模巨大，耗资巨大，是一般的企业和个人的力量所不能及的，加之其部分设施的公益性，决定了政府在社会基础产业建设中应当居主导地位。因此绝大部分社会基础产业投资都来源于政府，政府财力的大小对区域社会基础产业建设影响很大。最近十几年来，社会基础产业建设的融资渠道在逐渐拓宽，比如利用 BOT 形式吸引外资，通过股份制进行市场融资，争取世界银行和国际银团贷款等等，在一些地方性的、小型的社会基础产业建设中，企业和个人的投资也越来越多。

社会基础产业项目规模巨大，其工程建设一旦开始，便构成区域经济活动的重点，它的建成又将在很大程度上甚至是根本上改变区域经济发展的条件，促进区域经济的发展，所以应当是区域经济规划的重要规划内容。

---

① 孙久文、叶裕民：《区域经济学教程》第 156 页，北京：中国人民大学出版社 2003 年版。

(2)社会基础产业经营的经济效益比较低。大部分社会基础产业作为公益事业,其服务价格大部分都比较低,甚至低于成本,社会基础产业入不敷出的现象普遍存在。如铁路目前的货物运输价格是0.0265元/吨公里,一些自营铁路最高是0.07元/吨公里,铁路成本一般为0.04—0.05元/吨公里。农田灌溉、农村电信、城市煤气供应等等都是投入大于产出。社会基础产业投资大,服务成本高,价格低,是社会基础产业运营效益差的重要原因。

另一方面,由于社会基础产业使用年限长,决定了其维修和保养具有特殊重要的意义,良好的维修与保养可以提高社会基础产业经营效益,延长使用寿命。但是,在大多数情况下,社会基础产业都缺乏及时的维修与保养,道路破坏,河道淤积,灌溉渠泄漏,电线不通等不良现象经常发生。维修和保养不力,通常致使社会基础产业使用过程中的损耗增加,并容易提前报废。

(3)为了保证社会正常运行,必须保证满足社会对社会基础产业最低水平的消费需求。社会基础产业是公益事业,保证最低数量和一定质量的服务具有战略意义,任何形式的中断和限制供给都会对社会构成威胁。不难想象,主要干线交通中断、供排水系统遭受破坏、缺乏基本的医疗保障等等,会带来多么严重的社会混乱。

在社会对社会基础产业的最低需求与最大限度需求之间有一个很大的市场空间,在发达国家,这部分市场仍然可以通过完备的社会基础产业网络供应。而在发展中国家,由于社会基础产业特别紧缺,则经常是由需求者小规模的生产来自我满足供应。最典型的案例是企业建设自备电厂、自备水厂,甚至包括道路、码头等等。

——社会基础产业与区域经济发展的关系

社会基础产业建设与区域经济发展的相互关系主要表现在如下方面:

(1)社会基础产业超前区域经济增长。社会基础产业在社会的每一个生产过程和生活过程中都发挥作用，是区域经济增长的必要前提条件，虽然社会基础产业建设不一定直接带动区域经济的增长，但没有社会基础产业建设则必然很难有区域经济的增长和发展。因此，国际上通常用社会对社会基础产业需求的满足程度来衡量该社会的经济发展水平。实际上，社会基础产业服务的覆盖面确实是随着经济发展水平的提高而提高的。

社会基础产业存量的增加与经济增长呈明显的正相关同步增长关系。绝大部分社会基础产业属于服务部门，它的生产和消费在时间上和空间上同时发生，比如交通运输生产的过程同时也是消费的过程，其产品不能够发生区域性位移，不能够通过市场交换来满足需求。因此，社会基础产业"瓶颈"一旦产生，对区域经济发展的限制性将非常地强。因此，重视对社会基础产业的投资，是国家经济发展的长期政策。而当社会基础产业成为经济发展的"瓶颈"时，对社会基础产业投资对经济增长的促进作用更为明显。

(2)区域社会基础产业结构应当与区域经济发展水平相一致。社会基础产业与区域经济发展的相互关系不仅取决于社会基础产业总量，还与社会基础产业结构密切相关，区域社会基础产业结构因区域经济发展水平的不同而不同。在落后国家，供水、灌溉和交通等最基本的社会基础产业十分重要；在中等发达国家，由于农业已经得到充分的发展，并且在经济中的比例较低，安全、洁净的饮用水也基本得到满足，因此灌溉、供水的需求增加缓慢，各种交通社会基础产业建设占重要地位；在经济发达国家，电力、电信等社会基础产业在存量和投资中所占比重更加重要。

从总体上看，20 世纪 80 年代以来，中国社会基础产业的增长快于发达国家，人均 GDP 每增长 1%，社会基础产业投资增长 2.18%。从社会基础产业增长的结构看，增长最快的是电信，其他依次是发电量、医生数和公路长度,最后是铁路营业里程、饮用水和农田灌溉面积。我国社会基础产业的增长结构似乎具有发达国家的特征,电信的增长甚至比发达国家还要快得多。这是因为改革开放以后,我国的社会基础产业普遍短缺,其中越是现代化的社会基础产业越是短缺,电信首当其冲。因此,20 世纪 80 年代以来电信业的迅速发展是弥补传统体制下电信业极度短缺的结果,而不是我国社会基础产业结构具备发达国家特征的标志。另一方面,在发达国家已经得到充分满足,从而增长极少的社会基础产业,如农田灌溉面积、铁路营业里程以及医生数等,在我国仍然处于十分短缺之中,这正是我国社会基础产业落后的标志。同时,这也说明了我国社会基础产业建设面临任务的艰巨性:既要弥补传统的工业社会、甚至是传统的农业社会需要发展的社会基础产业,又要实现与发达国家社会基础产业的对接,建设包括信息高速公路在内的最现代化的社会基础产业。

(3)投资于社会基础产业是政府刺激经济增长的有效措施。社会基础产业投资巨大,并且由于工程量大,需要耗费大量劳动力,能够以投资和劳动的投入拉动经济增长。特别是在经济低速增长期或衰退期,企业或个人投资减少,政府可以通过社会基础产业的建设与维修,增加公共支出,从而刺激经济增长,特别是依靠劳动密集型方式发展社会基础产业,是实现保持高就业的经济增长的有效政策工具。

由于社会基础产业涉及农用水利、交通、环境保护、文化教育、卫生等领域,因此要实现区域经济的可持续发展,就必须要加大对社会基础产业的投资力度。

8.1.2 社会基础产业配置的基本原则

——可持续发展原则

地方政府应当坚持从人口、资源、环境与发展的相互关系出发,从经济、社会、区域、资源和环境相互协调以及可持续发展的总体战略要求出发，规划和实施具体的社会基础产业建设项目。在规划和建设水利、交通、能源、城市社会基础产业建设项目时，要把有利于促进区域和城乡之间协调发展等可持续性目标作为规划建设的重要目标。

在区域经济规划的方案设计当中，对能显著地改善地区生态环境的项目、保护水资源和其他战略资源的项目、优化区域经济发展条件的项目，应当优先设计规划。要把缩小规划区域内的发达地区与落后地区的发展差距作为重要的约束条件，通过社会基础产业的配置，形成各区域公平发展的条件。

——生态环境优先的原则

社会基础产业建设项目必须充分考虑对区域生态环境的影响，以环境保护和生态建设为目标的社会基础产业建设项目，包括退耕还林、天然林保护、风沙治理等，政府应当在投资上适当倾斜。

例如，我国正在进行的南水北调工程，就是贯彻"先节水后调水，先治污后通水，先环保后用水"的基本原则，中央政府部门制定了受水地区的节水、治污及环保等规划和措施，确定了相应的实施项目，作为整个工程建设的重要组成部分以及控制性工程。再如，青藏铁路，确定了把对高原生态环境的不利影响降到最低程度的建设原则，并在设计和施工中得到了具体的体现。青藏铁路的大部分线路是沿青藏公路走行，充分考虑了自然景观的保护，在湖泊、湿地等环境敏感地带线路尽量绕避或以桥穿越，尽最大可能使线路从可可西里、三江源两大保护区的边缘地带通过，并设置了33处供野生动物迁徙的专用通道等。

——适当超前原则

社会基础产业建设是一项繁重的任务，需要大量的投资，要有一个相当长的建设周期，而区域经济是每时每刻都在发展和变化的。所以，我们的规划必须要始终坚持社会基础产业建设与区域经济发展基本适应、适当超前的原则。这种基本适应，是指社会基础产业的规模与区域经济的规模基本适应，社会基础产业的技术水平与区域经济的技术水平基本相当，社会基础产业的投入不超出区域发展的能力，社会基础产业基本能够满足当地人民的消费需要。

但是，适当超前必须有一个"度"的概念，除考虑国防、民族团结与发展等因素建设的公益性项目外，高速公路、铁路、机场、能源设施、供排水、污染治理等设施，都需要考虑到当时当地区域经济发展的具体情况，要有所超前，又不浪费投资。区域经济规划的重要性就在于有一个长期的、合理的社会基础产业建设的规划，有建设的程序、建设的先后顺序和每一个区域基本的建设规模。应当防止在没有突发事件的情况下，为某一个并不重要的思路突击性地进行基础设施项目建设。为此，区域经济规划必须获得法律上的约束效力。

——讲求效益原则

社会基础产业的建设也必须讲求效益。大部分社会基础产业作为公益事业，其服务价格大部分都比较低，如农田灌溉、农村电信、城市煤气供应等等都是投入大于产出。社会基础产业投资大，服务成本高，价格低，是其运营效益差的重要原因。鉴于这种情况，将社会基础产业进行类型划分是十分必要的。公益型的社会基础产业，由国家或地区的政府进行财政补贴，不参与效益的计算，而另外的市场型的社会基础产业，就必须抓效益、抓服务，保证健康有序地发展。对于介于两者之间的，要具体分析，视不同类型、不同规模的情况而定。

8.2 基础设施产业的规划与建设

基础设施产业包含的领域很广泛，我们在这里只分析其中两个最重要的方面：能源和交通。

8.2.1 能源产业发展规划

——能源产业发展趋势

在区域经济规划中考虑能源产业的发展，必须考虑区域的能源结构。其中煤炭、石油、天然气和水电及其他电力是主要的部分。我国目前的能源结构，煤炭的比重在下降，油气比重迅速上升，电力的重要性在不断提高。我国目前是石油的净进口国，2007 年我国石油进口 18475.1 万吨，占当年石油消费的 50%左右。水电是我国的优势能源，西部是我国水力资源最丰富的地区；中部是我国煤炭资源最丰富的地区；东部则是我国电力工业最发达的地区。

区域能源产业分析，包括两个互相联系的方面：

(1)区域能源现状。能源资源开发现状，包括地区的能源资源构成、开发能力、开发规模和技术水平等，煤炭、石油天然气、水电、核能和其他新能源(海洋能、太阳能、地热能、风能等)。能源供应现状，包括地区的煤炭、成品油、电力等的供应情况，是否能够满足需要：如果能够满足本地的需要，有多少外运的能力；如果不能满足需要，有多少需要从区外运入，供应的来源地在什么地方等。

(2)区域能源需求前景。对区域能源的需求前景，基本的方针是：适当超前发展，保护环境，合理布局，优化结构和规模。有条件的地区，应当逐步将以煤炭为主的能源结构，向以油、电、气为主的能源结构过渡。需要进行电源规划，确定是以本地发电为主还是以国家调节为主，是主要发展火电，还是主要发展水电。还需要关注农村的能源问题，提出解决农村能源问题的基本思路。

——我国能源发展面临的形势

我国经过改革开放二十多年的建设，能源生产和消费都发生了很大的变化。

(1)能源产量迅速增加。2007年我国能源生产总量达到23.5445亿吨标准煤，原煤18.04亿吨，原油2.66亿吨，天然气692亿立方米，发电量32712.4亿千瓦时。我国的能源生产总量已经居世界第三位，其中煤炭居第一位。发电量增长很快，其中水电、核电的比重有很大的提高。

(2)能源消费结构不断优化。2007年我国能源消费总量达到26.5583亿吨标准煤，其中原煤占69.5%，比1990年的76.2%下降了6.7个百分点；原油占19.7%，比1990年的16.6%上升了3.1个百分点；天然气占3.5%，比1990年的2.1%上升了1.4个百分点；水电、核电和风电占7.3%，比1990年的5.1%上升了2.2个百分点。新能源、优质能源、洁净能源的使用比重有很大的提高，能源的利用效率也有很大提高。

(3)能源生产的现代化程度进一步提高。煤炭工业已经具备设计、施工、装备和管理千万吨级露天煤矿和大中型矿区的能力，拥有世界先进水平的年产500万吨以上的工作面；石油工业已经形成从科学研究、勘探开发、地面工程建设到装备制造的完整体系，原油加工技术也在不断提高；电力工业已经基本掌握60万千瓦亚临界火电机组和500千伏交直流输变电工程的设计、施工、调试和运行技术，具备了修筑240米双曲拱坝、180米级各类大坝的能力。①

(4)节能工作成效显著。在“十五”时期，万元国内生产总值的能耗下降了56%，即由2000年的2.77吨下降到2005年的1.22吨，年节能率达4.5%，五年少用能源3.4亿吨标准煤。

我国的能源建设取得了很大的成绩，但仍然存在许多问题，其中一个是能源的消费结构问题，石油的消费缺口越来越大，天然气和水电的比重还相对过低；另一个是能耗问题，与发达国家相比，我国的万元国内生产总值的能耗还是过高。

---

① 国家计委:《国家十五重点专项规划》第92页，北京:中国物价出版社2003年版。

——能源发展的战略规划

能源问题是一个全国性的问题，区域的能源问题的解决，必须考虑国家的能源形势和能源发展战略。未来一段时间内的能源发展的战略规划是：[①]

能源战略。包括：(1)保障能源安全。能源的生产和供应必须与国民经济的发展相适应。从保障能源供应安全的原则出发，我们必须立足国内的能源生产，全方位解决能源问题，包括建立与国力相适应的石油战略储备、多渠道进口石油和开发石油的替代能源等。(2)优化能源结构。优化我国的一次能源结构，提高天然气和水电等清洁、高效的优质能源的比重，减少煤炭的消费数量，推进能源各行业的结构调整，实现均衡发展，提高能源工业总体发展水平。(3)提高能源效率。针对我国能源利用效率低、人均资源贫乏的现实，要坚持合理利用资源，加大产业结构的调整力度，推进技术进步，发挥市场作用，提高能源效率。(4)保护生态环境。面对我国严峻的生态环境的态势，要开发洁净的能源，减少能源开发和使用对环境的破坏，促进能源、经济和环境的协调发展。

规划重点。(1)煤炭。重点建设好在建的大中型煤矿项目，使其尽快发挥作用，对现有的大中型煤矿中资源较好的，实施技术改造；对保留的小煤矿进行技术改造，使其上规模、上档次。(2)石油和天然气。在东部要加强勘探，力争增加石油储量；在西部要继续努力寻找大油田和气田，力争做好石油工业的战略接替；要努力完成“西气东输”工程，搞好海上石油勘探工作，建设海外油气供应基地，着手建设国家和企业的两级石油储备体系。(3)电力。加快城乡电网建设，进一步做好县城和乡镇的电网改造；在不影响环境的前提下，做好西部优势水电资源的

① 国家计委：《国家十五重点专项规划》第 95 页，北京：中国物价出版社 2003 年版。

开发和流域的综合开发；开工建设一批火电项目，其中要优先建设洁净煤发电项目；加快国产化的核电项目建设。

——**能源发展规模预测**

区域能源规划主要是规划未来的区域能源消费与生产的规模，对规模的预测首先要考虑需求，要根据地区经济发展对各类能源的需求情况，确定区域的能源产业的规模。

我们以我国煤炭在未来时期的发展规模为例，作一下预测分析①，区域的能源规划也可以参照进行。

根据主要耗煤行业耗煤产品的发展趋势和能源消耗变化，以电力、钢铁、建材、化工、民用及其他用煤为基础进行预测。

(1)电力行业的煤炭需求将大幅增长。国内外煤炭加工利用的经验表明，燃煤发电是煤炭消费的主要方面，发达国家一般都占其煤炭消费总量的80%以上。我国燃煤发电同水电、核电、燃气发电相比，具有明显优势，因此在预测期内燃煤发电会有较大的增长。近年来发电量增长速度很快，2000年—2003年电力弹性系数都在1以上，主要是高耗电产品快速增长的作用，应被视为特殊情况，从长远发展看，电力弹性系数应在0.8左右。2002年全国发电量16540亿千瓦时，其中，火电发电量13522亿千瓦时。2002年全国发电及供热用煤为73285万吨。以2002年电力装机容量和发电量为基数，预测2010年及2020年全国装机容量分别为5.8亿千瓦及8.2亿千瓦—9亿千瓦；发电量分别为27600亿千瓦时及39000千瓦时—42900亿千瓦时。在考虑优先利用水电、气电及核电资源的情况下，预测2010年及2020年燃煤机组装机容量分别达到3.9亿千瓦及5.2亿千瓦—5.8亿千瓦；发电量分

① 贺佑国等："多少煤炭能保证国民经济战略目标"，《中国宏观经济信息报》，2003年10月17日。

别为21390亿千瓦时及28600亿千瓦时—32175亿千瓦时。随着新增发电机组大型化,发电煤耗将逐步下降,预测发电及供热用煤2010年为10.9亿吨,2020年为13.5亿吨—15.1亿吨,其中,发电用煤分别是9.88亿吨和12.4亿吨—14亿吨。

(2)钢铁行业煤炭需求将保持平稳。在钢铁行业能源消费中煤炭占70%左右,主要是炼焦用煤、燃料煤和高炉喷吹用煤,2002年全行业消费煤炭1.76亿吨。2002年生铁产量17075万吨,消耗焦炭约9300万吨(含非炼铁用焦),折合煤炭1.3亿吨以上;燃料煤和高炉喷吹用煤分别为2000万吨左右。预测2010年、2020年我国生铁产量分别为2.7亿吨、3亿吨,焦比由目前的450千克/吨,下降到2010年以后的390千克/吨,焦炭需求保持在1.1亿吨左右,折合炼焦煤1.55亿吨左右,高炉喷吹和燃料用煤在6000万吨左右。因此,2010年和2020年钢铁行业煤炭需求保持在1.5亿吨左右。

(3)建材行业煤炭需求将小幅下降。2002年建材行业煤炭消耗1.6亿吨,其中水泥耗煤近1.1亿吨,实心泥土砖耗煤3780万吨左右(折合20.9兆焦/千克的煤炭),两项合计占建材行业耗煤的92%。2002年我国水泥产量为7.25亿吨,年人均消费量为566千克,人均累计消费量已达6.5吨。根据发达国家水泥消费量分析,当人均累计消费量为12吨—14吨,年人均消费量为600千克—700千克时,水泥消费量达到饱和,并开始缓慢下降。预测2010年以后,我国水泥产量将达到9亿吨,人均累计消费量为14吨,年人均消费量为660千克,届时我国水泥消费有可能达到饱和。目前,我国新型干法水泥产量仅1亿吨,而落后的工艺产量6亿多吨,使得我国生产水泥的平均能耗比先进工艺高近50%,水泥节能潜力很大。随着水泥生产工艺水平和节能水平的提高,吨水泥煤耗将逐步下降。预测水泥产量2010年以后为9亿吨。吨水泥煤耗2010年及2020年分别为120千克及110千克。水泥用煤2010年为1.1亿吨左右,2020年下降到1亿吨左右。综合考虑,建材行业2010年、2020年煤炭需求分别为1.5亿吨、1.35亿吨。

(4)化工行业煤炭需求不会增加。化工用煤包括氮肥厂生产合成氨使用的无烟块煤,以及供热等使用的燃料煤,近年来煤炭消费量维持在8000万吨左右。据预测,未来以煤为原料的氮肥增长缓慢,考虑节能因素,煤炭需求量不会增加。随着锅炉热蒸气的利用程度提高,燃料煤也不会增长。煤炭液化和煤制醇等替代液体燃料将是未来化工煤炭需求的增长点,但不确定因素较多,考虑这一因素,预测化工行业煤炭的需求量2010年及2020年分别为9000万吨和1亿吨。

(5)民用煤需求量将逐步减少。2002年居民生活用煤7000万吨左右,预测煤炭需求量2010年和2020年分别为5000万吨和4000万吨;其他用煤需求也将有所下降,2002年其他用煤总量在1.5亿吨左右,预测2010年、2020年煤炭需求量分别为1.3亿吨和1.2亿吨;煤炭出口和进口基本稳定,国际市场煤炭需求继续缓慢增长,但考虑我国煤炭资源可供量、国内需求和煤炭开采对环境影响的副作用,煤炭出口不宜大幅增长,预测2010年、2020年出口量在1亿吨左右。

将上述各方面的需求加总,全国煤炭需求到2010年为18.2亿吨,2020年为20.5亿吨—22.1亿吨。

对于区域来说,其对能源的消费可以通过两个途径解决:自己生产和区外调入。只要我们在规划中对地区需要的总规模预测准确了,然后可以将其分为两个预案来实施。

8.2.2 交通运输产业发展规划

交通运输是区域社会基础产业中最重要的组成部分之一,是区域各项产业发展的基础条件,是区域投资环境的主要构成主体,也是区域经济规划不可或缺的重要内容。

——**影响区域交通运输规划的主要因素**

经过五十多年的建设，我国运输线路长度成倍增长。2007 年末，我国各种运输线路总长度已达 618.27 万公里。其中，铁路营业里程 7.80 万公里，内河通航里程 12.35 万公里，公路里程 358.37 万公里，民用航空航线里程 234.30 万公里，输油输气管道 5.45 万公里。各区域的交通设施也都有了很大的发展，在区域的经济发展中起着越来越大的作用。

影响区域交通运输规划的因素主要有：

(1)区域经济发展水平。对运输规模的需求，随着区域经济发展规模的扩大而上升。运输业的总体规模与 GDP 的是一种正相关的关系。下表是我国交通运输量与国民经济的关系的分析：

表 8—1 我国 GDP 与货物周转量的关系

年份	1980	1985	1990	1995	2000	2005	2007
GDP(亿元)	4545.6	9016.0	18667.8	60793.7	99214.6	183217.4	249529.9
货物周转量(亿吨公里)	12026	18365	26207	35909	44321	80258	101419

资料来源：根据 2008 年《中国统计年鉴》计算。

但是，随着经济发展水平的提高，单位产值的运输量呈现下降的趋势。如下表：

表 8—2 我国每万元 GDP 产生的货物周转量 （单位：吨公里）

年份	1980	1985	1990	1995	2000	2005	2007
数量	26456.21	20369.26	14038.60	5906.68	4467.14	4380.48	4064.40

资料来源：根据 2008 年《中国统计年鉴》计算。

(2)区域产业结构。区域的产业结构与运输量的大小有直接的关系，原因是不同的产业，单位产值产生的运输量是有很大差别的。以重化工业、矿业为主的区域，交通运输业的配置也应当有较大的规模，反之以轻工业为主体的地区，交通运输业的配置可以保持相对小些的规模；对于以旅游等第三产业为主体产业的地区，客运设施应当有较大的发展，也要求有很高的水准。

(3)区域的人口数量、密度和迁徙情况。人口数量多，必然要求有较大的运输规模，随着经济发展水平的提高，特别对客运的要求会增加很快；人口密度要求运输设施的密度要与之相对应，而人口的迁徙情况，决定对高峰期的运输能力的要求，如我国春节期间民工流出地区交通量增加很多，就是一个很好的说明。

(4)区域的面积、地形等的情况。面积大而人口少，需要的人均运输能力就要高些，面积小而人口多，需要的人均运输能力就要低些；山区、高原、丘陵运输网一般分布稀，平原区、大江大河的三角洲地区运输网都很密集。规划必须要充分考虑到这些自然因素的影响。

(5)地区的投资能力。地区的投资能力是发展交通运输业的必要条件。量力而行，是我们进行经济建设的起码准绳。当然，地区的投资能力是由多方面构成的：当地政府的财政能力、中央政府对该地区的投资状况、地方民间资本投资交通的能力、引进外部资金的情况、银行贷款的能力以及地区发展交通运输设施的有关政策等。

——交通运输规划的战略目标与任务

制定交通运输规划，必须明确战略目标与任务。

(1)战略方针。

战略方针是交通运输规划的指导思想。我国在十五期间的战略方针是：[①]

第一，深化改革。重点是推进以政企分开为中心的交通运输管理体制和经营体制的改革，同时，交通运输的投融资体制和价格体制的改

① 国家计委：《国家十五重点专项规划》第64—68页，北京：中国物价出版社2003年版。

革也要取得一定成效。

第二，扩大网络。强化运输骨架，扩大干线通道能力；扩展覆盖面，提高通达度；增强国际运输能力和国际竞争力；建立与区域经济发展相适应的运输格局。

第三，优化结构。调整好运输网络结构，充分发挥铁路、公路、水运、民航和管道等运输方式的优势；加快高速铁路、高速公路、高等级航道、港口大型专用泊位的建设；优化城市道路网络和公交线路网络，最大限度地满足乘客的出行需要。

第四，完善系统。建立连接国内省会城市的城际间快速运输系统，建立城市群间的旅客快速运输系统，加快城市客运枢纽的建设。

第五，提高质量。积极采取高新技术和现代化的管理方式，保证运输安全，提高运输速度，建立高效、快捷、安全、舒适、便利的交通运输服务体系。

(2)战略目标。基本思路是充分发挥各种运输方式的优势，以发展大交通为目的，建设区域的综合运输体系，使区域的交通运输能力基本适合区域经济发展的需要并略有超前。国家在 2005 年制定的发展目标是：建设铁路新线 1.7 万公里，其中客运专线 7000 公里。公路里程达到 230 万公里，其中高速公路 6.5 万公里。完善沿海、沿江港口布局，重点建设集装箱、煤炭、进口油气和铁矿石中转运输系统，扩大吞吐能力。

(3)发展任务。具体规定各种运输方式的具体发展任务，公路、铁路、航运、航空、管道等，在规划区域将承担不同的运输任务。如在北方可能公路、铁路更重要，在南方水乡内河运输有着特殊的意义，在西部的广大地区铁路、航空的作用更加明显等。还要规划不同时期、不同阶段的具体发展的任务，并力争使交通运输业的布局与区域产业布局相协调。

——主要运输方式规划

(1)公路。公路运输在我国各地区都占有最重要的地位，2007 年它担负了92.1%的客运量和53.3%的旅客周转量，担负了72.0%的货运量和11.2%的货运周转量。公路运输是我国改革开放以来发展最快的交通运输方式之一。

到2007年，全国公路里程达358.37万公里，公路密度达到37.33公里/百平方公里，主要城市之间的公路交通条件显著改善，公路交通紧张状况初步缓解。同时，县、乡公路里程快速增长，质量也有很大提高。一个布局合理、四通八达的全国公路网已初步形成。高速公路建设是改革开放后我国公路事业取得的突出成就。1988年，我国第一条高速公路沪嘉高速公路(18.5公里)建成通车。此后，又相继建成全长375公里的沈大高速公路和143公里的京津塘高速公路。到2007年底，全国高速公路通车里程已达53900公里，形成了北京、上海、广州、武汉、沈阳等中心城市的枢纽。全国的高速公路网络正在形成。我国公路建设已取得巨大成就。回顾我国公路发展历程，对比世界公路发展趋势，可以认为，我国公路交通正处于扩大规模、提高质量的快速发展时期。但是，由于基础十分薄弱，我国公路建设总体上还不能适应国民经济和社会发展的需要，与发达国家的先进水平相比还有较大差距。从行政区划分布看，由于经济发展和人口分布的不平衡，公路发展在各地区之间存在着较大差距，总的来看，东部地区公路密度较大，高等级公路的比例也较高，明显高于全国平均水平，更高于中、西部地区水平。

对一个区域来讲，公路一直是其交通设施建设的重点。近年来各地区经济的高速发展，对公路运输的需求增长很快，公路建设得到各级政府的重视。在统一规划的基础上，公路基础设施建设的速度不断加快。同时，重点加强了质量水平的提高，高速公路及其他高等级公路的迅速发展改变了我国各地区公路的落后面貌；公路建设筹资渠道从单一走向多元化，逐步扭转了公路建设资金短缺的状况。

公路规划的重点是：

首先，本区域与外区域的连接线。目前的区域发展已经不是一个单个区域的事情，而是区域之间协调的结果。把本区域与外面有效地联系起来，是公路交通规划的首要任务；这种线路最好是高速公路。

其次，本区域内部大中城市之间的主干道，大中城市是区域的经济中心，他们之间的联系往往对区域经济发展能够起到决定性的作用。这种主干道可以是高速公路，也可以是高等级的公路，规划的原则是以不造成某些城市的经济衰退为转移。

再次，构建区域的公路交通网络。通过建设更多的低等级的公路，将区域内部全部联系起来，使经济资源能够在区域内有效地流动，方便所有居民的出行和参与经济生活。

最后，公路建设要重视与其他交通运输方式的联系和协调。无论铁路、航空还是水运，都需要通过公路进行相互之间的联系，要在区域规划中专门给予重视。

(2)铁路。我国国土辽阔，正处于经济快速扩张的阶段，经济发展主要立足于本国资源，能源、原材料等货物的长途运输在很长时间内仍然占有重要地位。铁路建设仍然是我国下个时期交通运输发展的重点。

2007 年，我国铁路营业里程增加到 78000 公里，为了满足运输量日益增长的需要，铁路运输的质量有了很大的提高。近年来，铁路为适应市场需求变化，在生产布局和运输产品结构上作了重大调整，使铁路运输生产布局和资源配置得到优化；同时，为了适应运输市场需求，以大面积提速为龙头，在旅客运输上推出了快速列车、夕发朝至列车、朝发夕至列车、城际列车、旅游列车；在货物运输上，推出了大宗货物直达列车、快运货车等一系列优质服务措施，在开拓运输市场，扩大市场份额方面发挥了重要的作用。

铁路规划不是一个区域能够解决的。对于规划区域来讲，一方面是充分利用现有的运输能力，另一方面向国家有关部门提出本地区急需建设的铁路线路规划。国家的基本战略是:提高铁路的综合运输能力和现代化水平,集中力量建设和改造一批对国民经济全局有重要影响、在路网上起骨干作用的大能力干线,并建设部分地区性辅助通道,促进区域经济发展。如南昆线、朔黄线、西安——安康线、哈大线电气化、南疆线、内昆线、粤海通道等,都对区域经济发展起到了巨大的作用。

(3)航空。航空运输是我国改革开放以来增长最快的交通运输方式,民用航空线路里程由1980年的19.5万公里增长到2007年的234.30万公里,有民用飞机1813架,有民用航空线1506条,有民用飞机场148个,平均6.49万平方公里一个机场。与世界大国相比(2003年),我国的机场数量并不多:美国现有机场5610个,平均1670平方公里有一个机场;加拿大有1327个机场,平均7517平方公里一个机场;印度有215个机场,平均1.38万平方公里一个机场。随着我国经济的发展以及区际经济联系的增加,航空运输还有很大的发展空间。到2007年,民航全行业运输飞机在册架数为1134架,货(邮)运量401.85万吨,客运量为18576万人,分别比2000年增加1.04倍和1.76倍。到2015年,全行业运输机队总规模将比2007年增加2倍左右。

航空运输规划也是一个全局性的问题,对区域来讲,关键是机场的建设与布局问题。要根据区域经济发展的基本情况和当地人民的生活水平、出行习惯等,根据需要规划和建设机场。一般地讲,一个地区一级的区域应当有一个机场,每个大城市都应当有自己的机场,特大城市和超大城市应当有两个以上的机场。例如,上海有浦东和虹桥两个机场,北京有首都国际机场和南苑机场。我国民用机场数量少,全国50万以上人口的城市,还有一半多没有通航,各区域在规划时应当关注机场的建设。

(4)内河航运。我国人口众多,各江河流域是人口高度集聚的地区,内河航运对某些地区的区域经济发展十分重要。

我国目前有内河航运里程 12.35 万公里。由于我国的土地资源、森林资源开发强度大,造成大面积水土流失,河流泥沙含量大,河床淤积严重,河道不断受到破坏。同时,由于生态环境破坏严重,各大江河流域范围内水源涵养能力大大下降,许多河流年径流量绝对减少,有些河流甚至发生季节性断流,通航里程减少。

规划时要求在各地区进行江河水利工程建设和跨江河桥梁的建设中,不能影响内河航运。在水利工程建设中不要建设碍航闸坝,人为地造成江河断航。要对港口接卸能力和疏运能力进行规划,根据目前的能力进行预测,预算投资,并且可以多方面吸引投资进行建设。内河船舶的购置也是规划的重要组成部分,应当放开让民营企业参与到内河航运企业中来。政府应当像修公路那样来改善内河的航道通航条件,使水运优势得到有效发挥,这部分资金应当由政府来投入。

我国的交通运输业正处于一个新的发展时期。随着我国交通运输业的飞速发展,对实现国民经济现代化和人民生活达到小康水平必将创造十分有利的条件。各区域的交通运输业的发展,要把握机遇,彻底改变长期以来交通运输业发展的落后状况和被动的局面,力争在总体上基本适应区域经济和地区社会发展需要。所以,区域经济规划中的交通运输规划,就是要对规划区域未来若干年的交通运输设施的建设作一个详细的安排,这个安排是区域经济规划中的重要组成部分。

无论能源规划、还是交通规划,都有专业部门进行专业的发展规划。我们在进行区域经济规划时,要注意与这些部门的沟通,及时获取他们最新的规划和思路,并将其中的精华部分纳入到我们的规划中来。

8.3 社会服务产业规划

在社会基础产业规划中,社会服务产业与基础设施产业对区域经济发展具有同等重要的地位。对社会服务产业的规划也是区域经济规划的重要组成部分。

8.3.1 城市基础设施规划

城市基础设施建设,要坚持高起点规划、高标准设计、高质量建设、高效能管理,重点抓好城市道路交通、污水垃圾处理、园林绿化和供水排水等基础设施的建设,努力实现城市功能布局科学合理、基础设施配套完善、城市道路交通便捷、市容市貌特色鲜明、建筑文化品位较高、整体景观现代繁荣的城市基础设施体系。

(1)城市道路交通网络。建设城市快速环路和过境路,逐步形成合理、便捷、通畅的城市道路交通网络。国外的城市道路交通规划已经十分成熟,其基本流程如下图所示:

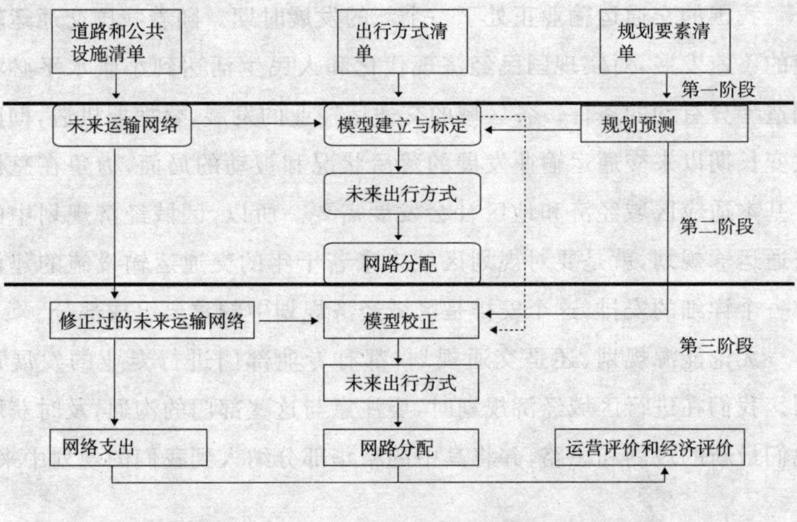

图 8—1 城市道路交通规划基本流程图

区域经济规划中要特别重视中心城市的道路交通建设,使中心城市的道路交通能够适应城市人口增加和经济发展的需要。在城市道路面积方面，应当逐步达到国际普遍的比重（占城市建成区面积的20%左右）；在交通设施和交通工具的发展上，要注重综合交通能力的建设，有条件的大城市，应当大力发展轨道交通，重点发展公共交通。我国“十五”计划中规划全国的城市道路长度18万公里，城市道路面积26亿平方米，城市公共交通车辆30万辆，出租汽车100万辆。

(2)城市供水和污水处理设施。规划中的城市供水范围应当逐步扩大到整个规划区域，同时要大幅度提高区域内建制镇的供水普及率及用水人口普及率。强化城市排水和污水处理设施的建设，要规划、建设完善的排水系统。提高污水处理率，切实解决城市的污染源问题。我国“十一五”计划中规划新增年供水能力300亿立方米，全国设市城市供水普及率不低于95%；新增城市污水日处理能力4500万吨，再生水日利用能力680万吨，城市污水处理率不低于70%。

(3)信息基础设施。推进国民经济信息化进程，在领域信息化、区域信息化、政府信息化以及企业信息化方面取得全面进展。深化行政机关网络系统建设，分期进行信息化小区建设。以发展电话和数据业务为主，坚持高起点、新技术的发展原则，加快光纤传输网的建设，加大城区光纤接入网建设进度，加快实现通信网的数字化、综合化、宽带化、智能化和个人化进程；优化专业网的结构，提高专业网络技术层次，扩大专业网的覆盖范围，促进电信网向信息网过渡。提高城乡电话交换机的总容量，增加移动电话的数量，提高电话普及率。我国“十一五”计划中规划全国电话用户总数达到10亿户，其中固定电话普及率达到30部/百人，移动电话普及率达到45部/百人。互联网普及率为15%。

8.3.2 防灾抗灾设施规划

(1)防洪工程。注重城区防洪和重点乡镇防洪堤岸工程、水文监测网络及洪水预警预报系统建设。其中城市防洪标准为30年—50年一遇的水灾,县城防洪标准为 20 年一遇的水灾。防洪工程的建设要从三个方面出发:工程性措施,包括河堤、海堤工程,分洪、分潮工程,洪水多发地区城市建筑物的加固工程等;科学技术性措施,包括区域内各级洪水灾害的监测系统、预报系统,提高分析预测水平;行政性措施,包括建立区域内各级的防灾指挥系统、紧急救援系统、社会救济系统和灾后重建的领导组织系统。

(2)蓄水工程。抓好现有水利工程巩固、配套、提高,有计划地兴建一批蓄水调洪、灌溉、发电综合利用工程,提高防灾抗灾能力。通过规划,建设对区域发展影响很大的水库,重点治理一批中低产田,重点建设节水灌溉工程,实施节水灌溉。要实施综合配套的灌溉技术,改善生产条件,提高综合的生产能力。

(3)水土保持工程。重点实施规划区域的水土保持工程,采用封山育林、护林防火、森林病虫害防治和生物多样性保护等措施,减少水土流失,保护生态环境。要分片进行水土保持的规划,根据规划区域内的不同片区的土壤和排水条件,制定相应的水土保持措施。包括土壤改良措施,平整土地、改土增肥、发展绿肥等;农业技术措施,引进新技术、新种子,发展植保机械等;营造防护林措施,包括营造防渠林、防风林、防沙林和道路林等。

(4)灾害性天气预警系统。进一步完善综合大气探测手段,优化气象信息通讯网络,增强对气象资源的分析处理能力,健全完善气象综合服务体系。重点建设新一代天气雷达资料接收系统、气象卫星通信系统和地面气象有线通信主干网、农业气象综合服务系统、雷电灾害防御和管理系统等现代化的灾害性天气预警体系。

(5)疫情、病虫害防治设施。继续完善建设农作物、禽畜、森林等生物灾害预警预报县级监测站等网络体系,进行病虫害、疫情综合防治与监测,使重大病虫害、疫情得到及时监测、预报和防治。

(6)城市防震减灾体系。进一步完善地震监测手段,增强对地震信息的分析处理能力,重点实施"地形变化观测网"和"震害预测",提高地震监测预报水平和防震减灾能力。提高对城市火灾、水灾和突发性流行疾病的预防能力,包括设施建设、防护器材准备、领导机构设置和应急预案的准备等。

8.3.3 科技教育文化体育设施规划

(1)科学技术研究和推广设施。区域经济规划中要确立科技发展的目标,明确发展的任务。包括本地科技发展的现状、水平和在全国的地位,准备解决的主要技术问题,科技体制改革和科技人员的队伍建设等。具体的措施有:加强区域的科教结合示范基地建设,完善区域内各级技术服务网络;进一步强化工业科技工作,围绕结构调整与产业升级,加强对引进技术的消化、吸收、抓好基础产业、主导产业的技术创新;发展高新技术产业,大力采用电子信息技术、现代生物技术、新材料技术、节能降耗技术改造传统产业,提高区域经济的整体技术和装备水平;强化基础理论研究,在抓好技术开发的同时,把基础研究提到一个新的高度来认识,并加大资金投入;管理技术和社会科学方面,要建立完善的信息、决策、反馈等管理系统,加强社会科学的研究,引导社会向现代化的方向前进。

(2)教育设施。以提高国民素质为根本,以培养学生的创新精神和实践能力为重点,加快幼儿教育、中小学教育、职业教育、成人教育、高等教育等各类教育设施的建设。在努力完善基础教育的同时,要积极建设高等院校,积极创造条件创办本科院校。

发展多层次、多形式的职业教育和成人教育,加强新增劳动者的岗前培训和在职人员的多样化教育。完善中小学布局,加快薄弱学校改造,改善义务教育阶段整体办学条件。加快广播电视、自学考试和教育有线电视等的建设，形成社会化、开放式的教育网络，满足多层次、多形式的教育需求。

(3)文化广播电视设施。以地域文化为龙头，各门类文化共同发展，以城带乡，城乡并进。大力发展文化产业，培育、完善文化消费市场。加强文化、广电基础设施建设，以及艺术馆、文化馆、图书馆、博物馆、乡镇文化站的建设，建立并完善市县两级广播电视中心及大容量信息通讯控制中心，加强广电装备配置，采编播设备向固态化、数字化过渡，改造市县有线电视网络，实现专业频道播出和网络技术的自动化，建成连接市、县、乡及村的宽带网络。

文物古迹的保护是文化设施规划的重要组成部分。我国许多地方都有丰富的古代文化遗存，是区域文化底蕴的代表，是发展旅游业的宝贵资源，应当作出专门的保护规划，并筹集资金修缮和维护。

(4)卫生服务设施。加快卫生改革与发展步伐，完善医疗卫生服务体系，优化资源配置，提高服务质量，切实保障人民健康水平提高，使国民健康的主要指标达到全省先进水平。加强市县医院、中医院、乡(镇)卫生院及预防保健机构标准化、规范化建设，加快医技人才培养。

(5)体育设施。以群众体育为基础，以竞技体育为重点，加速体育社会化、产业化发展进程。体育是一个很大的产业，越是经济发达，体育产业就发展越大。要加强体育设施建设，完善区域内各城市的体育场馆改造，形成一定规模，使区域内各城市体育场馆建设达到先进的水平。

8.4 本章小结

本章主要是阐述社会基础设施的规划问题，包括能源设施、交通运输设施和社会的基础服务设施等。需要掌握这些设施的规划在区域经济规划中的地位和作用、社会基础设施规划的基本内容、规划的重点以及规划中的结构和规模的预测等。

社会基础产业是指用于保证区域经济运行的社会服务产业和基础设施,其组成是区域交通通讯系统、区域公用设施系统和区域社会基础系统。社会基础产业在投资、生产、运营和消费上都有自己的特征,这些特征是:建设工程规模巨大、经济效益比较低和必须保证满足社会对社会基础产业最低水平的消费需求。社会基础产业建设与区域经济发展的相互关系主要表现在:(1)超前区域经济增长;(2)其结构与区域经济发展水平相一致;(3)投资于社会基础产业是政府刺激经济增长的有效措施。社会基础产业配置的基本原则是可持续发展原则、生态环境优先的原则、适当超前原则、讲求效益原则。

能源产业发展规划包括区域能源产业分析:(1)区域能源现状。能源资源开发现状,包括地区的能源资源构成、开发能力、开发规模和技术水平等;(2)区域能源需求前景。对区域能源的需求前景,基本的方针是:适当超前发展,保护环境,合理布局,优化结构和规模。规划的内容包括能源发展的战略方针、战略日标和发展任务。

交通运输规划要具体规定各种运输方式的具体发展任务,其中公路规划的重点是:(1)本区域与外区域的连接线;(2)本区域内部大中城市之间的主干道;(3)构建区域的公路交通网络;(4)公路建设要重视与其他交通运输方式的联系和协调。

社会基础产业规划中,社会服务产业与基础设施产业对区域经济发展具有同等重要的地位。对社会服务产业的规划也是区域经济规划的重要组成部分。其主要内容包括城市基础设施规划、防灾抗灾设施规划和科技教育文化体育设施规划。

关键术语

社会基础产业　能源设施　交通运输设施　社会服务设施

思 考 题

1. 社会基础产业的概念与特征是什么？
2. 社会基础产业的发展与区域经济发展的关系是什么？
3. 社会基础产业配置的基本原则是什么？
4. 目前我国能源发展面临什么样的形势？
5. 简述十五期间我国能源发展的战略规划。
6. 影响区域交通运输规划的主要因素有哪些？
7. 什么是交通运输规划的战略目标与任务？
8. 城市基础设施规划的主要内容有哪些？
9. 科技教育文化体育设施规划在区域经济规划中占有什么位置？
10. 社会基础产业规划在区域经济规划中处于什么地位？

参阅文献

1. 孙久文、张可云：《中国区域经济与地区投资实务》，北京：人民日报出版社 1998 年版。

2. 叶裕民：《中国区域开发论》，北京：中国轻工业出版社 2000 年版。

3. 叶裕民：《中国城市化之路》，北京：商务印书馆 2001 年版。

4. 魏后凯：《21 世纪中西部工业发展战略》，郑州：河南人民出版社 2000 年版。

5. 陈栋生：《西部经济崛起之路》，上海：上海远东出版社 1996 年版。

6. 王铮：《区域管理与发展》，北京：科学出版社 2000 年版。

7. 朱庆芳：《世界大城市社会指标比较》，北京：中国城市出版社 1997 年版。

8. 国家计委发展规划司：《国家十五重点专项规划》，北京：中国计划出版社 2003 年版。

9. 王延忠等：《基础设施与制造业发展关系研究》，北京：中国社会科学出版社 2002 年版。

10. 刘秉镰主编：《城市交通经济分析》，北京：中国经济出版社 1997 年版。

11. 韩彪：《交通经济论》，北京：经济管理出版社 2000 年版。

12. 孙久文、叶裕民：《区域经济学教程》，北京：中国人民大学出版社 2003 年版。

13. 宋旭光：《可持续发展测度方法的系统分析》，大连：东北财经大学出版社 2003 年版。

9. 国土资源开发、土地利用和环境保护规划

在区域经济规划当中,国土资源开发、土地利用和环境保护规划是重要的组成部分,可以是区域总体发展战略规划的一部分,也可以独立成为一个单独的规划。

9.1 国土资源开发规划

9.1.1 国土资源开发的作用和意义

国土资源,尤其是矿产资源的开发及与之密切相关的原材料工业,即是资源和资金密集型产业,是区域经济中的主要基础工业。合理安排国土资源开发与建设的布局,对区域经济发展具有重要的意义。

在区域经济规划当中,国土资源开发的作用和意义主要表现为:

——综合开发利用资源,是区域经济发展的主要途径之一

我国基本的资源态势,是地大物博、人均资源量少,所以对每一个规划的发展区域来说,综合利用资源都显得十分重要。受地质因素的影响,我国许多矿产都是综合矿、伴生矿,且矿产资源的地域组合较佳,对矿产资源的开发,我们应持一种综合的观点。特别是那些资源组合好、地理位置又比较优越的地区,应在多种国土资源开发的基础上形成多部门的工业基地。

对于规划区域来讲，以国土资源开发为基础形成产业部门是许多地区、特别是落后地区经济发展的重要启动形式和重要途径。当一个区域走上经济发展的道路之时，地方政府首先想到的就是如何开发本地的资源，这是一条最简捷、最容易的发展途径。走这条路，有以下几点应当注意：

(1)合理利用资源是开发的首要原则。许多资源都是非再生资源，应十分珍惜它。任何乱采、乱挖矿山的现象，都应当禁止。国土资源开发部门必须杜绝只采富矿不采贫矿、采厚矿弃薄矿、采大矿嫌小矿的不合理现象，充分利用一切可利用的矿产资源，做到物尽其用。要防止出现加工和使用某些矿产过程中优质劣用、大材小用、小材不用的浪费现象。

(2)有效保护资源是关系可持续发展的大事，必须切实执行。开发与保护，是一对矛盾。我们的资源是有限的，开发一点就少一点，而我们人类的生命是子孙延续的，无穷尽。如果我们在短短的一代人的时间内就把国土资源开发殆尽，我们的后代就无以为继。在开发中妥善保护，从而避免造成人为的对资源的破坏，是十分重要的。为了真正做到保护资源，必须制定资源保护的各项法规，并坚决贯彻执行。对采用不合理的采矿技术，违反正常的开采程序，造成资源浪费的，要追究责任。

(3)适时转变发展道路，是国土资源开发的最后结果。国土资源开发是手段不是目的。发展区域经济的途径很多，国土资源开发不是最好的途径，只是最快和最简单的途径。国土资源开发可以积累一定的资金，也可以使当地人民的生活水平得到一定的提高。然而从区域经济规划的角度来分析，对于我国任何一个地方，我们都不主张永远走国土资源开发这一条路，而应当在资金积累到一定程度、具有一定的产业发展基础后，适时转变发展道路，向加工业和其他非国土资源开发型的产业转移。

——加强交通等基础设施建设，是国土资源开发成功的保证

首先，国土资源开发必然要产生很大的运输量，因此交通建设必须先行。有些地方矿产资源非常丰富，但受地形、地质等条件的制约而不能开发；相反，有些地方矿石的品位并不高，但因地理位置好，交通发达，却能提早得到开发。例如，北京门头沟的煤矿，资源量少，矿床的条件也不好，但却很早就得到开发，原因是离北京近而交通方便；再如，按照国际惯例，含铁30%以上的铁矿才有开发价值，但河北的冀东铁矿含铁在30%以下，却早已经进入工业开发，原因是那里交通方便，而我国的铁矿资源又相对缺乏。因此，如果规划地区选择国土资源开发为先导产业来优先发展，一定要交通先行。

其次，与国土资源开发相配套的其他基础设施建设也要跟上。包括供电、供水、煤气、排污、安全保障、空气净化、环境美化和一些生活设施，要与生产性设施同时开工建设。过去那种“先生产、后生活”的时代已经过去，我们需要艰苦奋斗的精神，不需要“苦行僧”的做法。国土资源开发的各项建设要配套，要协调。

再次，国土资源开发产业的产品，远距离运输要支付大量的费用，这样，加工工业的发展便不可忽视。它一方面可强化基础设施的利用，提高其利用率；另一方面则是通过节省运费而降低产品的生产成本，取得聚集经济效益。在能源基地发展高耗能工业，在矿产国土资源开发区发展加工工业，形成地域生产综合体，而地域生产综合体对带动更大区域的经济发展具有强大的促进作用。

——选择正确的开发方式，做好国土资源开发区的全面规划

国土资源开发的投资一般都比较大，对于经济实力较弱的待开发地区，应当量力而行。中央政府从全国的经济发展出发，对一些重点的资源进行重点的投资开发。国土资源开发的投资必须是多渠道的和多途径的。选择正确的投资开发方式，对国土资源开发的成功很重要。例如，我们可以采取地区联合的方式，可为西部地区吸收到东部地区的投资，而后返还东部地区一部分产品；再如中央、地方、企业和个人的合股开发也是一种较好的形式，它可充分调动闲散资金，使它们发挥作用。吸引外资也是一条重要途径，但前提是要有良好的投资环境。

国土资源开发往往是大面积、大范围的开发行动，对整个区域的影响很大。国土资源开发中产生的废水、废气、废渣，处理不好，有可能破坏生态系统的平衡和发展，造成环境危害。保证国土资源开发的顺利进行，要求我们在开发前作好开发区的规划，包括产业发展、基础设施建设和区域的社会发展等，这就是区域国土资源开发规划。

9.1.2 区域特征分析

区域国土资源开发规划是对一个特定的资源区的开发进行综合规划，起点是对区域的分析。区域分析包括以下几个方面：

规划地区的位置。作为规划的起点，我们首先要明确规划区域的位置，即区域的经济地理位置。包括地理坐标、相临地域、区域范围、行政区划和气候、水文等自然条件。例如，晋陕蒙开发区包括山西的河曲、保德、偏关、兴县，陕西的榆林、神木、府谷、横山、靖边、定边，内蒙古的东作画、伊金各、达拉特、准格尔、托克托、清水河等 16 个旗县(市)[①]，土地总面积 9 万平方公里，1995 年人口约 400 万。区内以能源为主的矿产资源丰富，经济相对落后，16 个旗县(市)中除 5 个为省级扶贫县外，其余全部为国家级扶贫县。

资源条件。资源条件主要指规划区域准备开发的资源情况，以及

① 本节所用晋陕蒙开发区案例来源于姚建华、王礼茂主编：《重点国土资源开发与区域经济发展》一书，北京：中国科学技术出版社 1996 年版。

与其配套的其他资源的状况。对于资源条件的分析，我们前面已经讲述过，在实际的开发规划中，我们要搞清楚一个地区的准确的资源储量，需要我们进行详细的调查和分析。例如，在晋陕蒙开发区规划中，首先要搞清楚的是其能源的丰富程度。煤炭：已探明保有储量2505亿吨，占全国总保有储量的1/4强。天然气：累计探明储量4000多亿立方米，为我国目前已探明的陆上最大的气田。陕甘宁盆地天然气资源蕴藏量为86000亿立方米。铝土矿：已探明储量1.4亿吨，远景超过5亿吨。铝土矿中铝的含量较大，平均铝硅比为7:1左右。芒硝：主要分布在达拉特旗，储量67.8亿吨，属特大型矿床。高岭土：预测资源量8亿吨，白度高达90.6%。盐矿：初步探明储量3292万吨，预测储量6000万吨。此外，还有石灰石、黄铁矿、膨润土等化工用资源和非金属矿产资源。

规划区域在全国的地位分析。根据自身的资源条件和国家经济发展的需要，评估本地区在全国劳动地域分工中的地位和作用。这个工作与区域定位是具有同样意义的同类工作，只是在这里仅仅涉及规划区域准备开发的资源在全国或大区中的地位。例如，在晋陕蒙开发区中，当时规划区域的开发以能源为主体，其能源开发在全国的地位是：(1)优质动力煤供应基地。我国为煤炭生产大国，一次能源生产量和消费量中，煤炭均占6%以上。由于南方煤炭资源日见枯竭，且多为优质动力煤，因此可以预料本区必然承担全国的动力供应的重大任务。(2)天然气供应基地。世界一次能源消费构成中天然气约占1/5，我国不足3%，所以加强天然气的勘探开采，改善能源消费结构，是我国能源的重要战略之一。以靖边为中心的陕甘宁盆地探明天然气储量超过900亿立方米，可见产能在30亿立方米以上，承担着向北京、西安、银川等城市供气的任务。(3)电力供应基地。开发区有煤、近水(黄河)、用地无困难，邻近华北用电重负荷区，所以在输煤的同时，有条件建成电力基地。(4)铝工业基地。铝金属在日常生活中的作用仅次于钢铁，是我国优先发展的有色金属。区内的府谷、兴县、保德、河曲有丰富的铝土矿，在形成电力基地的基础上，应发展铝工业，使之成为我国的铝加工基地。(5)化工基地。区内煤炭、天然气、盐、硫磺等资源丰富，以此为原料发展化工，也是本区在全国劳动地域分工的重要任务。

9.1.3 产业发展规划纲要

产业发展规划是区域国土资源开发规划的中心，规划的要点是发展什么产业、如何发展、如何布局等。

——产业发展现状

产业发展规划的制定，先要对规划区域目前的产业发展状况作一个分析和评价。分析的内容包括产业结构、工业结构、产品结构等。在有些农牧区，可能过去几乎没有什么工业基础，仅有简单的粮食加工和手工业，则应当分析其工业发展的条件，或者存在的主要问题、主要的制约因素。如离中心城市的距离、交通通畅或闭塞的程度、国家工业投资的情况等。尤其要分析近期工业发展的状况，看到与全国的差距等。

例如，在晋陕蒙开发区规划中的产业发展现状分析是：

(1)资源型工业占主导地位，轻重结构不合理。以当地资源为基础的资源型工业企业个数和产值均占90%以上，纺织、化工、煤炭食品、建材、地毯等为区内的主要工业，产值占工业总产值的92.1%。

(2)企业规模小，资金积累能力差。现有的955个工业企业中，大型企业只有4家(均为纺织工业)、中型1家，其余全为小型，平均每个企业的固定资产原值仅74万元，不足全国平均值的1/5；资源型工业基本是低利产业，效益更差，煤炭企业的资金利润率低，化肥企业严重亏损。

——产业发展预测

根据规划区域的经济和资源、环境状况，对规划区域主要的资源产业的发展进行预测。包括发展趋势预测和发展规模预测。具体方法可以是模型预测，也可以是趋势分析等。

在 20 世纪 90 年代制定的晋陕蒙开发区规划中，发展趋势的估计是：开发区资源丰富，能够建成我国中西部过渡带上的一个能源、原材料工业发达的重工业基地。对具体的发展规模预测是：

(1)煤炭工业。开发区煤炭开发规模将达 1 亿吨左右，初步建成具有全国意义的煤炭输出基地，到 2015 年和 2030 年，煤炭产量将近 5.2 亿吨和 11.06 亿吨，成为全国屈指可数的大型煤炭基地。

(2)电力工业。晋西北火电基地、陕西火电基地和内蒙古沿黄河两岸火电基地远期装机容量可达 5870 万—6350 万千瓦。结合黄河干流上万家寨和龙口两个梯级水电站(共装机 140 多万千瓦)的建设，开发区水电建设总规模大约在 600 万—700 万千瓦之间。

(3)天然气工业。到 2000 年开发规模约为 30 亿立方米 。以天然气开发为依托，陕北将积极发展以甲醇、化肥为主导产品的天然气工业，主要包括甲醇 33 万吨、尿素 62.2 万吨等。

(4)铝工业。山西兴县、保德一期铝工业铝基地的建设规模是铝土矿 60 万吨、氧化铝 20 万吨、电解铝 9 万吨、铝材 5 万吨。陕西铝工业的规划产量是氧化铝 9 万吨、电解铝 5 万吨。

——主要工业部门发展规划

主要工业部门的发展规划是国土资源开发规划的中心环节，一般是根据区域的优势资源来确定发展的重点工业部门。

例如，在晋陕蒙开发区规划中主要工业部门的发展规划是：

(1)煤炭工业。开发区发展能源工业的基本原则：优质煤输出，劣质煤就地转化，国土资源开发与就地转化同步规划建设，使其得到合理的利用。该基地以优质动力煤为主,精煤市场面向国内和国外的用户;而其大规模开发,同时会产生数量可观的劣质煤,这类资源应当就地转化,与输电相结合,使该区的煤炭资源得到充分的利用。

(2)电力工业。开发区规划开发电力基地的原则:以水定电,以煤、运输及负荷的需要量为依据,并以电力开发条件,包括前期工作、资金筹措能力及愿望等作为拟定规划时的依据。区内的电源布局应与水源的开发(包括水源地的勘探和利用方向的评估,黄河干流调节工程的开发时序等)统筹规划。黄河北干流两个煤电转化基地的雏形基本能够形成,届时,开发区将成为向华北甚至东北地区输电的基地。

(3)天然气工业。天然气工业应以外输民用为主,作为原料利用和就地转化为辅。因该气田天然气主要成分是甲烷,含量96%左右,是很好的民用燃料。但气层埋藏深,作为原料利用缺乏竞争力。因此,其产能规划和建设规模主要依赖于区外民用数量和少部分用于就地转化的数量。

(4)化学工业。天然气化工要尽快建成榆林天然气化工厂的甲醇生产线,继续建设生产合成氨、尿素的榆林化肥厂。盐、碱化工以定边盐的深加工为主,继续开发新产品。加紧进行达拉特芒硝开发的试验,做好特大芒硝矿的大规模开发及加工的准备工作。此外,煤化工的潜在优势也应得到发挥,神府和达拉特要建设大型煤化工的基地。

(5)轻纺工业。目前产值居全区第一位,今后应着重技术改造,提高企业素质,以内涵扩大再生产为主,与农牧业原料供应协调好。食品工业重点发展白酒、卷烟、饮料及果品、畜产品、土特产品的加工业,维持现有产量,提高质量。沿黄河地区要发挥苹果、葡萄、枣、梨等资源优势,发展具有地方特色的饮料、罐头、果脯等。农区和农牧区注重肉食制品、奶制品的开发。皮革、皮毛加工今后以改造现有企业为主,上规模、上效益。毛纺织工业目前为支柱产业,产值占轻工业的60%,其中93%的产值集中在东胜和榆林两市。目前的主要问题是新产品开发能力弱，原料性产品比重大，深加工不足。毛纺工业不宜再上新项目，应在原有基础上，组织工业集团公司，形成群体优势，增强市场竞争力，并与农牧业发展相协调，解决好原料供应问题。今后除保持毛线和羊绒衫优势外，要发展以细毛为原料的精纺产品，重视山羊毛、驼绒、驼毛等资源的开发和综合利用。

(6)建材工业。由于区内资金投入强度加大，建材产品需求旺盛，建材市场很好。水泥应是发展的重点，同时积极发展陶瓷、高岭土、膨润土等新型非金属材料及砖瓦灰沙等。水泥工业实行改造和新建相结合，近期以改、扩建为主；建设东胜、榆林、清水河、准格尔 4 个陶瓷工业基地。榆林和东胜主要发展建筑陶瓷，清水河发展粗陶和紫砂陶，准格尔发展卫生陶。将府谷建设成为以水泥、高岭土和膨润土为主的综合性建材基地，将清水河建设成为以陶瓷、特种水泥和高岭土为主的综合建材基地，将准格尔建设成为以水泥、陶瓷和新型建材为主的综合基地等。

——经济、工业中心的培育与城镇体系建设

区域国土资源开发要与区域的城镇体系建设结合起来，建设区域的经济中心和工业中心。

(1)经济中心和工业中心建设。一般讲，经济中心位置的选择往往倾向于现有的中心城市，或目前虽然还不是很大，但未来很有发展前途的城市。如果在规划区域，有一个很有实力的大城市，问题就很好解决；如果若干城市都差别不大，就需要论证和对比。如在晋陕蒙开发区中，区内的可以选择的经济中心有榆林和东胜两个城市，我们需要对两者进行发展条件的对比。工业中心的建设要简单些，因为可以依据资源条件和发展不同的产业的要求，建设多个工业中心。

(2)城镇体系建设。国土资源开发的目的是发展开发区域的经济，提高规划区域的城市化水平是一个必须要做的工作。要把城镇的发展与工业的开发结合起来，由工业带动城市和城镇，走工业兴市的道路。为此，必须规划不同等级、不同职能的工业中心，并规划这些中心在未来发展成为不同级别的区域性城市。应当把国土资源开发规划与城镇体系规划结合起来，由工业发展的规模和类型去规划城镇发展的规模和职能。

——交通运输网建设与规划

对国土资源开发影响最大的基础设施是交通运输业，交通运输网的建设应当与国土资源开发和工业发展同步规划、同步实施。例如，在晋陕蒙开发区的规划中，对交通设施的规划是：

铁路。(1)神府、东胜煤田外运通道建设。神府、东胜煤田目前已有包神和神朔两条运输通道，但由于受京包线、同蒲线运力的影响，运力受到限制，必须尽快打通通向港口的铁路和南北通道。朔港铁路起于山西省朔县，止于河北省黄骅，是神府东胜煤炭东运大通道，该线还有两条支线分别通往石家庄市和天津港。朔港铁路全长570公里，输送能力6000万吨以上。(2)神府煤田的南下通道——西包线。西包线由包头经东胜、榆林、米脂、绥德、子长等县，至延安，连接西安——延安线。西包线不仅是开发区煤炭外运的大动脉，又是我国路网规划中的一条南北干线的连接线，西包线的修通对陕西和内蒙古都十分必要，它缩短了内蒙古西部、陕北至关中和中南地区的距离。此线再与规划的西安——安康线相连，将形成一条新的南北铁路通道，将包头、东胜、榆林、延安、西安、安康、重庆、贵阳等城市直接联系起来，对开发沿线丰富的矿产和沿线老区人民的脱贫致富，都有十分重要的意义。还可由贵阳经柳州南至湛江或防城、北海，打通我国西部又一条出海通道。(3)准格尔煤炭外运通道建设。准格尔是国家投资建设的大型露天煤矿，一期建设规模为1500万吨，二期建成后生产能力可达4000万吨。准格尔煤炭的外运，初期由丰准线和集通线承担，以后视运输状况，考虑修建呼准线(现已开工)。

公路。本区公路建设以新建矿区公路网和补充、完善、提高现有公路等级、加强外联为重点,以保证煤炭、天然气生产基地建设和满足地方经济的发展及促进对外经济联系为目标。

水运。黄河干流的水运,由于航道本身的原因,日趋萎缩,尤其是三盛公水利枢纽的建成,截断了干流航道,引走了水量,使闸下航道水深不足,天桥电站建成后也未留过船闸门,加上航道多险滩和多年失修,使得现在和将来黄河水运只能作为运输网中的一个辅助性的交通方式。

管道。开发区以靖边为中心蕴藏有丰富的天然气资源,是我国目前陆上最大的天然气田之一。按照气田的规划,到 2010 年为 50 亿立方米,这些气源除少量用于当地消费外,一期工程生产的天然气主要供北京和西安等城市民用。目前由气田输往西安和北京的天然气管道已开始建设。以后根据气源情况,还要修通到宁夏银川以及山西、内蒙古、甘肃等地的输气管道。

用管道输送水煤浆,也是一种煤炭运输方式,虽然在前面已作过技术经济分析,在目前情况下,与铁路运煤相比还处于相对不利的地位。但管道运输具有投资省、占地少、建设周期短、运行不受气候和沿线交通干扰等优点,随着水煤浆输送技术的进步,其与铁路运输的条件对比也将发生变化。随着本区煤炭外运量的不断增加,管道水煤浆输送至国内用户或下海出口,也可作为煤炭外输的手段之一。应根据需要与可能,做进一步的论证和前期工作。

航空。航空运输在本区的地位较低,目前只有榆林有一小型机场,开通榆林至西安航班。从今后的运输网布局来看,航空只是区内运输网中的一个辅助手段。

9.1.4 政策建议

国土资源开发区的政策体系建设,要有针对性,我们不能把一般化的原则作为某一个具体开发区域的政策建议。在晋陕蒙开发区规划中的政策建议是:

(1)建立国土资源开发特别区,以利统筹规划开发资源

为使开发区的资源能够更好地为国家和地方的经济建设服务,需要建立一个具有权威性的机构。该机构为政企分开的经济技术实体,享有法人权益。可以打破来自各个面的体制分割,对开发区以能源为主的国土资源开发和地区的经济发展履行最高级的统一规划和组织实施的职权。有了这样的机构,就能对区内的煤炭、电力、天然气、铁路运输、水源地和地方的经济发展以及环境整治等进行统筹规划,合理安排,分步实施,达到资源利用合理、环境治理有序、确保能源基地建设顺利进行、权衡协调利益分配和促进地方经济快速发展的目的。有了这样的机构,必能避免各方从自身利益出发对其得与失的讨价还价,以及为了某件事无休止地争论,以致延误工期,影响能源基地建设的进程等情况的发生。

(2)协调三者利益,调动多方积极性

能源基地建设只有在利益协调的前提下调动各方的积极性才能顺利进行。“利益关联而分配相对均衡”的原则,应该成为处理资源赋存区、开拓者和消费区(即受益区)三者关系的指导思想。开发区(即资源赋存区)的特点是资源富聚,生态脆弱,贫穷落后。无疑,不论国家或地方各级政府在制定该地区经济发展规划时,均应以开发当地的资源,达到改善和恢复环境,加快地区经济发展和脱贫致富为目的。

(3)把发展电力和开发煤炭资源摆到同等地位

开发区除有丰富的煤炭资源外,办电条件也很好,可以规划建设的火力发电厂装机容量可达 4000 万千瓦,一批装机容量在 400 万—500

万千瓦的特大型火电厂，如达拉特、托克托、河曲及段家寨等电厂将在这里出现。这些电厂可建成我国发电装机容量最大、建设周期可伸缩、地域相对集中且有强大电力输出、见效最快的电力基地。

(4)改善和恢复开发区的环境，应有法可依、有章可循

开矿对环境的影响很大，煤矿建设和生产都要破坏表土和植被，排放固体废弃物，露天开矿更是如此。为把开发区因发展煤炭工业带来的环境问题减少到最低限度，应有矿区环境保护整治规划和可遵循的规章制度，做到有法可依，有章可循；对生态环境特别脆弱的开发区来说，尤其应将它摆到特别突出的位置来对待。

(5)理顺和疏通资金渠道，促进地方经济发展

国家需要通过理顺政策和疏通资金渠道为地方筹措急需的建设投资。例如，为矿区建设配套服务的农副产品地规划和筹措启动资金，为矿区和企业配套服务的建设项目，包括医院、学校、商店、公园等基础设施所需的资金筹措，与矿区配套的地方煤矿投资应与大矿一道，按总体设计一并列入投资筹措渠道。

(6)加强水源工程统筹规划，确保各方用水的实现

能源基地建设和发展当地经济均需要可靠的水源。迄今为止，对黄河干流水利工程已做了许多工作，积累了大量资料。从目前已获得的资料分析，该地区水资源虽不是很充裕，但当地产水和过境水源的总和并不少，如果随同能源工程的总体规划及与其配套的水源工程的分期和适时开发建设，这里水源可以满足 21 世纪初叶能源基地大规模开发的需要。

9.2 土地利用规划

区域经济规划中的土地利用规划，是对区域内所有土地用途的综

合性的利用规划，比城镇的限制性土地规划要宽泛和丰富。

9.2.1 区域土地利用和规划的作用及其意义

土地是人类获取主要生活资料和物质财富的根本源泉，同时也是构成人类社会生产关系的重要客体。人类利用土地的特性，通过劳动与土地的结合来获得自身生存和发展的物质财富，所以说土地利用的过程就是人类以土地为劳动对象或手段，对特定土地投入劳动力资本以期满足自身某种需要的过程。

对某一个区域来说，一定时期内的土地数量是相对固定的，而对土地的利用则是一个随着区域社会经济发展而不断变化的动态的过程；所以在区域经济发展过程中，土地在供需总量上的矛盾及在利用结构上的矛盾是在所难免的，因此就要求我们依据本区土地的自然地理特点，适应本区的社会经济条件及发展用地需求，以土地的合理利用为核心，以最佳综合效益为目标，在时间上和空间上对区域内的土地资源的开发、利用、整治和保护作出具体的部署和安排。这便是土地利用规划，它是人们为了改变并控制土地利用的方向，优化土地利用结构和布局，提高土地的生产力，根据社会发展要求和当地自然、经济、社会等条件，对一定区域内的土地利用进行空间上的优化组合并在时间上予以实现的统筹安排。

在区域经济规划中，土地利用规划占有重要的地位。在宏观上，区域的土地利用规划要求科学确定区内各项用地规划和比例，使有限的土地资源尽可能满足国民经济协调、稳定发展的要求；在微观上，则要使土地的生产力得到充分的发挥，使土地得到更加科学、有效与合理的利用 。可见，土地利用规划对于缓解区域内的人口、资源、环境同区域经济发展之间的矛盾，以及调整生产力布局、优化产业结构、强化城乡土地统一管理、保护土地等方面都具有重要的作用。它对区内各部门、各产业的用地量进行合理分配，并在空间上予以具体落实，保证了各产业之间的协调发展。所以说，土地利用规划同区域经济规划的其他方面在数量和空间规划的角度相互联系、互为补充，是区域经济各项规划在空间上的统筹安排和具体实现。

现阶段我国的土地利用规划可以分为总体规划、专项规划和详细规划。其中的土地利用总体规划是土地利用规划体系的"龙头"，它是根据当地的自然和社会经济条件以及国民经济发展的要求，协调土地的总供给和总需求，制定土地利用目标，调整并确定土地利用结构和用地布局的一种宏观战略措施。它主要解决的是跨部门、跨行业的土地利用问题，其实质是对有限的土地资源在国民经济部门间进行合理的时空配置，核心是合理确定和调整土地利用的结构和布局。而专项规划则是针对土地利用中的某一专项问题进行的规划，详细规划则是对国民经济各项具体用地进行详细安排的一种微观规划，本书对区域土地利用规划的讨论偏重于宏观上的分析，因而着重从总体规划的层面上展开。

9.2.2 土地利用规划的目标与任务

《1997 年—2010 年全国土地利用总体规划纲要》中确定土地利用的总目标是：在保护生态环境的前提下，保持耕地总量的动态平衡，土地利用方式由粗放型向集约型转变，土地利用结构与布局明显改善，土地产出率和综合利用效益有比较明显的提高，为国民经济持续、快速、健康的发展提供土地保障。具体目标包括四个方面：(1)农用地特别是耕地得到有效保护和综合整治；(2)在保障重点建设项目和基础设施建设用地的前提下，建设用地总量得到有效控制；(3)土地整理全面展开，未利用土地得到适度开发；(4)土地生态环境有比较明显的改善。

区域土地利用规划的主要任务是根据社会经济发展计划、国土规划和区域规划的要求，结合区域内的自然生态和社会经济具体条件，寻求符合区域特点和土地资源利用效益最大化要求的土地利用优化体系。具体而言有如下几方面任务：

(1)查清事实，明确问题。土地利用规划的首要任务是必须把握社会经济发展的态势，查清土地利用现状，评价土地的适宜性和限制性，分析后备土地国土资源开发的潜力，进而对全区土地供需状况进行科学预测和综合平衡。通过以上调查分析，明确土地利用规划所要解决的问题。

(2)土地利用结构优化。结构决定功能，土地利用结构是土地利用系统的核心内容，其实质是国民经济各部门土地面积的数量比例关系，而对土地利用结构优化的核心就是在资源约束条件下寻求土地利用结构的最优化。土地利用结构的调整应在区域发展战略规划的指导下，以区域的社会、经济与生态条件为依据，在国民经济各部门、各行业间合理分配土地资源，实现地区间人口、资源、环境的协调平衡，并作为土地利用空间布局的基础和依据。

(3)土地利用宏观布局。因为不同空间的内涵特定要素之间存在着明显的差异性，所以要求对土地利用进行宏观布局。以土地利用结构优化方案为依据，确定在何时、何地和由何种部门使用土地的数量及其分布状况，并结合土地质量和环境条件进行区位选择，最终将各业用地落实在土地之上。

(4)土地利用控制指标。依据土地利用目标、基本方针以及上级下达的控制性指标，并结合当地实际情况拟定土地利用控制指标；同时还要逐级分解规划所确定的各类用地控制指标，重点确定城镇用地规模控制指标，落实重点建设项目和基本农田等重要用地的区域布局。土地利用控制指标具有强制性、可操作性与可达性，是调整土地利用结构和布局的主要依据，主要包括基本农田保护面积、耕地保有量、建设用地占用耕地数量、土地开发整理补充耕地数量、退耕还林面积等。

(5)提出实施规划的政策措施。研究目标与政策及措施之间的关系,分析采取何种政策、措施能更有效的实现固化的目标和方案,从而制定行之有效的政策和措施。土地利用规划是监督各部门土地利用的重要依据,规划一经批准便具有法律效力,任何机构和个人都必须严格执行,不得随意变更规划方案,各项用地审批必须依据规划。所以应依据土地利用规划,对各部门土地保护、利用、开发等情况进行监督调查,以保证土地利用的合理、有效。

9.2.3 土地利用规划的核心内容

——土地利用现状分析

土地利用现状分析是制定土地利用方针和编制土地利用规划不可缺少的依据,是土地利用规划的基础和起点。它是在对区域土地利用现状进行了全面调查的基础上开展的,通过区域土地资源的数量、质量、结构与布局、利用程度、利用效果等的分析,明确区域土地资源的整体优势和劣势,发现土地利用中的问题,进而指明区域土地利用的方向和重点,为制定科学合理的土地利用规划提供依据。

土地利用现状分析的内容包括土地资源数量与结构分析、土地利用结构和布局分析、土地利用动态变化分析、土地利用开发程度分析和土地利用效益分析等方面。(1)土地资源数量与结构分析。首先要弄清已经利用的各类土地和尚未利用的土地数量及其比重,其次要掌握在各类不同自然状况下的土地数量。而土地资源结构是区域土地资源的数量、质量及类型组合的空间结构,对土地资源结构的分析应包括土地资源单项分析和综合分析两方面。(2)土地利用结构和布局分析。包括各类用地的面积和结构,并通过横向的比较分析区域用地结构形成的条件及区域布局,采用的指标通常有:各类用地的比重及人均面积，各地貌类型区内的各类用地比重，各坡度级、各海拔高度范围的耕地的比重，各类用地区位指数(本区某地类面积占全区土地总面积比重/全国某地类面积占全国土地总面积比重)等。(3)土地利用动态变化分析。在对区域土地资源状况、土地利用结构与布局进行充分了解的基础上，再同历史数据进行对比分析，以分析土地利用变化的规律及原因，并指出规划期内的变化趋势。(4)土地利用开发程度分析。通常是采用定量的单项分析指标，与上一级区域(或全国)的相应指标进行横向比较，评价区域土地开发利用程度的高低。常用的分析指标有：土地垦殖率、土地利用率、农地用地率、建设用地率、土地复垦率、森林覆盖率、建筑密度、城市用地容积率、单位产值占地率等指标。(5)土地利用效益分析。分为经济效益评价、社会效益评价及生态效益评价三方面，各自采用的指标有：土地产出率、土地利用产投比、单位土地赢利率；人均各业用地面积、人均各类农产品拥有量、人均绿地面积、城镇化水平；水土流失面积指数、土地沙化面积指数、森林覆盖率等。通过以上三方面多个指标的计算和对比，合理确定各个指标的评价系数及其权重，最后对区域土地利用效益作出综合评价。

在进行区域土地利用现状分析的过程中，应该注意不能仅停留在对事实的陈述，而是要进行科学的、中肯的分析评价。同时要注意分析的客观性、全面性及综合性，不能将分析仅限于某一个方面、某一个角度，而是要考虑经济、社会、生态整体优化的综合效益；不能仅从某一领域分析，而是要进行广义的研究分析，统筹考察农业、城镇、工矿、交通、水利等各方面的用地情况；更不能仅从局部利益出发，而是要综合考虑各地区、各部门的实际情况和用地需求，从提高全区土地利用系统整体效益的高度上进行全面、深入、系统的研究分析。

——土地适宜性评价

土地适宜性评价是土地管理的基础，它是根据土地的自然和社会经济属性，研究土地对预定用途的适宜性、适宜程度及其限制状况，弄清适宜不同用途的土地的数量、质量、限制因素及分布状况，统计出全区各类用途后备土地资源及不合理用地的数量、质量及其分布，从而为土地利用结构和布局的调整、土地利用规划分区提供科学依据。

我国当前采用的土地适宜性评价系统是在参照联合国粮农组织的评价系统的基础上，结合《中国 1∶90 万土地资源图》而制定的。依照这个评价系统，对土地适宜性的评价通常按照以下程序进行(见图 9—1)：

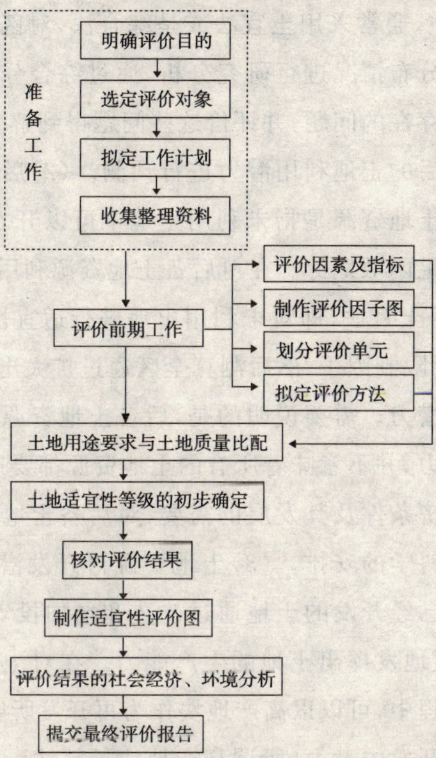

图 9—1 土地适宜性评价工作程序

在进行区域的土地适宜性评价中，不必对全部土地进行适宜性评价，只对不合理的或是有争议的用地进行评价；另一方面，还要进行各类用地后备资源的适宜性评价，要对全区的宜耕荒地、宜林荒山荒滩、宜建设用地等后备土地资源的开发利用方向、数量、质量及分布进行详细的说明，同时分析其用地结构调整的可能性。

——土地利用潜力分析

对土地利用潜力的分析是进行用地预测、土地利用分区规划的重要依据，它主要包括三个方面的分析：(1)土地利用结构与布局调整的潜力分析。主要是研究全区的用地通过结构优化从而提高效益的潜力，在分析过程中，通常采用土宜法或是综合法，对区域土地利用现状结构与各类用地分布情况进行研究分析，通过综合分析找出本区土地利用现状结构所存在的问题，并评价这些问题得到解决的可能性，同时要对结构调整之后的土地利用潜力进行预测。(2)后备土地资源利用潜力分析。后备土地资源是指未利用土地中可以开发和利用的土地、工矿废弃地和零星闲散地等。在对后备土地资源利用潜力进行分析的过程中，通常采用土宜法，即对未利用土地进行适宜性评价，确定其适宜性、等级和主要限制因子，然后测算全区通过扩大土地利用范围而增加土地生产力的潜力。需要说明的是，后备土地资源数量只能反映土地的自然供给能力，并不意味着所有的土地资源都要进行开发，而是要根据区域社会经济条件及其发展的需要，对后备土地资源的开发作出适当的、有序的、科学的安排。(3)土地资源再开发潜力分析。土地资源再开发是指对已经开发的土地通过改造和增加投入，提高土地利用的效率，最大限度地发挥出土地的生产能力。在对土地资源再开发潜力进行分析的过程中，可以以高产地块作为再开发所要达到的目标，由此估算出土地再开发的潜力(所谓高产地块推算法)；也可以在土地适宜性评价的基础上，分析可再开发的土地在克服其相关限制性因素后有可能达到的适宜性等级，并估算出土地适应性等级提高所带来的产出增加的潜力(所谓土宜法)；当然，也可以采用较为简便的半定量的综合分析法。通过以上各种方法的综合应用，全面评价区域土地资源再开发的潜力，为土地供给预测分析和土地利用结构和布局规划提供重要依据。

——土地需求量预测

土地需求量预测可以分为农业用地需求量预测和建设用地需求量预测两部分，而在对土地需求量进行预测之前，首先要对影响土地需求量的各种相关因素进行分析预测。(1)农业用地需求预测。农业用地是土地利用的核心，农业生产用地预测包括耕地预测、园地林地牧草地及水产预测、生态保护用地预测，重点是耕地需求预测。耕地需求量预测应保证各类农产品需求量(包括当地基本需求量及国家订购任务和调出调入量)，合理预测规划期末各类农产品单产量，在此基础上对全区耕地需求量进行预测。(2)建设用地需求预测。建设用地需求量按利用类型可分为城乡居民点用地、工业用地、矿山用地、交通运输用地、水利用地及风景旅游用地等方面的用地需求。建设用地需求预测的常用方法有部门预测法、定额指标控制法、经济技术指标法及回归分析法等。城乡居民点用地预测常用定额指标控制法，因为该预测通常采用人口定额作为指标，故而根据规划期增加的人口数量和人均用地量来预测规划期间新增的居民的占地面积；而对居民点以外的建设用地常可采用经济技术指标法，它是根据某项建设用地的经济技术指标确定建筑面积，再按一定比例折算土地占有量。

——土地利用结构调整

土地利用结构是指国民经济各部门占地的比重及其相互关系的总和，是各种用地按照一定的构成方式的集合。土地利用结构的调整与优化是土地利用规划的主要内容，是在土地面积投入一定的条件下获得土地供需平衡的结构效应的有力措施。在进行区域土地利用结构优化过程中，首先要确定土地利用调整指标，包括规划期末各类用地的规模及规划期内各类用地与未利用土地的增减变化的调整指标两方面，这是确定规划期末土地利用结构的基础。

土地利用结构调整的目的是为了实现国民经济各部门之间合理分配土地资源和土地利用效率的最大化，在实施结构调整过程中应遵循以下原则：(1)优先安排农业用地，农业用地内部优先安排耕地，切实保护耕地，实现耕地总量的动态平衡。其他用地确需扩大的，应充分利用非耕地。(2)非农业用地内部优先安排基础设施、基础工业等重点建设项目用地。(3)建设用地确需扩大的，应首先考虑劣地，尽可能减少对耕地和林地的占用。(4)各类用地的扩大应以内涵挖潜为主，通过提高土地使用效率来解决用地需求的扩大，严格控制用地规模。(5)统筹兼顾原则，各类用地的安排必须服从整体利益的最大化，统筹兼顾各行业各部门的用地需求，使之各得其所。(6)三效益统一原则，遵循土地利用的客观规律，坚持经济、社会、生态三方面效益的统一，使土地资源实现可持续利用。

土地利用结构调整的工作步骤是：(1)核定各类用地数量。(2)用地数量综合平衡。(3)用地布局综合平衡。(4)未能落实的部门用地需求的协调。(5)拟订土地利用结构调整方案。(6)方案的选定。

——土地利用分区

土地利用分区是土地利用规划的基本方法，也是编制土地利用结构与布局方案的主要内容之一。它是指依据土地的自然、社会经济条件的差异规律以及土地类型同土地利用方向的相对一致性，把土地利用划分为不同的基本单元或用地类型。它包括土地利用地域分区和土地利用用途分区两个层面，前者通常是省级及以上规划中进行的分区，而后者则通常是较低一级规划进行的分区。地域分区即划分土地利用地域，是根据全区各子区域土地利用中存在问题的共性，在尽可能保持行政界线完整性的前提下，而将开发区分成若干个地域，用以指导下一级规划用地布局和结构调整,属于较高层次的规划。而用途分区是指按照土地的基本用途和土地保护、利用、开发的措施的不同所做出的类型分区,又称为土地利用控制分区,是进行土地利用类型空间布局的一种方法和手段。目前在我国,采用用途分区与土地利用指标相结合的规划模式,是编制土地利用规划的基本方法。

土地利用分区的工作程序是:(1)准备工作。主要是拟订规划方案,并收集整理相关资料和图件。(2)拟订分区技术路线。分区技术指标是指划分用地区的具体标准,是分区的直接依据。包括各个土地用途区对土地数量、质量和区位的基本要求。(3)分区划线。即具体划定各用地区的界限,一般采用图纸叠加与分区指标相结合的方法。

在具体分区划线的过程中,应注意以下几点:(1)分区划线中,应首先将用途不变的用地划出(如大部分耕地和林地),若面积不够,可根据需要和评价,从适宜的土地中补充。(2)切实贯彻保护农地的方针,具有多宜性的规划地,要优先划入农业保护区和一般农业用地区,然后考虑划入林业、牧业乃至建设用地。建设性用地尽可能利用农用质量较差的地段作为发展用地,以有效保护农田。(3)用地区和利用现状之间矛盾特别突出的,为谨慎处理并实现逐步调整,通常可以将该区暂归为重叠区处理。(4)用地区是按照土地基本用途划分的,区内允许有非基本用途的用地继续存在。(5)划线要便于实地落实,便于管理和监督。

9.3 环境保护规划

在区域经济规划中,环境保护的规划是不可或缺的,区域发展与生态环境保护有着密切的关系。经济发展中可能产生的对生态环境的破坏,只能通过制定规划并执行规划来避免。

9.3.1 环境保护和制定环境保护规划的重要性

——环境保护的重要性

环境是人类赖以生存和发展的物质基础。然而,人类社会的发展史也是一部环境破坏史。伴随着人类的产生和发展,环境也因为人类的破坏而不断地在改变、恶化,原始社会的刀耕火种就是以破坏自然植被和生态平衡为代价的,住房和船只的发明成为大规模破坏森林的开端,随着人口的增加,大规模的开荒种粮对环境的破坏也非常地严重。尤其是工业化社会开始以来,随着人口的剧增、经济规模的膨胀、以及城市化进程的不断加快,造成了环境污染和生态破坏越来越严重,使人类面临着资源枯竭与生存条件恶化的危机。环境与人口、资源、发展成为当前世界上公认的经济发展四大问题。世界各国的政府、科学家都在寻求一种合理的发展战略——既能使经济持续稳定地发展,又能保护环境。今年来,美国、英国、法国、德国、日本等发达国家都先后进行了这方面的探索与研究。其突出而显著的特点是,不但注意治理环境的污染与破坏,而且特别注意预防环境的污染与破坏。

随着经济与社会的发展,我国的环境问题也越来越突出,成为经济进一步发展的制约因素。受"人定胜天"思想的影响,在过去的几十年里,我国对生态环境的破坏非常严重,主要表现在:北大荒的开发以及大规模的围湖造田对湿地的破坏,乱砍滥伐、过度放牧对森林植被的破坏,以及在不适宜耕种的地区种植农作物造成的对地表的破坏。随着我国进入工业化社会,环境污染越来越严重:大量燃煤燃油造成的空气污染,大量工业废水的排放和各种农药化肥的使用造成的水污染和土壤污染,大量工业废渣和建筑垃圾的随意放置造成空气、水、土壤的综合污染,机动车、机器等造成的噪音污染……酸雨现象、温室效应等污染表现越来越严重。我国的经济水平还不够发达,然而环境污染水平已经达到甚至超过发达国家，如不采取有效措施，必将造成严重的后果。

——环境保护规划的重要性

什么是环境保护规划？各个学者有不同的理解，目前还没有形成公认的看法。

自20世纪80年代初我国开展环境保护规划工作以来，国内学者也给环境保护规划下过多个定义。如“环境保护规划是国民经济和社会发展规划的组成部分。这种规划是对一定时期内环境保护目标和措施所作出的规定，其目的是在发展的同时保护环境，维护生态平衡”，“环境保护规划是协调区域经济发展和环境保护之间关系的一种活动。具体地说，环境保护规划是以人类环境系统为研究对象，应用自然科学和社会科学的研究成果，对环境系统进行优化设计的一种科学理论。是实现环境系统的最佳管理、控制环境污染、改善和提高人类生活环境质量、促进经济发展，即实现经济效益、环境效益和社会效益的统一的一个重要手段”，“环境保护规划是对一个城市、一个地区或一个流域的区域环境进行调查、质量评价和预测因经济发展所引起的变化，根据生态原则提出调整工业部门结构以及以安排生产布局为主要内容的环境保护、改造和塑造环境的战略布置。其中包括保护、修复和塑造环境问题”和“环境保护规划是对一定区域进行环境现状调查、监测、评价、区划，预测由于经济发展可能引起的环境变化，并据生态学原则提出调整部门结构、生产布局及各种污染防治途径，进行保护和改善环境战略性部署”等。①

环境保护规划从实质上讲就是有计划地合理安排和调整人类的社

① 王树功：“可持续发展与环境保护规划”，《环境与开发》1997年第12卷第2期，第19页。

会经济活动，防止环境污染和生态破坏，并对已有的污染进行治理，以便确保国民经济和社会持续、稳定的发展。

环境保护规划是在区域规划与国土规划的基础上产生的，是20世纪60年代中后期环境问题日益引起人们的重视，以及20世纪70年代后基础研究取得重大进展，从而重视从整体上解决环境问题的产物。由于发达国家工业化发展较早，环境问题最先在发达国家表现出来，所以开展环境保护规划比较早的国家基本上都是发达国家，比如美、日、前苏联和欧洲的一些发达国家。发展中国家一方面在当时污染相对比较轻，其环保意识没有形成，另一方面缺少资金，无法制定实施环境保护规划，所以发展中国家开展环境保护规划相对较晚。然而，目前随着发展中国家的工业化进程不断加快，再加上发展中国家为了追求经济总量，在项目选择上常常把环境问题放在次要地位，以牺牲环境为代价的经济发展策略使发展中国家的环境问题也越来越突出，甚至已经超过了发达国家。在世界人民和国际组织的压力下，发展中国家也已经意识到问题的严重性，环境保护规划工作逐步在发展中国家展开。

我国的环境保护规划工作起步也相对较晚，20世纪80年代初才在一些大城市如北京、天津、济南等正式开展了环境保护规划研究，这一时期的环境保护规划，实质上是污染治理规划。1984年，我国正式将环境保护规划纳入城市总体规划体系，要求所有总体规划中必须包括环境保护规划的内容。1989年12月颁布的《中华人民共和国环境保护法》明确规定“县级以上人民政府环境保护执行主管部门，应当会同有关部门对管辖范围内的环境状况进行调查和评价，拟订环境保护规划，经有关部门综合平衡后，报同级人民政府批准实施”。从此之后，我国的环境保护规划工作才普遍展开。但是由于我国当时的理论水平比较低，尚未形成成熟的技术规范，再加上缺乏专业的环境保护规划人员，我国的环境保护规划在发展中也出现了不少问题。最主要的问题就是环境保护规划缺乏可行性和可操作性。这一方面是由于缺乏经验、盲目采用国外的一些规划方法造成的，另一方面是由于没有制定实施规划的具体措施，并且规划缺乏权威性被随意更改造成的。随着我国环境保护规划理论的发展和经验的积累，规划的方法、模型经过不断改进逐渐适应我国的具体国情，我国的环境保护规划开始逐步走向正规化。今后，我国应当在规划的法律化方面加以严格控制，严格按照规划方案去做，真正落实环境保护规划，切实保护我国的生态环境，保护居民利益。

9.3.2 区域环境保护规划的基本原理与工作程序

基本原理。人类活动可以带来一定的经济效益、社会效益，但是如果处理不当就会影响环境、破坏生态平衡。水土流失、草原衰退、土壤沙漠化、酸雨、湖泊的富营养化等都是环境破坏的直接例证。对破坏了的环境进行必要的治理，以恢复生态系统的良性循环；或者在任何一个经济社会活动中预先设定一些阻止或减少环境污染物排放的措施，就可以带来一定的环境效益和社会效益，但这常常是以牺牲部分经济效益为代价的。因此，经济—环境形成了一个矛盾的统一体：要获得高额的经济效益，必然以破坏环境为代价；要获得舒适、优美的环境，必然要牺牲部分经济效益，甚至投入大量的资金。然而，从另一个角度讲，好的环境不仅可以提高人民的健康水平，减少因污染而引起的疾病等经济损失，还可以带来社会效益和经济效益，比如优美的环境可以促进旅游业的发展带来直接的经济效益。环境保护规划的基本出发点就是在经济—环境这个矛盾的统一体中找到一个结合点，在这个结合点上，经济效益在允许的环境损失之内达到最大化，或者说在允许的经济条件下达到环境效益的最优化。

任务和内容。环境保护规划的根本任务是通过研究制定区域的环境保护战略，科学地指导一个地区的环境保护工作，解决国民经济发展和环境保护之间的矛盾，做到经济效益、社会效益和环境效益的统一，使区域的社会、经济得到持续、稳定的发展。根据国内外的环境保护规划研究的经验和环境保护规划的根本任务，环境保护规划研究的主要内容应该是根据目前区域的资源、环境特点以及未来经济发展趋势，预测环境变化趋势，并提出解决措施、制定相应的环境保护策略，力求保护环境、保持生态平衡。

环境保护规划内容框架是：

(1)宏观层次上制定可持续发展的环保战略。依据可持续发展思想，提出可持续发展的环保战略目标、战略措施，为社会、经济、资源、环境发展作出宏观决策，确保它们协调发展。我们国家的《国家环境保护“九五”计划和2010年远景目标》就属于这一层次的规划。环保战略的具体内容为：

环境预测研究。根据各类经济区的经济发展规划，对社会经济结构、发展规模、水平、质量等作前景预测，建立各种模型，预测区域经济发展对环境的影响及其变化趋势。

环境承载力分析，找出制约因子、制约程度。环境承载力是指某一时间、某种环境状态下，某一区域环境对人类社会经济活动支持能力的阈值。具体包括大气、水、土壤环境的承载力，包括自然资源供给类指标、社会条件支持类指标、污染承受力类指标。

可持续发展环境指标体系研究。在研究区域环境特点及环境质量现状的基础上，选择能够反映环境特征的环境要素和指标。指标可以分为两类：一类是环境污染指标，另一类是环境保护指标。根据区域环境功能以及区域未来技术经济发展状况，确定具体的区域环境未来目标。

(2)提出开发利用、保护管理环境资源的途径。包括进行社会经济发展环境影响分析,提出经济发展与环境建设协调的中观控制方案,制定生态系统开发、利用、保护方案,制定污染源总量控制方案及区域总量控制方案。

(3)制定环境综合整治方案。在充分研究目前区域环境状况并科学预测未来经济发展对区域环境影响的基础上,制定详细的环境整治方案。包括各类污染物的控制途径及方案、废弃物资源化方案等。

9.3.3 环境保护规划的分类

环境保护规划的分类方法有很多,按照划分角度的不同,环境保护规划有如下几种分类方式:

按照时间来划分,环境保护规划可以分为近期(1—5 年)、中期(5—9年)和远期(9—20 年)环境保护规划。近期环境保护规划一般是针对目前的具体环境问题,用规划的方法提出解决途径。中远期规划是根据经济的未来发展作出环境影响预测,运用合理的规划布局,提出解决未来环境问题的战略途径。

按照环境要素来划分,环境保护规划包括大气污染综合防治规划、水污染综合防治规划、土壤污染综合防治规划、噪声污染综合防治规划等。

按照区域类型来划分,环境保护规划包括城市环境保护规划、区域环境保护规划、流域环境保护规划等。

按照行政区来划分,环境保护规划包括国家环境保护规划、省市环境保护规划以及区、县环境保护规划等。

按照社会、经济与环境相互制约的关系来划分,环境保护规划包括经济制约型环境保护规划、环境制约型环境保护规划、协调型环境保护规划。

从不同的角度也可以对环境保护规划进行第二级的分类，比如流域环境保护规划又可以分为：水资源开发利用规划、水资源保护规划、防洪防涝规划、水土保持规划、流域综合规划等。

9.3.4 环境保护规划的原则

第一，环境保护规划要符合区域经济规划的总体要求。

进行区域性环境保护规划必须根据国民经济发展的总体要求，结合本地资源和环境条件，对本地的产业，特别是主导产业和一些污染严重的工业企业进行结构调整和合理的布局。国民经济规划是在充分考虑环境影响的前提下制定的，环境保护规划又是在国民经济发展规划的基础上产生的，在制定国民经济发展规划的同时就要制定相应的环境保护规划。社会经济发展与环境是相互依存、相互对立的统一体，两者既相互制约又相互促进。只有充分考虑环境因素的制约条件，才会更合理地规划国民经济的发展规模与结构，才能逐步恢复和协调生态系统的动态平衡，保护生态环境质量，保护人们的生存环境，才能做到经济效益、社会效益和环境效益的统一协调发展。

第二，环境保护规划要符合生态规律和经济发展规律。

发展规律是我们做任何事情都要考虑的一个方面，实践证明：我们做任何事情都不能违背事物发展规律。充分认识和掌握事物的发展规律有利于我们行为的合理化，有利于纠正我们的短视思想，做到短期利益和长远利益相结合。生态环境和社会经济都有自身的发展规律，认识并掌握其规律，正确处理局部利益与整体利益、短期利益与长远利益的关系，按照规律制定相应的规划，才能够使规划更合理、更科学。

第三，环境保护规划要符合以人为本的可持续发展原则。

以人为本是“公众参与”的理论延伸，就是以人的各种需求为尺度，在规划的过程中充分体现人们的需要和要求，在设计中还应继承和发扬当地历史文化特色，合乎自然规律，从而达到自然景观与人文景观的有机融合。所谓可持续发展是指这种发展既能满足当代人的需求，又不损害后代人满足其需求的能力，从而使人类可以代代相传。环境保护规划的最终目的就是保护人类的生存条件，使社会、经济得到可持续发展，因而以人为本的可持续发展原则是环境保护规划的一个根本性原则。

第四，环境保护规划要符合整体性和系统性原则。

环境保护规划一般是各个地区分散制定，在制定的过程中具有独立性。但是，就环境保护规划本身而言，应当符合整体性和系统性原则，应当把目光放得更长远、更宽广，不仅仅从本地区利益出发，更应当注重整个区域以至整个中国和全世界的利益。在进行经济规划时，我们通常要把污染性工业布置在下风下水，生活居住区布置在上风上水。其实，从一个地区的角度和从整个区域角度来看，结果是不一样的。比如说，有一条河流穿过一个地区，如果这个地区将大量的污染工业都布置在河流上游，污染的将是从此地区以下的整个流域，处于下游的地区的生态环境将受到严重污染。环境保护规划的对象是一个综合体，用系统论方法进行环境保护规划有更强的实用性，只有把环境保护规划研究对象作为一子系统，与更高层次大系统建立广泛联系和协调关系，即用系统的观点才能对子系统进行调控，才能达到保护和改善环境质量的目的。所以，制定环境保护规划时一定要充分考虑整个区域，要符合整体性和系统性原则。

第五，环境保护规划要符合环境容量原则。

环境容量是指环境单元所允许容纳的污染物的最大数量，即环境对污染物的承受能力，它既包括环境本身的自净能力，也包括环境保护设施对污染物的处理能力。环境容量的大小与环境单元本身的组成、结构及其功能有关，区域的自然资源和环境条件不同，其环境容量也就不同。在制定环境保护规划时必须先测算区域环境容量，在此基础上来确定经济规模和产业结构，使工业或其他产业生产过程中所排放的污染物总量控制在环境容量之内，以期通过环境本身的自净能力来维持生态平衡。

第六，环境保护规划要符合可行性原则。

任何规划都必须符合可行性原则，否则将是一纸空文、毫无用处。在规划前期，要在调查分析的基础上测算环境容量，综合考虑区域的性质、功能、环境特征、居民的实际要求和当前的经济技术水平，根据环境容量确定具体的环境控制目标。制定目标时既要保证满足人民一定的环境要求，又要考虑实际可行性，数据的得出不能拍脑门，而应当有合理科学的依据。目标制定后还要制定切实可行的实施方案，把每一步计划都详细清楚地列出，只有这样才能按部就班地依次执行各种计划，逐步接近预定目标，保证环境保护规划的可行性。

9.3.5 环境保护规划的指标体系

为了全面、合理地评价区域环境的现状，科学地预测未来经济发展对环境的影响，对区域环境作出科学的规划，使区域社会、经济、环境协调发展，一套科学的、能够反映区域环境质量状况和社会经济发展状况的指标体系是非常必要的。

环境保护规划的指标体系比较复杂，有四大类几十项，如下表所示：

表 9—1 环境保护规划的指标体系

大类	小类	项
社会经济指标	人口指标	人口数量、人口增长率、人口密度、人口结构等
	经济指标	GDP、人均 GDP、GDP 年增长速度、各个行业的产值、各个行业的产值增长速度等
	交通指标	日均车流量、交通工具总的数量等
	能耗指标	能源消费结构、能源消费数量等
	公共福利指标	覆盖率、绿化总面积和人均绿化面积、人均居住面积、各种功能用地比例等
自然生态指标	地质指标	地质结构、抗地质灾害的能力等
	地形指标	各种地貌类型的分布地域及其面积等
	气象气候指标	气温、年均降水量和蒸发量、风向和风速、大气稳定度等
	水文指标	水资源总量、水位、流速、流量、河流水面宽度、平均水深等
	土壤指标	土地面积、耕地面积、土壤类型及优劣程度等
	生物指标	森林蓄积量、动植物种类和数量等
环境指标	污染指标	大气中 SO_2 和 NOx 浓度、COD、BOD、噪音分贝值、各种污染物的排放量等
	环境质量指标	环境自净能力、环境容量、环境承载力等
	环境质量评价指标	各种污染物的排放量或浓度与环境允许排放数量或浓度的比值等
环境综合整治指标	污染物的处理率(经处理的污染物数量/污染物总量)、污染物达标排放率(符合排放标准的污染物数量/污染物排放总量)、回收利用率(回收利用数量/污染物排放总量)、重复用水率(重复用水量/用水总量)、气化率(使用液化气的人数/总人数)、超标率(超过环境质量标准的次数或日数/总监测次数或日数)、超标倍数(污染物实际浓度/污染物的环境标准浓度)等	

9.3.6 环境保护规划的一般程序和各阶段的主要任务

环境保护规划工作程序可以用下面的工作流程图来表示:

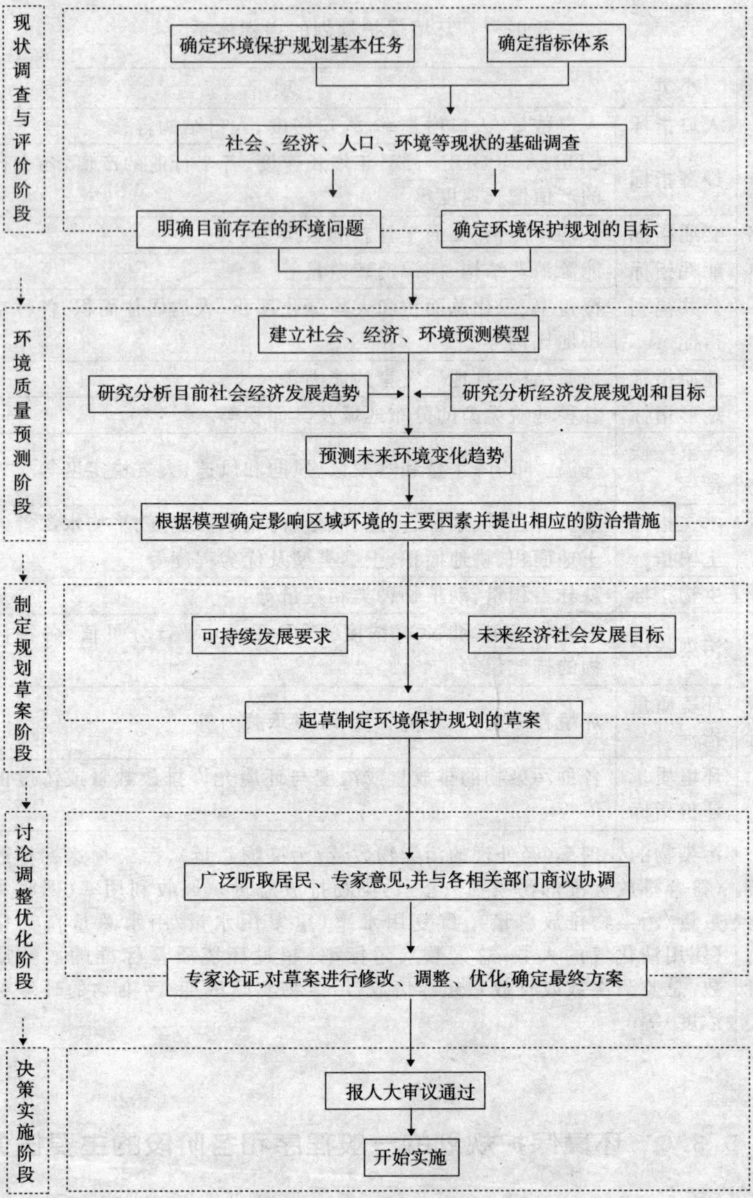

图 9—2 环境保护规划工作程序流程图

环境保护规划各阶段的主要任务是：

第一，现状调查与评价阶段。

这是制定环境保护规划的基础阶段，这个阶段的主要任务是明确规划目标，建立合理的指标体系，通过详细的摸底调查了解区域的资源环境特点，全面了解区域环境质量状况，给区域环境质量作出合理评价。从指标体系角度考虑，主要是针对社会经济指标和自然生态指标进行调查研究，弄清楚目前区域的经济社会发展状况、环境污染状况以及区域的环境容量，并通过建立模型定量分析，找出目前影响环境的主要因素。

第二，环境质量预测阶段。

这一阶段的主要工作是根据目前的社会、经济发展状况和发展速度，预测未来的发展趋势，并建立相应的社会—经济—环境模型以预测对未来生态环境的影响，找出潜在矛盾，确定未来影响环境的主要因素，分析未来可能出现的各种环境问题。

第三，制定环境保护规划草案阶段。

这是制定环境保护规划的一个关键阶段，主要工作是根据前两个阶段的研究成果，找出环境问题并制定综合防治措施之后，对这些措施进行技术分析、经济分析、社会影响分析、环境效益分析等，综合考虑经济、社会、环境效益，协调其关系，根据模型寻找一个最佳的结合点，确定未来的经济、社会、环境发展目标，确定产业结构调整方案，并制定详细的环境保护和整治计划，起草环境保护规划的草案和实施细则。

第四，与有关部门讨论调整阶段。

草案制定后要广泛听取专家和居民的建议和意见，并与有关部门协调商议，然后根据各个部门的反馈信息进行调整，使环境保护规划既要符合社会、经济的需要，又要符合人们的生活需要，使整个社会能够可持续发展。

第五，决策实施阶段。

环境保护规划经过反复多次听取意见和建议多次调整修改后，要采用立法的形式通过，进入决策实施阶段。在此阶段，建设各种项目时要充分考虑环境保护规划，对于不符合环境保护规划要求的项目坚决不予批准。要保证环境保护规划的权威性，不得随意更改。

9.3.7 环境保护规划制定的方法

环境保护规划是一个多目标、多层次、多系统的综合性研究工作，包括环境现状调查、环境质量评价、环境预测、环境目标确定、功能区划等多个环节，需要运用多种方法与技术进行研究。

——环境现状调查的方法

(1)已有资料的收集、整理。二手资料在所有科研中都是非常重要的一种资料来源，我国已有20年的环境保护规划经验，资料比较丰富。为了避免一些没必要的重复工作，可以充分开发、挖掘和利用已有的资料。获得资料后，要进行分类整理加工。

(2)现场调查法。现场调查可以弥补二手资料的某些不足，制定环境保护规划时很多情况下要进行现场调查以获取指标值，尤其是一些时间性比较强的指标和一些二手资料无法取得的指标，主要是那些反映污染现状的指标，比如目前的污染物排放量、污染物浓度等。

——环境质量评价方法

环境污染程度取决于环境容量(特别是环境的自净能力)，以及污染物的类型和浓度。环境质量评价的方法很多，以定量评价为主。常用的做法是以单一污染物的污染程度指数 P_i 为基础，然后利用各种数学方法对 P_i 进行处理，最后得到综合指数。下面是几种有代表性的环境质量评价方法：

(1)污染程度指数法

单一污染物环境污染程度指数：

单一污染物对环境的危害取决于其浓度、毒性，以及在保证环境污染程度不超过允许限度的条件下环境所能承受的污染物最大数量，即污染物的评价标准。

$P_i = C_i / C_s$

式中：P_i——污染物的环境污染程度指数

C_i——污染物在环境中的浓度

C_s——污染物的评价标准

评价标准一般采用国家规定的标准为依据，比如我国颁布有大气环境质量标准、工业三废排放试行标准、地面水环境质量标准、渔业水质标准、农田灌溉用水的水质标准(试行)、生活饮用水卫生标准、城市区域环境噪声标准等。

多种污染物的环境污染程度指数：

$$P_j = K_1 P_1 + K_2 P_2 + \cdots + K_n P_n = \sum_{i=1}^{n} K_i P_i$$

式中：P_j——多种污染物下 j 介质环境污染程度指数，j 为水、大气、土壤等介质

P_i——第 i 种污染物的环境污染程度指数

K_i——第 i 种污染物的权重

综合环境污染程度指数：

$$E = Q_1 P_1 + Q_2 P_2 + \cdots + Q_m P_m = \sum_{j=1}^{m} Q_j P_j$$

式中：E——综合环境污染程度指数

Q_j——第 j 种介质环境污染的权重

P_j——第 j 种介质环境污染程度指数

(2)均权指数法

上面这种方法采用的是加权指数，在实际工作中权重不容易确定，有时也采用均权指数的方法。均权指数就是将上面公式中的权重去掉，加总后再平均的一种方法。公式如下：

$$P_j = \frac{1}{n}\sum_{i=1}^{n} P_i$$

(3)内梅罗指数：

$$QI = \sqrt{\frac{P_{\max}^2 + (\bar{P})^2}{2}}$$

此指数除了考虑了期望值 $\bar{P}$ 外，还有意地突出了最大分指数的影响，是对前两类指数掩盖较重污染物的影响的一个改进。但是，当有多种污染物浓度均较高时，要么会掩盖次大分指数的影响，要么会过分夸大最大分指数的影响。

另外，内梅罗修正指数法和半集均方差模式法也是环境评价中常用的方法，还有其他环境评价的方法，比如统计模式、向量模式、水质标准级别法、模糊评价法、模糊综合指数法、污染损失率法等，由于篇幅的限制，在此不再赘述。

——功能区划方法

每个地区的资源环境条件不同，在区域中所执行的功能也不尽相同，对研究区域内执行不同功能的地区从环保角度进行区划也是环境保护规划的一个重要方面。由于我国制定了相应的部门环境质量标准，在确定环境保护规划目标时是按照各部门进行的。因此，在进行功能区划时除要进行综合功能区划外，还需要进行部门功能区划。

(1)综合功能区划。一般综合区划可以将整个环境系统划分成自然区域环境和社会区域环境。自然区域环境按照自然特点可划分为森林、草原、荒漠、冰川、水体、山地、平原等环境。社会区域环境按照人为活动特点分为城市区域环境、农业区域环境和旅游区域环境等。

(2)部门环境功能区划。部门环境功能区划主要分为大气、水体、噪音等环境功能区划。所谓大气功能区划是指为确定研究地区的大气环境保护规划目标而对这些地区进行的功能区划。城市大气环境功能区划一般分为工业区、商业区、居民区、文化区、交通稠密区和清洁区六种类型。水体功能区划一般分为源头区、国家自然保护区、生活饮用水水源保护区、鱼类保护区、游泳区、一般工业用水区、人体非直接接触的娱乐用水区、农业用水区、一般景观水域等。

9.4 本章小结

国土资源开发规划。矿产资源的开发及与之密切相关的原材料工业是区域经济中的主要基础工业。合理安排国土资源开发与建设的布局,对区域经济发展具有重要的意义:(1)综合开发利用资源,是区域经济发展的主要途径之一;(2)加强交通等基础设施建设,是国土资源开发成功的保证;(3)选择正确的开发方式,作好国土资源开发区的全面规划,对规划区域的经济发展有巨大的带动作用。

区域特征分析是分析规划区域的位置、资源条件和在全国的地位。国土资源开发的产业发展规划纲要包括:(1)产业发展现状分析。先要对规划区域目前的产业发展状况作一个分析和评价,分析的内容包括产业结构、工业结构、产品结构等。(2)产业发展预测。根据规划区域的经济和资源、环境状况,对规划区域主要的资源产业的发展进行预测。包括发展趋势预测和发展规模预测。(3)产业发展规划的制定。包括总体规划和主要工业部门发展规划。主要工业部门的发展规划是国土资源开发规划的中心环节,一般是根据区域的优势资源来确定发展的重点工业部门。配套的规划有经济、工业中心的培育与城镇体系建设和交通运输网建设与规划,最后提出政策建议。

土地利用规划。土地利用规划的目标包括四个方面:(1)农用地特别是耕地得到有效保护和综合整治;(2)在保障重点建设项目和基础设施建设用地的前提下,建设用地总量得到有效控制;(3)土地整理全面展开,未利用土地得到适度开发;(4)土地生态环境有比较明显的改善。

区域土地利用规划的主要任务是根据社会经济发展计划、国土规划和区域规划的要求,结合区域内的自然生态和社会经济具体条件,寻求符合区域特点和土地资源利用效益最大化要求的土地利用优化体系。具体而言有如下几方面任务:(1)查清事实,明确问题;(2)土地利用结构优化;(3)土地利用宏观布局;(4)土地利用控制指标;(5)提出实施规划的政策措施。

土地利用规划的核心内容有:土地利用现状分析、土地适宜性评价、土地利用潜力分析、土地需求量预测、土地利用结构调整和土地利用分区。

环境保护规划。环境保护规划内容框架是:(1)宏观层次上制定可持续发展的环保战略。(2)提出开发利用、保护管理环境资源的途径。(3)制定环境综合整治方案。环境保护规划的原则是:(1)环境保护规划要符合区域经济规划的总体要求;(2)环境保护规划要符合生态规律和经济发展规律;(3)环境保护规划要符合以人为本的可持续发展原则;(4)环境保护规划要符合整体性和系统性原则;(5)环境保护规划要符合环境容量原则;(6)环境保护规划要符合可行性原则。

环境保护规划各阶段的主要任务是:(1)现状调查与评价阶段的主要任务是明确规划目标,建立合理的指标体系;(2)环境质量预测阶段的主要工作是根据目前的社会、经济发展状况和发展速度,预测未来的发展趋势;(3)制定环境保护规划草案阶段的主要工作是根据前两个阶段的研究成果,制定详细的环境保护和整治计划,起草环境保护规划的草案和实施细则;(4)与有关部门讨论调整阶段要广泛听取专家和居民的建议和意见;(5)决策实施阶段要将环境保护规划以立法的形式通过,要保证环境保护规划的权威性。

关键术语

专业规划　区域国土资源开发　区域土地利用　区域环境保护

思 考 题

1. 什么是区域经济规划中国土资源开发的作用和意义?
2. 如何进行区域特征分析?
3. 国土资源开发产业发展规划纲要的主要内容是什么?
4. 区域土地利用和规划的作用及意义是什么?
5. 土地利用规划的核心内容有哪些?
6. 如何进行土地利用潜力分析?
7. 简述环境保护规划的基本原理。
8. 环境保护规划的原则有哪些?
9. 制定环境保护规划有哪些方法?

参阅文献

1. 孙海鸣主编:《2003 中国区域经济发展报告》,上海:上海财经大学出版社 2003 年版。

2. 王广成、阎旭骞:《矿产资源管理理论与方法》,北京:经济科学出版社 2002 年版。

3. 姚建华、王礼茂主编:《重点国土资源开发与区域经济发展》,北京:中国科学技术出版社 1996 年版。

4. 陆大道等:《2002 中国区域发展报告》,北京:商务印书馆 2003 年版。

5. 严金明:《中国土地利用规划》,北京:经济管理出版社 2001 年版。

6. 唐云梯、刘人和主编:《环境管理概论》,北京:中国环境科学出版社 1992 年版。

7. 朱发庆:《环境规划》,武汉:武汉大学出版社 1995 年版。

8. 王华东等:《环境规划方法及实例》,北京:化学工业出版社 1988 年版。

9. 戴天兴:《城市环境生态学》,北京:中国建材工业出版社 2002 年版。

10. [美]西蒙兹:《大地景观——环境规划指南》,北京:中国建筑工业出版社 1990 年版。

10. 政策体系设计

政策体系是实施区域经济规划的具体手段，在区域经济规划的方案中进行政策设计，是规划必不可少的程序。

10.1 区域经济规划中的政策体系

科学而合理的政策体系应该由一系列相互联系、综合协调的单项政策共同组成，是地方政府制定的落实区域经济规划的具体措施。它应当有别于宏观的政策体系，区别点在于它的具体化和可操作性。

10.1.1 政策体系设计的必要性

从区域经济规划的角度制定的政策体系，基本目标可以归纳为三个方面：运用政府力量保证发展战略实施；高效配置资源，保证产业健康发展；协调各种关系，解决区域冲突。根本目的是使规划区域的经济增长最快、资源空间配置最优、区域间收入的差别缩小。

落实区域经济规划的各项具体规划，实现区域经济的协调发展，在依靠市场作用的基础上，还需要有强有力的政府政策支持，即由政府借助行政、经济诸杠杆来进行区域调控。为什么在区域经济规划的方案中必须有政策体系的设计？主要理由是：

——规范区域经济运行方面的必要性

区域经济规划实质上是区域经济在一个相当长的时间内的运行方

案，运行的机制包括政府和市场两个方面。区域资源的配置、产品生产成本的控制、经济发展成果的分配，都在这两类机制的作用下运行。从空间角度看，在生产或分配上存在密切的前、后向联系，或在布局上有着相似指向性的产业布局于某个拥有特定优势的区域会形成聚集经济效应，而企业总是倾向于在这种地方聚集，市场作用使这种聚集的趋势越来越明显。

我们在区域经济规划中设计的政策体系，就是要规范这些运行，使其在运行的方式、方法、范围、强度等方面，与规划的要求相吻合，以保证区域经济运行的平稳、健康。

——解决区域经济发展中面临的问题的必要性

区域经济在发展和运行过程当中，不可能是平稳、单调的，由于各种经济规律和趋势的作用，每时每刻都有新问题产生。如何解决区域经济的问题？很显然，政策体系力图提出解决问题的一些基本的原则和范式。区域经济的发展与运行问题包括：

(1)由于农业在产业结构中的比重降低，农村劳动力向城镇迁移所引发的各类问题。包括可能出现的农业停滞的问题，农民收入增长缓慢的问题，农村土地问题，农村社会发展问题，进城农民的社会保障问题，就业问题，被城市社会边缘化的问题，以及公平获得社会的发展成果问题等。

(2)由于制造业技术进步使第二产业发展更加具有了高科技的特点，产业结构的剧烈变动所引发的各类问题。包括资源和原材料生产地区的衰退问题，工人的下岗问题，企业改制之后工人的社会地位问题，工人的生产安全问题，社会保险和救济问题，医疗问题等。

(3)由于经济发展和收入水平的提高，服务业的比重上升，人口向城市聚集所引发的各类问题。包括社会成员的收入分配不公平问题，城市住房问题，城市环境问题，城市交通问题，突发性安全问题，城乡差距问题等。

——协调区域经济关系方面的必要性

每一个规划区域都存在中心和外围的区域划分,本身都有协调发展的问题。由于产业经济活动的空间非均衡分布,实施促进产业增长的政策,必然要求相应的区域之间的协调。市场对区域经济的调节作用,主要是通过竞争机制来解决区域资源配置的效率问题。但是,一旦某些地区由于初始的优势而比别的地区超前发展,那么由于既得优势和聚集经济,这些地区就会因市场的作用而加速增长。

所以,要协调区域之间的发展关系,就必须发挥政府的作用,而政府的作用手段,最后都归结到政策上。我们进行区域经济规划,就是要制定出这些政策,通过地区的立法机构将这些政策手段交给政府。

10.1.2 政策体系的作用

政策体系主要在以下几个方面起作用:

首先是调节资源配置的作用。区域经济发展的资源是有限的,而且各地区资源的分布极为不平衡。政府对资源的配置是表现其对资源的所有权,市场对资源的配置则使资源利用达到最大效益。政策体系的作用是使这两种配置结合起来,达到最优化。包括:

(1)调节区域资源结合的形式。区域产业发展的资源组合,亦即劳动力、资金、技术、原材料等的结合情况,只有通过市场,才能达到合理的平衡。市场作为看不见的手,可以自动协调各种要素的供求关系,增强各类要素的弹性,并通过价格变化,调整各类要素的供求量,调整替代关系,并通过区际贸易,弥补本区域某种要素的不足。但是,市场在许多情况下具有盲目性,政府需要在规划中设计若干政策,以克服市场的盲目性,使资源配置更适合绝大多数人利益的要求。

(2)调节区域资源配置的数量比例。区域资源配置的数量,在一定区域的一定时间内，受到区域市场发育状况的限制。投资数量的多少，与区域内能够提供的资金数量有关，而区域内的投资量，又受到区域储蓄率的制约，区域储蓄率最直接的影响因素是当地居民的人均收入。所以，区内投资量是一定的，扩大投资办法，是通过资金市场，吸纳区外的投资。一个区域能够容纳劳动力的多少，与当地的投资情况有关，与当地的其他生产资料的供应亦有关。如果一个地区不能容纳过多的劳动力就业，解决劳动力就业的办法，就只有允许其自由流动，加入区外的劳动力市场中去寻求出路。政策体系的作用在于引导投资和人力资源流向最需要的地区或国家急需发展的地区，形成公平发展的态势。

(3)调节资源开发的空间顺序。资源在空间上的分布是不均衡的，自然资源的开发有一个空间顺序问题，社会经济资源的开发，也同样有一个空间顺序问题。从区域经济发展的政策上去理顺空间开发的顺序，对区域经济的发展意义十分重大，在很多时候能够决定区域发展的快慢。例如，国家西部大开发的政策使得在西部的投资明显增加，西部的发展速度加快；而国家制定的东北振兴政策，又必将使国家发展的重点转向东北地区。

其次是加快区域经济运行中的要素流动的作用。政策体系对区域经济发展的作用，表现为对区域要素流动的推动作用。政策体系的实施，在于改变过去那种生产要素静止不动的状况，使之流动起来，通过流动，各区域输出多余的要素，输入缺少的要素，使区域经济发展获得新的活力。具体有：

(1)劳动力的区际流动。由于劳动力的迁移性流动，受到种种条件的限制，目前我国劳动力区际流动的主体，主要是迁移性的劳工流动和部分迁移性的人才流动。例如，中国的民工流动，基本是从西部、北部流向东部、南部，农村劳动力大量流向城市。一般讲，劳动力流出的地区，人均国民生产总值远远低于流入地区，而总人口、经济活动人口却相当多,职工人数较少,有向外流出的条件。劳动力流入地区,则由于其人均国民生产总值较高,职工人数占经济活动人口的比重大,新增加的劳动力,大量由外地民工来补充。

区域经济规划要充分考虑劳动力区域间流动的作用,制定相应的政策,保证劳动力在规划区域的正常流动。如果规划区域是注入地区,劳动力流动解决了新增劳动力的来源问题,特别是第三产业发展的劳动力来源问题,所以要用政策来保证流入劳动力的权益问题;如果规划区域是流出地区,劳动力流出解决了一部分农村剩余劳动力的就业问题,同时又为当地发展积累了一部分资金。所以要通过政策鼓励劳动力向外区的流动,通过政策解决流动中产生的问题,通过规范劳动力市场,加强管理。

(2)资本的区际流动。资本作为生产要素在各区域间的流动,基本上有三种类型:第一,直接投资。经济主体跨区域投资兴办企业。第二,融资。通过金融机构将其他区域的资金引入本区域。第三,区际贸易。商品或服务的款项在区际间的往来。由于各地区经济发展速度的加快,区域间的资金流动呈多样化趋势。政策体系的作用,在于规范和引导资金的区际流动,特别是引导资金流入那些资源丰富、资金缺乏的地区,以创造新的发展活力。

区域经济规划的政策体系,要设计相应的政策措施来解决资金流动的管理和政策性优惠问题,最常见的问题是税收优惠问题、土地价格优惠问题、能源供应价格优惠问题和人力资源的使用优惠问题等。在政策上适当向规划区域的落后地区倾斜,是解决落后地区资金筹资困难的必要手段,也体现出政府对资本市场的方向、区域分布的政策调节力度。

(3)技术的区际流动。技术的区际流动包括技术人员的区际流动,技术设备、产品、信息的区际交换。技术人员的流动,往往与经济发展水平、生活环境、收入预期等有很直接的关系。区域技术人员的流动典型的是中国的长江三角洲地区。苏南乡镇企业发展很多技术人员来自于上海。最初是乡镇企业招聘一些“星期日工程师”，让上海企业中的技术人员利用休息时间为乡镇企业服务，并获取一定的报酬；然后是招聘一些离退休的技术人员，为他们准备很好的生活条件，使之能发挥余热；现在，则发展到以优厚的待遇招聘现职的技术人员、大中专毕业生等，以及通过企业间的合作，由上海的企业向乡镇企业派出技术人员。这种技术人员的流动范围也在扩大，从过去仅限于苏南，发展到苏北、浙江、安徽等地。在北京、天津及其他的大城市周围，也有类似的情况，只是规模要小些。技术设备、产品、信息的区际交换，往往与区际的投资和商品贸易有直接的关系，同时流动。在一些中心城市，技术产品交易会、拍卖会和博览会等都在一定程度上促进了技术的区际转移。

区域经济规划中对技术流动的鼓励政策，关键是创造一个使技术和人员合理流动的环境，同时规划中应明确，规划地区的哪些产业、哪些部门需要哪些技术和哪类技术人员，然后是通过什么途径、到哪里去吸引技术和人员。

再次是调整区域经济的产业结构作用。通过制定政策体系来促进地区产业结构的调整，以达到产业结构的合理化，是区域经济规划的中心内容，也是政府指导经济发展的重要职能。区域产业结构受区域市场规模、区域要素供给的双重制约。产业结构的调整，关键是要发展有创新能力的新的产业部门。如果继续保持目前的产业结构而不加以改变，大多数区域保证继续快速发展就有很大问题。所以，改变产业结构，实现产业结构的高级化，是刻不容缓的任务。高新技术产业、汽车工业、机械工业、电机电器工业、化学工业等技术、资金含量高的产业部门，哪些是应当发展的重点，我们在区域经济规划中一般都已经解决，政策体系的作用在于保证规划的实施能够顺利进行。

最后是促进区域经济合作、加快区域社会发展,振兴文化、教育和科技的作用。区域经济合作对区域经济发展的影响,作用越来越明显。可以说,发展外向型的区域经济,扩大区域经济合作,是促进区域经济快速增长的重要因素。利用区内和区外的两种资源,开发两个市场,充分利用本地的比较优势,有效利用其他区域发展经济的长处,取长补短,共同发展,获得双赢的结果。各地区应把本地的区域经济合作纳入政府的工作安排,制定出一个长期的区域经济合作的政策体系。其中,思想上对区域经济合作的认识十分重要,只有克服地方保护主义,才能保证区域合作的顺利进行。

加快区域的社会发展和文化、教育、科技的振兴,是发展经济目的,也是我们制定区域经济规划的目的。但我们却经常因为注重发展产业部门而忽视了这些内容,所以要设计一套政策,保证和督促政府重视社会的发展。文化教育和科技发展的前提,是增加投入。在国家投入的同时,地方政府的投入也应相应增加,同时鼓励企业增加投入。各级政府的投入,主要应用于改善条件,增加设备,以及改善生活环境。企业的投入侧重于对教育、科研经费的补充。加强对文教设施的投入,不可能全靠政府,社会办高等教育是发展的方向。教育管理机构应当是管理、监督并普及初、中等教育,政府通过各种措施,使企业将大量资金投入到教育部门来。这一切都有赖于政策体系的合理安排。

科学技术对社会发展的作用更直接、更明显。培养出一大批优秀的科技人才,用先进的技术手段装备我们的企业,是一个地区永远立于不败之地的必要保证。尽管各地区的条件不同,但都应当在政策体系中明确以发展科学技术为方向。瞄准国际的先进水平,让本地区的产品在高技术的领域里进行国际竞争。内地则应根据本地的情况,建立合理的技术结构,并在自己具有优势的技术领域内,参与国际的经济合作。

10.1.3 政策体系的类型

区域经济规划中的政策体系是由一系列促进地区发展的具体经济政策所组成的,并在区域发展中起着不同的作用。目前应用较多的主要有:

——区域财政政策

(1)区域财政政策的目标。财政政策是区域经济发展总量调节的重要手段,也是配合产业政策和投资政策,促进区域产业合理分工和区域经济的协调有序发展的重要手段。

区域财政政策具有三个目标:

区域经济发展的效率目标。保证区域经济的有效增长,是区域经济发展的首要目的。区域经济当中,生产的根本目的是满足人民的根本需要,无效的增长不可能达到这个目的。区域经济有效增长的第一要素是资本的充足,国家和地区的财政政策是达到效率目标的基本保证。

区际公平目标。保证社会经济资源的合理配置和区域间经济发展水平、收入差距不要拉得过大,保证区域间的公平分配,是区域财政政策的重要目标。区域公平与代际公平一样,是可持续发展的重要组成部分,是要靠区域财政政策中的资金支持来达到目的的。

区域发展的稳定性目标。促使区域经济的稳定、协调,避免出现波动,无疑是保证区域经济向前发展的重要目标。区域经济发展与宏观经济发展一样,发展本身的可逆性是存在的,多年发展积累的财富有可能在短期内消失殆尽。源源不断的资本供应,可以保证这种情况不会发生。

(2)区域财政政策的基本内容。区域财政政策的关键是规范区域财政支出的使用方向、比例和时间等,通常包括两个方面:

地区税收。从财政收入来看，关税、消费税等归中央固定收入，营业税、房地产税、个人所得税归地方；企业所得税、资源税、增值税归中央和地方共享。地方的收入直接成为地区经济和管理的资金来源，增加地方的收入是地方政府长期追求的一个重要目标。中央的收入经过二次分配，有一部分返回地方，成为地区重点项目建设的主要资本来源之一。

财政分配。中央政府投入是保证地区生产经营活动正常进行和社会经济环境正常建设的重要因素，主要用于全国性和地方性的能源、原材料等基础工业，交通、邮电通讯等基础设施，农业、教育、科技等基础产业的建设。包括地区企业的技术改造，高新技术开发，基础设施建设，能源、原材料基础工业重点开发等。

——转移支付政策

转移支付政策是解决由于中央和地方之间的纵向不平衡和各地区之间的横向不平衡而产生的某些区域、某些产业和某些人口的发展落后的问题，是国家为了实现区域间各项社会经济事业的协调发展而采取的一项政策体系。转移支付是政府把以税收形式筹集上来的一部分财政资金转移到社会福利和财政补贴等费用的支付上。对地方政府来讲，同样有一个转移支付的问题。施行转移支付，包括三个方面的内容：

(1)缩小地区差距方面的转移支付。按各地区人均 GDP 水平排序，有区别地分配中央财政援助额，同时考虑少数民族等方面因素，以便缩小地区差距。例如，我国对西藏自治区、内蒙古自治区等少数民族自治地区、革命老区、边疆地区、西部贫困地区等给予的财政上的补贴、援助，都是为了达到这个目的。

(2)基本公共服务设施建设方面的转移支付。转移支付的目的是使贫困地区能够达到全国性基本公共服务水准，即全国基本公共服务标准均等化，这一标准是全国公共服务和公共投资的最低标准。中央政府及其相关部门只负责援助那些低于全国最低标准的地区，而不负责已高于全国最低标准的地区，使中央有限的财政资源最大限度地发挥其所承担的在全社会范围内的公平分配的职能。

(3)扶贫方面的转移支付。在区域经济发展当中，贫困人口问题始终困扰着地方政府。中央政府帮助地方政府解决贫困人口问题，主要采取转移支付的政策体系。在市场经济转型过程中，中央政府对欠发达地区的援助，其目的是促进和帮助这些地方政府实现中央的经济发展目标和社会发展目标，转移支付资金一般用于人力资源开发和解决贫困人口的基本生产和生活问题。扶贫的转移支付由无条件援助转变为有条件援助，是市场经济条件下转移支付的新形式。

——区域产业发展政策

产业政策是以区域经济各产业为对象，通过对各产业的保护、扶植、调整和完善，直接或间接促进区域产业发展的政策的总称。区域经济规划中的产业政策的意义，不仅在于调整资源配置结构，更在于保证规划中的产业发展方案的落实，加快结构合理化与高级化。

产业政策包括三个方面的内容：

(1)产业结构政策。产业结构政策指政府调节资源在产业间配置的构成及其关联性政策，涉及结构协调和结构优化两个问题。产业布局政策，指调整资源在地理空间配置结构的政策，它的目标是既要提高区域经济整体效益，又要缩小地区间经济发展水平的差距。对于经济发展较快的区域，在产业结构上必然与落后地区有很大的差别。即发达地区生产高附加值的产品，落后地区生产初级产品、低附加值产品，在区域分工中处于不利地位。因此，落后地区必须实施强有力的产业政策，使地区的产业结构逐步趋近于发达地区的产业结构，并具有自己的特色和优势。促进支柱产业的发展可采用多种政策措施，包括政府通过财政资金对支柱产业进行支持，采用新技术以提高支柱产业的技术水平，通过产品更新换代和开拓新的市场空间以扩大市场份额和采用企业的合作、兼并等方式扩大企业的规模等。

(2)产业组织政策。产业组织政策指调控一个产业内的资源配置结构的政策，解决规模经济与竞争资产的矛盾。产业组织政策主要是关于“产业内”的结构问题，也就是说，产业内的企业间如何分配生产要素。在市场激烈的竞争下，企业必然会扩大规模、降低成本和采用先进技术，同时，劣势企业会被淘汰，生产要素加速向优势企业集中。集中是竞争的必然结果，它有利于形成规模经济效益，但过度集中则会形成垄断，垄断则是破坏公平竞争的条件，干扰资源的有效、合理配置，丧失竞争效益，这便是规模经济和竞争效益的两难抉择。在制定产业组织政策时，应倾向于发展规模经济，即政府支持支柱产业的重点企业合理扩大生产规模，以获得规模经济效益。但倾斜应当适宜，以不破坏企业竞争活力为限。

(3)产业布局政策。产业布局政策指调节生产要素在地理空间上配置的政策。如果生产要素在空间上集聚，就会形成地方化经济，但取得集聚规模效益的同时，会引起区域差异的拉大。在产业建设上，应坚持基础结构优先的方针，因地制宜，发挥地区比较优势，建立适合国情的合理、高效的产业布局模式。在空间布局上，统筹规划，突出重点，坚持点轴开发与协调发展相结合，非农业布局与城镇体系建设相结合，促进地区间合理分工和城乡的相互支持，从打通对外通道，改善交通、流通入手，把发挥地区比较优势与开拓国内外两个市场结合起来，逐步建立外向型经济，带动资源开发、基础建设和产业的发展。

——区域投资政策

地区在进行产业投资中，应优先发展主导产业，使之有效地承担起全国地域分工的任务，并增加其带动地区经济发展的辐射力；配套发展关联性产业,特别是主导产业的前后向关联产业。

(1)投资环境建设。一般来说,经济发达地区的投资硬环境优于经济不发达地区,如果经济发达地区投资软环境也优于经济不发达地区,那么其总体投资环境将大大优于经济不发达地区。投资环境当中,硬环境主要指交通运输业、通讯业、金融业等行业,它们是区域内、区域间经济联系的手段,这些行业一般具有外部经济性和规模经济的特点,一次性投资大,应由政府投资或融资、集资建设。软环境包括区域发展战略研究,完善的法律、法规,制定市场规则、维护市场秩序,保障生产者和消费者权益等方面。所以,要在较短的时间内解决地区经济发展不均衡的问题,应尽可能使经济不发达地区的投资软环境优于经济发达地区。

(2)投资产业选择。区域经济规划中的产业规划已经规划了优先发展的产业,投资政策的任务是延长产品链条,提高支柱产业的产业素质,保持、巩固其已有的支柱作用,积极发展基础性产业特别是其中的"瓶颈"产业,克服其对地区经济的制约作用,扶持潜在主导产业,使原有主导产业因条件的变化,主导作用削弱以后,新的主导产业可以及时接替上来,保证区域经济系统正常的新陈代谢。

(3)引资优惠政策. 地区为吸引外部的投资,一般都要制定相应的优惠政策,其中税收、土地和能源供应是二个主要的方面。作为规划的政策体系,我们关键是强调政策的规范性、实用性和政策的实施效果。优惠政策不能没有限制,不能违反国家和区域的相关法律政策,不能给当地造成环境和社会的问题,不能违背当地人民的根本利益。同时,也要注意引资的效果,不能不计成木,也不能没有选择。

——区域创新政策

有一些产业领域的创新,如电子技术、能源、运输等,如果这些产业是我们规划的主导产业,它们的创新将会极大地促进区域的经济发展,所以应积极促进这些领域的创新活动。通过政策手段鼓励和引导创新,要求规划中的政策体系必须具体和可行。

区域创新政策的主要内容是:

(1)政府对地区研究与开发项目的资助政策。例如,从20世纪80年代以来欧美各工业国的区域经济发展情况来看,对研究与开发项目给予直接的资助,是各国政府普遍采取的手段,只不过侧重点不同而已。虽然各国的R&D经费近年来在一国财政支出中的比例不尽相同,但都呈现上升的趋势。此外,还包括政府拨款给公共研究开发部门,通过建立政府研究所、实验室、资助大学研究等,使创新活动普遍化。

(2)政府对创新产品的采购政策。政府购买创新产品促进区域创新的原因,可归结为二个方面。首先,政府部门的需求构成了一个大市场。政府既可以为自己购买,也可以采取合适的手段,要求能源、交通等部门采用某些产品。这种市场的保证自然有利于创新产品的问世。其次,政府部门的购买起着需求拉动的作用。对落后地区,由于其生产的产品竞争力有待提高,通过政府购买可以保证其一部分市场,在产业发展的早期阶段,这种拉动尤为重要,特别是落后地区发展CAD、半导体、集成电路等领域,政府购买所起的推动作用要比政府对落后地区的R&D直接资助大得多。

(3)政府对创新产业的直接投资政策。对每一个地区来讲,都有一些基础设施和产业、技术的创新领域,作为优先发展的对象,政府制定这些领域的具体发展战略、方案,并为它们筹措必需的资金进行直接投资。也有政府参加与地方企业的合作性投资,由于许多创新产业的风险高、资金需求多、涉及技术领域多,因此政府与企业的合作性投资已成为一个趋势。这种合作能够减少双方的风险和减轻资金压力。

10.2 区域资源与产业发展规划中的政策体系

区域资源与产业发展规划是区域经济规划的中心内容,针对资源开发和产业发展而制定的各项政策,其政策的效应十分明显。

10.2.1 资源开发规划中的政策体系

——资源开发中的政策运用

(1)区域经济规划中的资源优势。一个完整的区域经济规划,对区域的资源优势都应当有全面的论证。区域的土地、能源、矿产等自然资源是区域经济发展的重要物质基础。从传统形式上看,工业接近原料地和消费地,就近取得所需的原料和燃料,这是自然资源对产业影响的最直接体现。但随着科技的进步,自然资源对工业布局的约束越来越小,布局的自由度加大,自然资源对它的影响更多地以间接的形式表现出来。工业企业在远离原、燃料产地的市场区域或交通枢纽进行布局,使工业生产和自然资源在空间上脱节。从理论上讲,这种减弱主要来源于两个方面:其一,交通运输业的发展,使运输速度更快,运输成本更低。其二,产业结构的高级化,使某些产品中自然资源的含量微不足道,而智力资源的含量却大幅度增加。但是,这并不意味着资源对人类的重要性在减弱,而是恰恰相反。由于人口的增加,生产总规模的不断扩大,人类所消耗的自然资源的总量与日俱增,而资源存量又十分有限,使许多种类的资源面临枯竭。因此,产业的合理布局,应充分体现出资源的合理利用和合理配置。

(2)资源优势的区域比较。有些资源在某个特定的区域范围之内是有明显优势的,但在全国或较大的区域内可能就不一定是优势资源,在此基础上形成的产业的产品在全国不一定有竞争力,若将这类资源当作优势资源进行大规模开发，有可能带来巨大的经济损失。例如，四川与海南都可以种植甘蔗，如果认为四川有优势而看不到国内比四川有优势的地方还很多，就可能作出错误的决定。同样，即便是建立在社会经济资源基础上的产业，如果没有比较，也可能带来损失。所以，我们在区域经济规划中所认识的资源优势应当是经过比较的，没有比较不能确立是否具有资源优势。

(3)资源优势转化为产业优势。区域经济规划要解决的区域经济发展的关键问题之一是引导区域经济从资源优势向产业优势的转化。地方政府在确定本区域的主导产业时，从优势资源出发是不可避免的。但优势资源转化为优势产业，除了资源本身的条件，还需要资本的投入、劳动的投入和市场的开拓。所以，产业优势应当是资源优势与其他优势的结合所产生的综合优势。例如，西部地区有许多名优特产，一些地方常将其作为主导产业来加以扶持、培育。但是，特色产业不能代表优势产业，希望发展一、两种特色产业就把地方的经济带起来，是有很大困难的。如果仅就农业来讲，发展特色产业是有很大作用的，一旦交通条件改善、商品经济发展起来之后，产品可以凭借其特有的性质，实现对市场的占领，这主要应当是在当地特殊地理环境中生产的特色产品。但是对工业来讲，特色产业就是矿业和原材料产业，仅仅发展这两类产业不能带动西部的全面发展，也不能达到振兴西部的目的。真正的产业优势应当是产业在市场上的竞争优势。

——资源开发的政策建议

如何在区域经济规划中规范资源开发？具有一般性的政策建议应当包括：

(1)按照地区产业功能结构的要求进行资源开发。我们在区域经济规划中规划的产业发展，应根据可能和需要，按产业结构的要求，全面合理地在规划区域发展。但是，产业的门类很多，一个地区的条件又十分有限,只能选择少数适合当地条件的产业发展。在这些产业当中,有主导产业,也有辅助产业和为地方经济及生活提供服务的产业,如交通、通讯等,称为自给性产业或地方性产业。上述产业构成一个地区的产业功能结构体系。资源开发应当从产业功能结构的要求出发去进行,在产业结构中,需要开发什么样的资源就开发什么,与产业的发展方向无关的资源就不去开发。这里主要指那些辅助性的资源,因为主导性的资源是发展主导产业的基础,必须跟随经济的发展去进行成规模的开发。

(2)采取产业滚动的开发模式。由于我国多数地区经济基础还相对薄弱,资金是制约大多数地区经济发展的主要因素之一。为迅速提高本区域自我发展能力,应当首先发展投资少、见效快的产业,加快原始积累,为引进外部资金和技术打下基础。采取产业滚动开发模式的关键是如何进行产业的启动:第一,因地制宜,量力而行,建立优化的产业发展顺序。所有区域的经济发展没有必要都瞄准大矿山,发展大企业。投资大,技术有一定水平,解决就业少,是经济发展而就业问题严重的根源之一。应当重视小矿山、小型资源的开发,发展地方性的工业部门。第二,重视农产品加工业的发展。该部门资金需求量较少,多属劳动密集型产业,产品质量一般适合目前的消费水平,风险较小,是产业滚动开发的很好的产业选择。第三,外向型的原材料产业,应当建立在稳固的资源基础和市场之上。外向型是指原材料产业的发展,需要有资金、技术、管理和运输条件作保证,而市场基本上在规划区域之外。这类产业的发展一般见效也很快,但市场的风险大,产业的档次较低,对产业结构的调整作用有限。

(3)顺应市场变动对资源开发的影响。我国全国统一的大市场的建立,使社会商品供求关系呈现出一种有规律性的运动,这就要求区域资源的开发必须与市场的供求状况相吻合。由于市场是不断变化的,竞争性产业应当有适应市场的能力。以农业开发项目为例，经常有些地方要种红果就都种红果，20 世纪 80 年代末沿太行山大面积种植，但市场饱和很快，20 世纪 90 年代 70%—80%的红果树被砍掉种苹果，近年来苹果极度过剩，有些地方又开始砍苹果树。其实，工业开发项目也不例外，西部好几个地区的镁冶炼生产大量过剩，在国际市场上互相压低价格，恶性竞争不断。所以，我们在区域经济规划中规划的资源开发，要有对市场的适应性，规模要适当，不应当过分强调专业化，特色产业的发展一定要适度。

(4)注意生态环境对资源开发的制约。资源开发必然会带来环境的破坏，我们能够做到的仅仅是将这种破坏减少到最低的程度。我国有相当一部分地区的生态脆弱，一旦破坏无法恢复。生态脆弱的基本特点是：生态环境的稳定性差；生态环境所依赖的水资源极度缺乏；生态环境的恢复性功能差。所以，资源开发应当以环境的允许程度为转移，而不是去盲目地追求开采的数量的增加。

10.2.2 产业发展中的政策体系

产业发展的政策保证作用是十分明显的，这些政策措施应当包括：

——加强农业发展的政策措施

(1)落实各项政策，稳定承包责任制。全面落实党在农村的各项政策，稳定家庭联产承包责任制，深化土地使用制度改革，健全土地流转机制，通过二次转包、股份合作等形式，使土地使用权合理流动，为农业产业化奠定基础。(2)重视水土保持，保护农业生态环境。在搞好水利工程的配套、更新的基础上，重视水土保持，保护农业生态环境。进一步完善防洪设施，提高抗御洪水等自然灾害的能力。(3)健全农业科技服务体系。以建立和健全农业科技、信息服务机构为重点，增强对农业的服务功能。发展各种形式的农村科技教育和农业技术教育，提高农民的文化水平和技术素质。(4)多渠道增加农业资金投入。鼓励企事业单位、集体、个人参与或投资办农业,鼓励吸引外资投入农业生产,彻底解决农业投入不足的问题。政府对投资办农业将给予各种政策上的优惠。

——加强工业发展的政策措施

(1)加快和规范企业改制。改善经营机制、加强企业联合,解决企业发展资金短缺问题,是企业长期发展的必要保障。政府部门应积极引导企业进行改制和联合,并帮助解决该过程中产生的矛盾和问题。依据产业不同的生产和经营要求,对企业进行改制,防止一刀切。机电、化工、电子、石油、建材等重化工行业的企业改制,主要采取股份制和股份合作制的方式,建立现代企业制度;纺织、陶瓷、琉璃、服装加工等轻纺工业行业的企业改制,主要采取民营和个体经营的方式。(2)引导企业相互联合,组建企业集团。对各个企业的资产严格评估,建立科学有效的集团营运机制,形成以资本为纽带的现代企业集团。建立有序的分工与协作,培植大企业集团为行业龙头,利用其在技术、人才、资金等方面的优势重点进行新产品开发、技术创新、开拓市场等活动,中小企业则可以利用其经营管理成本低、规模小、经营灵活等相对优势从大企业转移技术、生产技术成熟的产品或为大企业搞配套服务,通过转移技术、产品以及委托生产、委托销售等方式建立稳定的内部经济联系,利益共享、风险共担,共同促进全区域该行业的发展。(3)树立名牌战略。对规划区域有较好的基础和比较大的影响力的企业,应当树立产品的名牌,发挥名牌产品、名牌企业的效益。要注重提高产品质量和新产品的研制开发。确保产品质量是开拓销售市场、扩大企业知名度最基本的前提条件。注重企业的整体技术改造,保证产品的质量和较高的技术含量,讲信誉创名牌,进而扩大企业的知名度和影响力。(4)注重人才引进、培育及职工素质的提高。规划区域的地方政府应当注重培育人才和提高职工素质,积极吸引外界人才和大中专毕业生来本区域工作。政府人事、劳动、教育等部门应该在人才分配和引导就业时对企业部门采取倾斜措施,鼓励和引导毕业生等人才到企业就业。企业应采取激励措施,为人才创造良好的发展机会和提供各种待遇,以便稳定人才队伍。(5)做好营销机制建设。规划区域的企业必须将营销工作放在首要位置,将营销作为一切经营活动的"龙头",使企业由原来的"生产经营型"转变为"经营生产型",在做好市场调研的基础上,合理布局营销网络,在企业实力允许的情况下,尽力扩大产品的市场覆盖面。加强销售队伍建设,对于营销人员应制定科学合理的制度,充分调动他们的积极性。(6)加快结构调整。行业结构、产品结构、技术结构的转换是规划区域产业发展的中心环节。结构转换与应变能力是一个国家或地区通过确定必要的行业政策和经济机制适时适宜地推动其行业结构、产品结构以及技术结构向适应该行业主流发展趋势和市场要求方向发展的能力,是区域产业结构高级化演进的重要组成部分。规划当中应建议制定规划区域优先发展的产业名单,作为重点扶持对象,以点带面,促进产业的全面发展。

——加快第三产业发展的政策措施

(1)抓住机遇,提高第三产业在区域经济中的比重。通过引入国际市场通行的竞争机制和规则有利于改善第三产业的体制环境;通过扩大区域贸易,尤其是服务贸易,有利于增加许多行业的发展机会;通过有效地引进国外和区外资金、管理经验和人才,有利于扩大服务领域,优化第三产业结构。要尽快调整结构,重组资本,力争以较短的时间,较低的资本加快区域的第三产业的发展。(2)拓展第三产业的发展领域。区域的商业、金融业、信息业、文化体育业、交通业、旅游会展业、房地产业、传媒业等相关产业是新的经济增长点,都对地区的经济发展产生直接的拉动作用,带来巨大的商机,应当制定相关的政策,鼓励对这些产业的投入,用区域政策为投资这些领域的投资者保驾护航。(3)推进第三产业市场化、产业化进程,培育有竞争力的大型服务型企业。政府在继续增加投资的同时,鼓励社会力量投资第三产业,引入竞争机制,提高效率。鼓励制造业企业内部的服务性机构转移出来,成为独立的经营单位,形成专业化的服务企业。这样既可减少制造业的生产成本,提高自身的核心竞争力,又促进了新兴第三产业的发展。要尽量减少政府对服务企业的干预,给企业创造一个自由、平等的竞争环境,打破部门、地区和所有制界限,合理引导企业通过资产重组、并购等方式走规模化的道路,提高企业的竞争力。(4)制定第三产业的发展战略。制定科学的发展规划,建立适合区域发展特点的产业体系,加强地域间协作,促进第三产业在广大区域内的发展。要有意识地将区域的文化特色通过一定的策划与建设使之趋于个性化、独特化,并在第三产业的发展中体现出来。要对第三产业的产品和服务推陈出新,强化形象,加大品牌的含金量,打开整个区域市场。

10.3 区域合作和区域援助的政策体系

对于落后地区而言,中央政府出台的区域援助政策和地方政府之间的区域合作政策,是他们最关心的政策。

10.3.1 区域合作政策

区域合作政策的作用重点是克服由于区域利益矛盾引起的区域经济冲突,达成一种和谐与合理的分工,使本区域规划的产业能够获得外部资源,加快发展。

通过实施区域经济合作政策达成的区域合作,有五个方面的标志:(1)各区域通过专业化分工,经济优势都能够得到充分发挥;(2)通过发挥各自的优势,都能够形成较强的自我发展能力;(3)在自我发展的过程中,生产要素能够在区域间自由流动;(4)通过各类生产要素的流动和产品的自由销售,形成全国的统一大市场,并促使区域间互相开放市场;(5)经过长期的合作、发展,使各区域的经济效益和经济利益都得到提高,各地区的经济发展水平和人民收入水平也都得到提高。

总之,区域经济协调发展政策是通过政策手段的运用,有效地解决区域经济关系的重要武器,区域经济协调政策的制定和实施,使区域之间关系的解决有了依据和准则。

10.3.2 产业转移政策

——区域间产业转移的必要性

我国东部沿海经过多年的发展,制造业的一些部门已经逐步成熟起来,诸如纺织、服装、玩具、机电、化工等行业在一些地区形成了竞争力较强的优势产业。从技术水平看,东部超过西部,形成一种现实存在的技术梯度。技术本身是一种流动的生产要素,从高梯度向低梯度的转移,是经济发展势能作用下的必然规律。

随着我国加入 WTO,拓展技术发展的空间是技术转移的必然要求。技术转移的表现是产业转移,产业转移的中心内容是企业转移。企业从发达地区向落后地区转移有以下四点现实的依据:

(1)落后地区企业数量稀少,现有相当一部分企业规模小,受体制问题制约而能力低下。发达地区则由于社会资本大量进入生产领域,同一部门的企业数量多,竞争激烈,市场拓展困难。从开拓市场的角度看,落后地区的城市化速度明显加快,城市人口在未来几年将快速增加,市场将日益扩大,企业拓展市场空间的前景十分光明。

(2)发达与落后地区的城市相比较,在土地和劳动力成本方面,发达地区高出落后地区很多。对于一些占有市场份额小、竞争能力弱的中小企业，降低成本是企业生存的根本出路，寻找地租和劳动成本最低的地点去布局企业，是最好的选择。

(3)在我国目前西部大开发当中，基础设施上马很快，但加工业和服务业跟不上需要。施工所用的机械设备、原材料等大多从东部运入，运输距离远，运费支出大，特别是一些本身价值低的原材料，长途运输是不合理的，如水泥、石料等。在西部建厂，需要东部生产原材料企业的技术和产品质量作保证，让这类企业跟随基础设施建设同时西进，对国家重点建设和企业本身发展都有好处。

(4)对于发达地区一些处在衰落当中的企业，区域转移是摆脱困境的重要途径。如果一个企业在一个地方总是不景气，不外乎几种原因：当地市场狭小或竞争激烈，地价和劳动力费用居高不下，产品附加值低，环保方面不符合当地的要求等，在此情况下，换一个地方重新开始，只要这个地方的投资环境适合本企业的特点，就可以使企业摆脱困难。从目前看，选择西部地区对许多东部企业的发展是理智的。

——产业转移的几种模式

虽然产业转移是产业发展的大势所趋，但产业转移的具体方式和途径还需要认真探索。我们在区域经济规划中可以提出三种转移的模式。

(1)着力开拓市场的模式。对于以生产市场需求消费品为主的企业，占领落后地区市场是产业转移的第一个“着力点”。如果转移企业本身的规模大，实力强，那么就可以把开拓市场、抢占市场份额放在首位，把企业短期赢利放在第二位。如果一个企业生产的产品，占据了落后地区市场的相当份额，那么即使在前几年不赢利，以后的赢利也会十分丰厚。

(2)低成本扩张的模式。发达地区的企业通过兼并落后地区已有的同类企业，使之成为企业集团旗下的一员，转而为自己的主导产品生产某一个部件，成为本企业产品进行初加工的生产基地，这是低成本扩张的主要途径。例如，我国东部的某些汽车集团兼并西部的规模较小的汽车厂，将其变为自己的零件生产商，发展了自己，也救活了西部的企业。

(3)区域开发的模式。前两种模式已经被证明是成功的，有许多案例可以参考。第三种模式是"区域开发"的模式，可供有实力的企业采用。区域开发的理论模式，在区域经济学著作中曾被广泛介绍，但其应用模式，还需要努力去探讨。区域经济开发指人类运用发展经济的各种手段作用于特定区域的经济过程。区域开发有明确的开发主体，这个主体自始至终都控制着开发过程；区域开发是以特定区域为对象，对这个区域未利用的自然和经济社会资源进行利用，对已利用的进行再利用。所以，区域开发是在保持区域资源、环境、经济社会和谐统一的前提下，求得对区域内资源利用的最大效益、经济的最大限度增长和社会的进步。区域开发的第一个特点是其开发对象的位置、范围的明确性，无论范围大小，都可以成为明确的开发对象。第二个特点是其开发的时效性。对一个地区的开发行动，一般都限制在一个具体的时间期限之内，这样有利于开发规划的实施和开发投资的筹措。第三个特点是其开发行动的综合性。区域开发不仅仅是工业开发或农业开发，而是综合性的，涉及自然、经济、技术、文化、社会等各个要素的综合性开发，因此要尽力避免开发的片面性和绝对化。最后，区域开发要达到区域内所有地区经济的普遍增长，而不是个别地点和行业的点滴增长。过去我们曾经进行过由政府主导的大区域的开发活动，也曾获得了相当的成功，如山西能源基地建设、京津唐地区国土规划，晋陕蒙交界地区的开发等等，其开发的动力机制是政府投资，开发能源、原材料等资源。而今天我们提出的"区域开发"模式，是为一个具体的规划区域服务的开发模式，以一个大型企业为主导，企业与政府相配合，共同进行开发活动的一种模式。其特点是规模范围相对小些，开发目标相对明确，企业投资、社会融资是资金的主要来源。这种模式的基本含义是:大企业与地方政府合作,由地方政府划定一定的范围,供企业负责全面的开发活动。这种开发的形式是多种多样的,包括特定地区的单一资源开发、城市小区开发、专项产业开发和小流域开发等。

10.3.3 区域援助政策

——国外区域援助的方式借鉴

总结英国、美国、德国和日本较成功的区域援助的案例,其援助方式可归纳如下(见表10—1)。

——对我国区域援助的几点建议

借鉴国外经验,对我国落后地区区域援助的建议是:

(1)拿出一定的比例的财政支出,结合其他资金来源,设立规划区域中落后地区扶持的专项基金。这样做的好处是将区域援助的行动法制化、规范化和长期化,使区域援助的基本资金有保证。实际上,国家每年都要拿出大量的资金投入落后地区作为援助资金,但来源分散,使用没有固定的标准,效益不明显。而短期政策性的行动又使许多区域援助表面化和政绩化。而地区的财力有限,更不应当分散使用。专项基金的设立,可以克服现存的有些问题,建立一种长期的、使落后地区最终能够摆脱落后的发展机制。

(2)制定基础设施建设的统一规划,以建设规划区域统一、高效、综合的基础设施网为基本目标。规划区域的基础设施资金的投向应当以建设统一、高效、综合的基础设施网为基本目标,避免个别地区为争资金而盲目上马项目的弊端发生。国家在"十五"期间对西部的基础设施进行了大量的投资,力度是很大的,对西部基础设施的状况的改善起到了关键的作用。未来国家将继续投入,但显然力度不可能加大。规划区域应当认识到国家政策的基本取向,努力争取资金,加快发展。

表10—1 国外区域援助的方式一览

援助方式	主要工具及内容	典型实例
公共投资	公共基础设施 农业基础设施项目 环境改善项目 区域发展基金 国有公司投资	新加坡设立裕廊工业区 英国设立开发区 巴西设立"亚马孙投资基金" 意大利设立"南方发展基金"
转移支付	专项转移支付(有条件补助) 一般转移支付(无条件补助)	
经济刺激	工业投资补贴 就业或工资补贴 租金补贴 居住区调整补贴 所得税、进口设备税、出口税减免 区位调整的税收返还 运费调整和补贴 特别折旧率 优惠贷款 信贷担保 土地征收和补偿 低价出租或出售厂房 技术援助、培训和信息服务	英国在20世纪50—60年代设立的发展区、开发区的有关做法
直接控制	新建、扩建企业的许可证制度 城市功能区划分 建设材料配额	英国1945年"工业布局法"
政府采购	对落后地区产品的强制性采购	意大利规定政府采购的30%必须来自南方
公共区位	政府机构或公营单位的扩散和区位调整	巴西1960年的"迁都计划"

资料来源:陈耀:"对欠发达地区援助的国际经验",《经济研究参考》2000年28期,本书略有调整。

(3)建立对落后地区经济发展的补贴政策,把通过发挥市场功能和政府的资金支持结合起来,使之发挥更大的作用。我们多年来一直在讨论落后地区的“输血与造血”的问题，实际上所有的落后地区都存在这个问题。建立旨在促进落后地区经济发展的补贴政策是发挥市场作用、变“输血”为“造血”的主要措施。包括各类工业企业新建或改扩建的投资补贴，二、三产业提供就业机会的奖励和对就业工人的工资补贴，兴办各类企业的用房租金补贴，落后地区企业的所得税、进口设备税、出口税减免，落后地区因区位条件差而需要外运产品的运费补贴，各地区居民、外商在落后地区投资办企业的流动资金优惠贷款等。

(4)制定解决人才问题和产业技术问题的统一政策，从根本上解决落后地区发展的动力机制问题和长期发展潜力问题。落后地区人才缺乏，是普遍存在的问题。其表现在：一是在人才总量中高层次的人才不足；二是人才引进，政策保障力度不够；三是尚未形成良好的育人机制，没有形成合理的人才梯队，缺乏后劲；四是缺乏有效的人才激励机制，技术人员的工作热情不高，从而导致部分技术骨干人才外流。因此，牢固树立“人力资本”的概念是落后地区经济发展的关键。规划区域的地方政府应当充分利用本地区的教育和技术资源，鼓励科研院所、高校和相关企业之间展开联合和合作，加快研究和引进科技成果，加速成果的产业化，推动产业的全面技术进步，并制定“地区产业鼓励发展的新技术目录”来规范政府资助的范围。

(5)政府在落后地区进行固定比例的政府采购，对落后地区产品采取强制性的政府采购措施。政府采购对支持企业发展的作用是很明显的，美国西部地区的大型企业，特别是军工企业，大多是靠政府采购起家和维持的。在我国落后地区进行固定比例的政府采购，采取强制性规定，是很有必要的。我们在区域经济规划中，也应当充分利用这个机制，希望通过政府采购扶持起一大批区域内的强势企业，区域经济规划目标的实现就变得容易一些。

10.4 吸引外商投资的政策体系

我国每年吸引的外商投资位居世界各国的前列。吸引外商投资的关键是地方性的区域经济政策要好。制定吸引外商投资的政策,应当考虑以下几个问题:

10.4.1 吸引外资的条件分析

各个地区在产业发展上和区位条件上都存在显著差异,要所有地区吸引外资都有很快的增长也不是很现实,每个地区都应根据具体的产业条件和区位条件,主动选择不同技术水平的外国投资企业。我国各地区吸引的外资差别很大。

2007 年外商投资企业年底注册登记情况如下表:

表 10—2 2007 年外商投资企业年底注册登记情况

地区	东部	中部	西部	其中西南	其中西北
数量(亿美元)	17588.40	2148.44	890.16	617.80	272.36
比重(%)	85.27	10.42	4.32	3.00	1.32

资料来源:根据 2008 年《中国统计年鉴》计算所得。

上表表明,整个西部地区 2007 年外商投资企业年底注册资金只有 890.16 亿美元,占全国的 4.32%,比重之小,是很难想象的。2002 年整个西部地区吸引的外资占全国的 2.6%,2001 年为 3.3%,2000 年为 3%,1999 年为 2.9%。

吸引外资的条件有:

(1)规划地区第二产业和第三产业的发达程度。我国有许多地区目前尚处于工业化中期的发展阶段,加快工业化的速度是地区经济发展的必然选择。由于工业部门的不发达,发展工业变得十分紧迫。吸收投资、特别是外资,对区域工业部门的发展十分重要,希望通过投资来加速工业化进程。因为空白点很多,需要引进的技术门类很宽泛,对外商来讲,机会也是很多。

(2)传统产业技术改造的情况。我国目前存在着资源密集地区、老工业基地地区、以矿业为主的地区和农产品加工为主的地区等,这些地区的传统产业,产品的技术含量低,有些产品出现过剩,形不成发展的优势,传统产业的技术改造迫在眉睫。外商投资的进入,可以加快这个进程,同时也可以带来发展自己的机会。

(3)区域产业结构调整的情况。我国几乎所有地区的产业结构的调整都正在进行当中,在现代科技发展使得自然资源的依赖越来越少的背景下,应利用高新技术与当地资源优势相结合,发展资源性产品的深度加工,提高产品附加价值,促进经济结构调整和升级;还应积极利用后发优势,追随世界产业发展趋势和技术进步潮流,创造新的优势产业,实行跨越式产业发展模式。吸收外商投资,引进先进的技术和管理经验,在这种产业升级模式中将发挥无法替代的重要作用。

(4)所有制结构改革的情况。我国有些地区由于历史的原因,以及体制改革的相对滞后,非公有制经济不仅比重低,而且规模小。非公有制经济发展的相对滞后,制约了这些地区市场化进程的推进,使得区域制度创新、技术创新、结构调整的动力与活力不足。引进外商投资将加速这些地区所有制结构调整,并使不同技术层次的企业在企业间的竞争、互补中得以发展。

10.4.2 规划地区吸引外资的类型定位

根据上面分析,从我国各地区产业发展的综合条件看,吸引外商投资应当集中在两个方面:第一是区域有基础、有大量现有企业的传统产业及相关产业，通过外资投入来实现技术的进步；第二是对实现产业结构优化有重大影响的、适合地区现实情况的高新技术产业。[①]

(1)传统产业吸引外商投资。规划地区的传统产业如果主要集中在农牧业、采掘业、传统机械加工、加工型重化工业等上面，则应当分析地区工业化程度、农牧业在经济中所占比重等，选择发展特色农牧业的生产技术与加工技术，努力延长农牧业产业链，发展后续加工工业，增加产品的附加价值，实现农牧业的产业化经营。以此为条件，吸引外资投入。例如，我国的西部地区，重庆的交通运输设备制造业、仪器仪表及其他计量器具制造业，四川的通信设备制造业、食品制造业，贵州的机械设备修理业，云南的食品制造业、机械设备修理业，陕西的材料产业及其他非金属矿物制品业，甘肃的石油加工、炼焦及煤气和煤制品业、金属冶炼及压延加工业，青海的电力及蒸汽、热水生产和供应业、金属冶炼及压延加工业，宁夏的有色冶金、炼焦及煤气和煤制品业，新疆的石油加工、炼焦及煤气和煤制品业等，应当成为吸引不同类型外商投资的重点部门。

(2)资源型产业吸引外商投资。根据规划地区的资源状况、资源产业在生产当中的重要性，确定具体的吸引外资的类型。例如，吸引外商投资于本地区特色资源与优势资源的开发与深加工，形成可直接替代进口品和拥有国内外市场的产业，如特色农业、畜牧业、有色金属采选、煤炭开采、石油和天然气开发等。这类产业应当寻求技术适用性强、能迅速与当地优势条件相结合、国际接轨的外商投资，这类资源导向类型的外商投资既可能与当地生产技术形成很强的共存互补关系，使当地生产技术由于外资提供的市场而提高了生存能力，同时也可能由于外资企业通过后向连锁效应传导有形与无形的资产而实现技术升级。

---

① 黄晓玲："中西部区位优势与吸收外商投资类型定位"，西部开发网2002年11月5日。

(3)高新技术产业和现代制造业吸引外商投资。除了在资源开发和传统产业的领域吸收外商直接投资外，还应积极创造竞争优势，在高新技术产业和现代制造业方面吸引外资。例如，西部地区虽然整体上科技发展水平较弱，但某些中心城市已具备了较强的科技实力，西安、成都、重庆等城市及周边地区，已初步形成电子信息产业、航空航天、电器制造、生物制药、基因工程等新兴的知识、技术型产业聚集点。应充分利用中西部局部地区呈现的高新技术产业发展趋势，积极吸收外商投资强化这一趋势，使中西部地区能实现跨越式发展。西部吸收高新技术产业外商投资，应立足于高起点、高技术、高水平，建立起具有强大产业带动能力的未来支柱产业，避免低起点建设。与现有当地技术的大落差，可强化其对当地技术进步的牵引，缩小与世界先进技术的差距，真正发挥外商直接投资的优势。

10.5 本章小结

区域经济政策是区域经济规划的应用性的步骤，是规划内容实施的保证。本章通过对区域经济规划中政策体系内容的阐述，努力提供一条区域经济规划到区域发展决策的途径。其中区域资源开发政策、区域产业发展政策、区域吸引外资政策和区域帮助政策等，都具有实用性。

政策体系主要在以下几个方面起作用：(1)调节资源配置。包括调节区域资源结合的形式、调节区域资源配置的数量比例、调节资源开发的空间顺序。(2)加快区域经济运行中的要素流动。包括劳动力的区际流动、资本的区际流动和技术的区际流动。(3)调整区域经济的产业结构。(4)促进区域经济合作。(5)加快区域社会发展，振兴文化、教育和科技。区域经济规划中的政策体系是由一系列促进地区发展的具体经济政策所组成的，并在区域发展中起着不同的作用。目前应用较多的主要有：(1)区域财政政策；(2)转移支付政策；(3)区域产业发展政策；(4)区域投资政策；(5)区域创新政策。

资源开发规划中的政策安排包括：按照地区产业功能结构的要求进行资源开发、采取产业滚动的开发模式、顺应市场变动对资源开发的影响和注意生态环境对资源开发的制约。

产业发展是区域经济规划的中心内容，政策对产业发展的保证作用十分明显。这些政策措施应当包括：(1)加强农业发展的政策措施；(2)加强工业发展的政策措施；(3)加快第三产业发展的政策措施。

区域合作政策的作用重点是克服由于区域利益矛盾引起的区域经济冲突，达成一种和谐与合理分工，使本区域规划的产业能够获得外部资源，加快发展。

产业转移政策包括着力开拓市场的模式政策、低成本扩张的模式政策和区域开发的模式政策。

区域援助政策要借鉴国外经验，对我国落后地区实施下列政策：(1)拿出一定比例的财政支出支援落后地区；(2)制定落后地区基础设施建设的统一规划；(3)建立对落后地区经济发展的补贴政策；(4)制定解决人才问题和产业技术问题的统一政策；(5)政府在落后地区进行固定比例的政府采购，对落后地区产品采取强制性的政府采购措施。

吸引外资的政策是从我国各地区产业发展的综合条件出发而制定的，吸引外商投资应当集中在两个方面：第一是区域有基础、有大量现有企业的传统产业及相关产业，通过外资的投入来实现技术的进步；第二是对实现产业结构优化有重大影响的、适合地区现实情况的高新技术产业。国家在相关政策上对这些地区进行扶持，同时要扩大外资进入的领域和地域范围。

10.6 结束语:将区域经济规划转化为区域经济决策

我们已经将区域经济规划的内容进行了阐述,并介绍了区域经济规划制定的基本方法。在全书的最后,特别应当强调的是:对区域经济规划来说,最根本的是如何将规划变为行动!

区域经济规划面临的最大问题,是规划方案能否实施的问题。事实上,从事规划工作的人,很多人都想找出一种固定的模式,或是设计一个程序,剩下的就是往模式里面填充数据的问题了,然而这是不可能的。其实,所谓模式只是一种经验,而不是一种克隆的工具。区域经济规划依靠的是调查、研究和设计,我们要使区域经济规划真正具备科学性,要将区域经济规划变为地方政府的决策,那么从一开始我们就要树立一种目标:规划为用。

关键术语

区域经济调控　政策体系　政府行为　产业政策　区域援助　区域合作　吸引外资

思 考 题

1. 制定政策体系的理论基础由哪几个方面构成?
2. 如何理解“超国家层面的政策体系”?
3. 政策体系的作用表现在哪些方面?
4. 各类政策体系之间有哪些联系?
5. 如何制定区域产业和投资政策?
6. 区域经济协调发展的政策应当包含哪些内容?
7. 区域创新政策作用在区域经济发展的哪些方面?
8. 吸引外商投资对区域经济发展有什么作用?
9. 国家西部大开发的政策对西部地区发展的作用有哪些?

参阅文献

1. 张可云:《区域经济政策》,北京:中国轻工业出版社 2001 年版。

2. 胡兆量:《中国区域发展导论》, 北京:北京大学出版社 1999 年版。

3. 王梦奎、李善同:《中国地区社会经济发展不平衡问题研究》, 北京:商务印书馆 2000 年版。

4. 王铮:《区域管理与发展》, 北京:科学出版社 2000 年版。

5. 蔡坊等:《制度、趋同与人文发展》, 北京:中国人民大学出版社 2002 年版。

6. 国务院研究室课题组:《小城镇发展政策与实践》, 北京:中国统计出版社 1994 年版。

7. 张敦富主编:《投资环境评价与投资决策》,北京:中国人民大学出版社 1999 年版。

8. 方创琳:《区域发展战略论》,北京:科学出版社 2002 年版。

9. 李国平等:《区域科技发展规划的理论与实践》,北京:海洋出版社 2002 年版。

10. 孙久文、张可云:《中国区域经济与地区投资实务》,北京:人民日报出版社 1998 年版。

11. 孙久文、叶裕民:《区域经济学教程》,北京:中国人民大学出版社 2003 年版。

后　　记

本书是中国人民大学区域经济与城市管理研究所区域经济学专业研究生系列教材之一。本书的整个写作思路和提纲都与其他几本教材保持统一，以利于学生系统地学习。凡是在《区域经济理论》、《区域经济政策》和《区域经济方法》等书中阐述过的理论、方法和公式，本书不再重复，读者可根据本系列教材的统一体系去阅读。

在撰写过程中，作者吸收了国内外的已有研究成果，并以国内的理论和经验为主体进行阐述。凡在书中直接引用的成果，在每页的下面都作了注释；对书中借鉴的内容，在每章的最后列出了参考文献；对于由于我本人的疏漏而未加注释的，在此表示由衷的歉意。

鉴于区域经济规划的成型教材很少，本书的内容是在总结我多年从事区域经济规划课题研究成果的基础上形成的，并参阅了国内其他学者的部分研究成果，他们是：陈秀山教授、张可云教授、侯景新教授、叶裕民教授、杨开忠教授、魏后凯研究员、程选研究员、陈耀研究员、金凤君研究员、王礼茂研究员、吴殿廷教授和李国平教授等，我平时与他们互相交流，得到过他们许多帮助，在此表示由衷的感谢。而我在从事区域经济规划的研究工作中，得到了国内老一代区域经济学家的关心和教诲，他们是：胡兆量教授、张敦富教授、邬翊光教授、陈栋生教授、胡序威教授、祝卓教授、郭振淮教授、周起业教授、祝诚教授、杨吾扬教授、姚建华研究员等，在此一并表示感谢。

感谢中国人民大学区域经济与城市管理研究所付晓东教授、李丽萍教授、姚永玲教授、文余源教授、刘玉教授和徐瑛博士，大家经常在一起探讨区域经济理论问题，使我受益匪浅。办公室的张晓惠老师、林勇老师和熊嫄老师，以她们出色的工作帮助我顺利完成本书的写作，在此更要表示我衷心的感谢。最后，对我在本书中引用和参考的文献的作者表示由衷的谢意。

区域经济规划的内容很多，本书难免挂一漏万。由于著述匆匆，存在问题和缺陷在所难免，希望广大读者不吝赐教。

本书除了我撰写的内容之外，马顺撰写了第 9 章第 2 节，王涛撰写了第 9 章第 3 节，王震浩绘制了书中的地图。

本书于 2009 年 9 月对书中的数据进行了更新。李华香博士作为我的助手，做了大量的工作，在此表示感谢。

孙 久 文

2009 年 9 月 10 日

于中国人民大学求是楼